Anne Waak

Kümmern und Kämpfen

ANNE WAAK

KÜMMERN UND KÄMPFEN

Warum Geschlechtergerechtigkeit in Erziehung und Familie uns alle freier macht

GOLDMANN

Wir haben uns bemüht, alle Rechteinhaber ausfindig zu machen, verlagsüblich zu nennen und zu honorieren. Sollte uns dies im Einzelfall aufgrund der schlechten Quellenlage bedauerlicherweise einmal nicht möglich gewesen sein, werden wir begründete Ansprüche selbstverständlich erfüllen.

Sollte diese Publikation Links auf Webseiten Dritter enthalten, so übernehmen wir für deren Inhalte keine Haftung, da wir uns diese nicht zu eigen machen, sondern lediglich auf deren Stand zum Zeitpunkt der Erstveröffentlichung verweisen.

Penguin Random House Verlagsgruppe FSC® N001967

1. Auflage
Originalausgabe Mai 2023

Umschlag: Uno Werbeagentur, München
Umschlagmotiv: FinePic®, München
Redaktion: Antje Steinhäuser
Satz: Mediengestaltung Vornehm GmbH, München
Druck und Bindung: CPI books GmbH, Leck
Printed in the EU
EB · CF

ISBN 978-3-442-31703-5

Für A. J. H.

INHALT

VORWORT

Wer die menschliche Gesellschaft will, muss die geschlechtergetrennte überwinden.

BJÖRN SÜFKE, »Männer. Erfindet. Euch. Neu.«

Die Idee zu diesem Buch ist so alt wie #MeToo. Im Jahr 2017 wurden die sexuellen Übergriffe des Hollywood-Produzenten Harvey Weinstein auf eine Reihe von Frauen* bekannt, was eine ganze Bewegung ins Rollen brachte, im Zuge derer Betroffene weltweit das Ausmaß sexualisierter Gewalt gegen sie sichtbar machten. Im selben Jahr bekamen sechs Paare in meinem näheren Umfeld Kinder. Darunter war auch meine engste Freundin und Mitbewohnerin Ava, die kurze Zeit später unsere WG um

* Hinweis zur Sprache: Ich spreche von Mädchen, Jungen, Frauen und Männern (wie auch viele Studien auf dieser geschlechterspezifischen Zweiteilung basieren), und meine damit jeweils alle, die sich als solche verstehen oder als solche wahrgenommen werden, also mehr als die Angehörigen des jeweiligen biologischen Geschlechts. Denn Geschlecht ist nicht binär, sondern ein Spektrum, Gender ist sozial konstruiert, und Sprache schafft Realität, formt Gesellschaften und kann Ungerechtigkeiten reproduzieren. Der besseren Verständlichkeit und Lesbarkeit wegen verzichte ich aber auf die Schreibung mit Sternchen und bediene mich einer vereinfachenden, geschlechterbinären Sprache.

ein Baby namens August erweiterte – mein Patensohn und Co-Kind.

Eines von Augusts ersten Kleidungsstücken war eine rosafarbene Mütze, die nicht wenige Menschen auf der Straße und auf Spielplätzen dazu veranlasste, die Niedlichkeit des vermeintlichen kleinen Mädchens zu kommentieren. So oder so ähnlich geht es vielen Eltern, die gedankenlos oder wagemutig genug sind, ihr Kind mit nicht-genderkonformer Kleidung oder Spielzeug auszustatten.

Schon die Welt von Neugeborenen scheint in diese zwei Teile zu zerfallen: rosa und blau, und damit: lieb und wild, fürsorglich und kompetitiv, passiv und dominant. Diese Zweiteilung zementiert herrschende Ungerechtigkeiten und beraubt Mädchen, Jungen und alle anderen der Gestaltungsmöglichkeiten für ihr eigenes Leben. Wachsen diese Kinder auf, verdienen sie als Frauen in Deutschland monatlich im Schnitt 1.192 Euro weniger als diejenigen, aus denen Männer werden (außer sie arbeiten als Models oder Sexarbeiterinnen, die einzigen Berufe, in denen Frauen mehr verdienen als Männer und nicht zufällig auch solche, in denen sie auf ihre Körperlichkeit reduziert werden), und bekommen nur knapp halb so viel Rente. Mit der Hausarbeit dagegen verbringen in gegengeschlechtlichen Beziehungen lebende Frauen auch ohne Kinder ein Drittel mehr Zeit als ihre Partner, während Männer höheren Raten an Sucht- und psychischen Erkrankungen sowie einer geringeren Lebenserwartung entgegensehen. Alle drei Tage stirbt in Deutschland eine Frau durch männliche Gewalt. Jeder dritte Mann und jede fünfte Frau hat ein geschlossenes sexistisches[1] bzw. antifeministisches Weltbild, stimmt also Aussagen zu wie »Für eine Frau sollte es wichtiger sein, ihrem Mann bei der Karriere zu helfen, als selbst Karriere zu machen« oder »Frauen übertreiben ihre Schilderungen über sexualisierte Gewalt häufig, um Vorteile aus der Situation zu schlagen«.[2] Laut des Europäischen Instituts für Gleichstellungsfragen erreicht Deutschland nur 68,7 von 100 möglichen Punkten. Von Gendergerechtigkeit kann also trotz aller Errungenschaften der vergangenen Jahrzehnte keine Rede sein. Der Fortschritt scheint in der Hinsicht mit der Geschwindigkeit der tektonischen Plattenverschiebung vor sich zu gehen: Millimeter um Millimeter.

Und so wird kleinen Mädchen heute vielerorts vermittelt, dass sie alles tun, sein und werden können, was sie nur wollen, außer unansehnlich und wütend – denn Hübsch- und Freundlich-Sein ist für Angehörige ihres Genders nach wie vor nicht verhandelbar. In Wahrheit *dürfen* oder sollen sich Mädchen genau wie Frauen mittlerweile an männlich konnotierten Verhaltensweisen wie Entschlossenheit und Durchsetzungsstärke orientieren. Von Jungen und Männern hingegen wird nicht annähernd im gleichen Maß erwartet, sich ein traditionell als weiblich geltendes Verhalten zu eigen zu machen. Oft wird es ihnen sogar verwehrt. Darin zeigt sich die anhaltend starke Ausprägung männlicher Vorherrschaft – was als gut und erstrebenswert gilt und was eher nicht. Viele als Jungen sozialisierte Kinder wachsen noch immer mit einem Bild von Männlichkeit auf, das vor allem dadurch definiert wird, was ihnen verboten ist: Sie dürfen keine Gefühle und keine Schwäche zeigen, keinen Schmerz spüren, nicht weinen, nicht nachgeben, nicht einlenken, nicht scheitern, vor allem kein »Mädchen« und auch nicht schwul oder bisexuell sein. Verletzen sie diese ungeschriebenen Regeln, drohen ihnen Demütigung, Gewalt und Ausschluss – es droht ihnen der Verlust ihrer Identität.

Während Jungen auf diese Weise schon in der frühen Kindheit auf Linie gebracht werden, wird Mädchen häufig erst in der Pubertät bewusst, dass das Frau-Sein »etwas ganz Besonderes ist«, um mal ein geflügeltes Wort aus unserem WG-Haushalt zu gebrauchen. Auf einmal spielt es eine Rolle, welche Kleider sie tragen, welche Gegenden sie nach Einbruch der Dunkelheit betreten und ob sie die feine Grenze zwischen einem »guten« Mädchen und einer »Schlampe« kennen. Spätestens mit der Geburt eines Kindes merken Frauen oft, dass sich die Welt, die ihnen eben noch weit offen zu stehen schien, verengt. Das Versprechen, sie könnten alles haben, erweist sich als glatte Lüge.

Es geht also zunächst darum, Kindern um ihrer selbst willen das Aufwachsen in Freiheit zu ermöglichen – ihnen dabei zu helfen, die Menschen zu werden, die sie sind und sein wollen. Ich wollte herausfinden, was ich dafür tun kann, das Kind, mit dem ich seit fast fünf Jahren den Alltag teile, vor der patriarchalen Gewalt zu schützen, die es auch selbst bedroht. Ich wollte ergründen, wie ich dabei helfen kann, dass dieses Kind zu einem liebevollen, neugierigen, zugewandten, gerechten Erwachsenen heranwächst, der sensibel ist für die Belange derjenigen, die weniger privilegiert sind als er, und der auf niemanden herabschauen muss, um sich seiner selbst zu versichern – einem Erwachsenen, der der Überzeugung anhängt, dass Frauen ihm gleichwertige Menschen sind. Ich wollte herausfinden, was ich diesem Kind vermitteln wollen und wie ich mir seine Welt wünschen würde, wäre es nicht zufällig ein Junge geworden.

Mindestens einmal in der Woche denke ich an einen Satz, mit dem die Wiener Scheidungsanwältin Helene Klaar einmal auf die Frage antwortete, wie es komme, dass sie und ihr Mann im Gegensatz zu vielen anderen noch verheiratet seien: »Wir sind der Meinung, dass an allem wirklich Schlechten der Kapitalismus schuld ist. Daher lassen wir uns nicht gegeneinander hetzen.«[3] Das ist, wie ich finde, ein grundlegender und potenziell rettender Gedanke: An den meisten Dingen, die das Leben schwer machen, sind weniger die Individuen schuld als vielmehr die Strukturen, in denen sie sich bewegen. Auch für die Überzeugung, Augusts rosa Mütze könne nur bedeuten, dass er ein Mädchen sei, ist letztendlich der Kapitalismus verantwortlich. Er hat einen äußerst auskömmlichen Weg gefunden, allen, die sich mit der Absicht tragen, Kinder einzukleiden oder mit Spielzeug zu beschenken, von jeder Sorte mindestens zwei Ausführungen zu verkaufen und diese beiden Optionen so zwingend erscheinen zu lassen wie ein Naturgesetz: Es gibt eines für sie und eines für ihn, und beide dürfen keinesfalls vertauscht werden.

Nun ist der Kapitalismus zutiefst mit dem Patriarchat verwoben – also der Gesellschaftsordnung, an deren Spitze einige wenige mächtige *weiße* Männer stehen, unter denen sich weniger mächtige Männer, Frauen und alle anderen einordnen. Der patriarchale Kapitalismus ist die Ursache dafür, dass also zum Beispiel die Arbeit auf der Welt in wertvolle Erwerbs- und als wertlos erachtete Sorgearbeit aufgeteilt ist, und dass von Männern lange Zeit erwartet wurde, dass sie gegen Bezahlung auf dem Feld, in der Fabrik oder im Büro schuften, während Frauen sich um Küche und Kinder zu kümmern hatten, und sich daran so ganz grundlegend bis heute nicht viel geändert hat. Mit dieser Zweiteilung, in deren Zentrum die bürgerliche Kleinfamilie steht, entstanden auch die bis heute geltenden Weiblichkeits- und Männlichkeitsbilder.

Während eine »gute« Frau von ihrer für die Sorge um Kinder und Kranke unabdingbaren und als Liebe deklarierten Selbstlosigkeit und Emotionalität bestimmt wird – von einer oppressiven Ideologie der Weiblichkeit, die Frauen auf ihre Rolle als Gebende reduziert –, gilt als »richtiger« Mann nur, wer im Gegensatz dazu über emotionale Selbstgenügsamkeit, zur Schau gestellte Härte und eine dazu passende körperliche Erscheinung verfügt, mit einer gewissen, auch sexuellen (und dabei stets heterosexuellen) Aggression sowie mit dem Willen durchs Leben geht, andere zu kontrollieren. Dieses Set an Verhaltensweisen und Attributen, die heute oft unter dem Schlagwort toxische Männlichkeit gefasst werden, schädigt die Jungen und Männer, die noch immer unter diesem Diktat aufwachsen, genau wie alle anderen Menschen. Dieses zerstörerische Verhalten kostet allein in Deutschland jedes Jahr 63 Milliarden Euro an öffentlichen Geldern, ganz zu schweigen von dem Leid, das männliche Gewalt, Kriminalität, Abhängigkeit und Suizide bedeuten. Es ist erwiesen, dass eine Gesellschaft umso häufiger von Gewalt beherrscht wird, je hierarchischer sie organisiert ist und je rigider ihre Geschlechterrollen verfasst sind.[4]

Die Frage, welche Erwartungen wir an Kinder stellen, ist also kein politischer Nebenschauplatz, sie betrifft alle und alles um uns herum. Der Kinderarzt Herbert Renz-Polster hat gezeigt, wie die Erziehung eines Menschen seine politische Gesinnung prägt.[5] Nur Kinder, die in Freiheit aufwachsen – und dazu gehört auch die Freiheit von der Zurichtung auf ein genderrollenkonformes Leben –, werden diese nicht gegen Autoritarismus und Diktatur eintauschen wollen, genauso wenig wie gegen ein Leben unter Rechtspopulist*innen oder Islamist*innen, denen gemein ist, dass sie Männlichkeit und Stärke beschwören und

Frauen als nicht viel mehr als Gebärmaschinen für künftige Bürger*innen* betrachten. Hier geht es also um alles.

Es geht darum, die Welt in einem besseren Zustand zu hinterlassen, als wir sie selbst vorgefunden haben, und es gibt keinen besseren Weg, als das gemeinsam mit den Kindern von heute zu tun – den Menschen von morgen. Es geht um die Frage, wie wir uns das Zusammenleben in Zukunft vorstellen.

Das Ergebnis ist dieses Buch.

---

* Zum Thema Gendern: Es versteht sich bei dem Thema dieses Buches fast von selbst, dass es sich nicht auf das generische Maskulinum verlässt. Über die Frage, ob die männliche Form in der deutschen Sprache immer auch weibliche und non-binäre Personen mitmeint (erwiesen ist: tut sie nicht) und wie die Art, wie wir sprechen, unsere Art zu denken und damit die Wirklichkeit prägt, haben andere viel Schlaues geschrieben, das ich hier nicht wiederholen muss. Ich bin überzeugt davon, dass wir in zehn oder 20 Jahren genauso belustigt bis befremdet auf die Diskussion ums Gendern zurückblicken werden, wie auf die in den 1970er-Jahren erbittert geführte Debatte darüber, ob eine Anschnallpflicht im Auto die individuelle Freiheit bedrohe und welche »Gurtschäden« zu erwarten seien.

Nachricht von Ava, 24.12.2021:

Ok, feministische Erziehung trägt bereits Früchte. Wir singen „Kommet ihr Hirten, ihr Männer und Frauen..." Das Kind ergänzt: „und HIRTERINNEN!!!"

Zugestellt

GESCHLECHT

Während die Natur Vielfalt liebt, hasst die Gesellschaft sie in der Regel.

MILTON DIAMOND, »Transsexuality, Intersexuality and Ethics«

Wie können wir wissen, wer wir wirklich sind, wenn unser ganzes Leben ab dem Moment schon für uns vorherbestimmt ist, in dem wir bei der Geburt als weiblich oder männlich identifiziert werden?

FLORENCE GIVEN, »Frauen schulden dir gar nichts«

Und, was wird es?

Im Winter 2017 trat meine engste Freundin und langjährige Mitbewohnerin Ava aus der Praxis ihrer Gynäkologin und schrieb mir eine SMS, in der stand: »Es ist ein Penis!«. Sie war, das wusste ich, ein wenig angegruselt von der Vorstellung, dass da allem Anschein nach ein männliches Geschlechtsorgan *im Inneren ihres Körpers* heranwuchs. Ich fand diesen ebenso faszinierenden wie leise unheimlichen Gedanken nachvollziehbar, aber vor allem denke ich bis heute oft daran, wie genau Ava ihre Nachricht formuliert hatte. Sie schrieb nicht: »Es ist ein Junge«, sondern: Das Kind hat einen Penis. Das müssen nicht, das können aber sehr wohl zwei verschiedene Dinge sein. Bekanntlich identifiziert sich nicht jede Person, die mit einem Penis respektive mit einer Vulva und Vagina auf die Welt gekommen ist, später als Junge oder Mann beziehungsweise Mädchen oder Frau. Es kann auch sein, dass es weder das eine noch das andere für sich reklamiert oder beides. Nur ignorieren viele Menschen diese Tatsache.

Im September 2020 brach im kalifornischen San Bernardino County ein Waldbrand aus, der 23 Tage lang wütete, 9300 Hektar Land verwüstete, 20 Gebäude zerstörte und einen Feuerwehrmann das Leben kostete.[1] Wie sich herausstellte, war das Feuer durch eine Rauchbombe ausgelöst worden, mit der ein Paar im Kreise von Freund*innen und Familie das Geschlecht seines ungeborenen Kindes social-media-wirksam verkünden wollte – ob mit rosafarbenem oder hellblauem Rauch, lässt sich nicht mehr rekonstruieren. Es war nicht das erste und sicherlich nicht das letzte Mal, dass dieser neuartige Brauch namens »gender reveal ceremony« Leben gefährdete. Ein Jahr zuvor war im US-Bundesstaat Texas ein Flugzeug abgestürzt, das mehr als 1500 Liter rosafarbenes Wasser abwerfen sollte;[2] kurz vorher starb eine Frau in Iowa durch einen Granatsplitter, als bei einer Geschlechtsenthüllungsparty für ihr ungeborenes Enkelkind ein selbst gebasteltes Feuerwerk explodierte.[3]

Es steht zu vermuten, dass so gut wie alle, die in den sechs Jahrzehnten seit der Erfindung der Ultraschalldiagnostik ein Kind erwartet haben, Dutzende Male dieselbe Frage gestellt bekamen: »Was wird es denn?« Warum nur interessieren sich Menschen, manchmal sogar wildfremde, so brennend für die Genitalien eines ungeborenen Kindes?

Zum Beispiel weil sie Opfer ihrer eigenen Vorurteile werden.

Etwa dem, dass sich Mädchen die niedlicheren Kleider anziehen lassen und Jungen die besseren Fußballer*innen sind. Oder dem, dass sich nur zu einem Kind des gleichen Geschlechts eine besonders enge Beziehung aufbauen lässt. In den USA wurde seit 1941 elf Mal die Präferenz werdender Eltern in Bezug auf das Geschlecht ihres ersten Kindes abgefragt. Während Frauen durchgehend keine starke Vorliebe zeigten, bevorzugten Männer mit durchschnittlich 25 Prozentpunkten mehr einen Jungen. Konkret: Im Jahr 2018 wünschten sich 43 Prozent der Befragten einen Sohn und nur 24 Prozent ein Mädchen.[4] Laut einer deutschen Studie wünschen sich Männer beim ersten Kind eher einen Sohn und Frauen ein Mädchen.[5] *Gender-Disappointment* wird die oft vielleicht nur unbewusst enttäuschte Hoffnung in dem Moment genannt, in dem Eltern das mutmaßliche biologische Geschlecht ihres Kindes erfahren. Je nachdem, in welchem Teil der Welt sich dieses Szenario abspielt, reichen die Folgen von Schuld- und Schamgefühlen über Bindungsprobleme der Eltern zu ihrem von dem Wunschgeschlecht abweichenden Kind bis zur Abtreibung weiblicher Föten. In Ländern, in denen ein Sohn etwa als positiver Faktor für die ökonomische Sicherheit der Familie angesehen wird und eine Tochter bedeutet, dass bei deren Verheiratung eine Brautgabe fällig wird, kommen deutlich mehr Jungen auf die Welt als Mädchen. Laut der UNO fehlten im Jahr 2020 aufgrund vorgeburtlicher oder späterer Kindestötung weltweit 140 Millionen Frauen. 140 Millionen Menschen, die aufgrund des auf der Welt herrschenden Sexismus und institutionalisierter Misogynie schlicht nicht geboren wurden.[6]

Zusätzlich dazu, dass sich mit dem Geschlecht Hoffnungen und Wünsche verbinden, legen wir wenig überraschend so viel Wert auf die Intimorgane eines ungeborenen Babys, weil wir es an so gut wie jeder Ecke mit der Einteilung der Welt in zwei Geschlechter zu tun bekommen – in Mann oder Frau, Herr oder Dame, Junge oder Mädchen. In Schuhläden, Modegeschäften und den Abteilungen von Kaufhäusern, in den Umkleiden von Schwimmbädern, auf öffentlichen und Schultoiletten, im Sport und bei Preisverleihungen an Schauspieler*innen, in der Anrede von E-Mails und Briefen, in Online-Formularen und solchen auf Ämtern, in Umfragen und Studien.

Sogar die biologische Forschung spricht davon, dass Geschlecht eben nicht binär ist, sondern ein Spektrum, und dass die körperlichen Merkmale, die zwar für die menschliche Fortpflanzung eine Rolle spielen, nicht inhärent »männlich« oder »weiblich« sind. Die meisten Menschen jedoch leben noch mit der tief verankerten Vorstellung von den zwei eng definierten, streng voneinander getrennten und einander gegensätzlichen Geschlechtern, die sich eindeutig am Körper ablesen lassen.

»Geschlecht ist fast überall präsent, aber fast nirgendwo relevant«,[7] so der*die Autor*in Ravna Marin Siever und meint damit zum Beispiel: Wenn die Erzieher*innen in der Kita die Kinder dazu auffordern, sich in Jungen und Mädchen aufzuteilen, geht es eigentlich nicht ums Geschlecht, sondern darum, zwei Gruppen zu bilden. Wenn ich in einem Spielzeuggeschäft nach einem Geschenk suche und gefragt werde »Für einen Jungen oder ein Mädchen?«, ist wahrscheinlich eigentlich gemeint: Suchst du eine Puppe oder ein Auto, etwas Liebliches in Rosa und Lila oder etwas Technisches oder Martialisches in Blau oder Stahlgrau? Und schon kommen Klischees und Rollenzuschreibungen ins Spiel, vorgefertigte Ideen, wie ein Kind aufgrund seines Geschlechts zu sein und womit es zu spielen hat. Dabei wäre es ebenso naheliegend, Kinder statt anhand ihres

Geschlechts danach zu gruppieren, ob sie lieber Pizza oder Nudeln essen. Und statt nach dem Geschlecht des zu beschenkenden Kindes zu fragen, sich nach seinen Interessen und Vorlieben in Sachen Spielzeug zu erkundigen.

Stattdessen wird in diesen und unzähligen anderen Fällen das Geschlecht aufgerufen und damit immer und immer wieder eine Vorstellung verstärkt: Es gibt mit Mädchen und Jungen, Männern und Frauen genau zwei Geschlechter auf der Welt, die sich fundamental voneinander unterscheiden und in der Heterosexualität zusammenfinden. Es ist diese »Zwei-Geschlechter-eine-Sexualität«-Ordnung, die die allermeisten werdenden Eltern wie selbstverständlich davon ausgehen lässt, ihr Kind komme erstens entweder als cis Mädchen oder als cis Junge auf die Welt, identifiziere sich also mit dem ihm bei Geburt zugeschriebenen biologischen Geschlecht, und sei zweitens heterosexuell.

»Die Gender-Binarität ist wie ein Gast auf einer Party, der auftaucht, bevor du überhaupt dazu gekommen bist, den Tisch zu decken«,[8] so der*die Performer*in Alok Vaid-Menon. Der Moment, in dem einem Kind ein Geschlecht zugewiesen wird, ist der, in dem sich entscheidet, wie ihm von da an begegnet wird. Etwa in der Frage, in welcher Stimmlage mit einem ungeborenen Kind gesprochen wird,[9] als wie gravierend seine Schmerzensschreie eingeschätzt werden[10] oder ob seine Reaktion auf einen überraschend aus einer Kiste springenden Kasper als verärgert oder verängstigt interpretiert wird.[11] Es ist oft der Moment, in dem sich entscheidet, ob in Unterhaltungen mit ihm über einen Gegenstand ein Zahlenbezug hergestellt oder ob stattdessen auf seine Gestalt hingewiesen wird; ob es also zum Beispiel heißt: »Schau mal, da sitzen fünf Pfauen auf dem Rasen« oder »Schau mal, wie schön die Pfauen da auf dem Rasen aussehen«.[12] Es ist häufig der Moment, in dem sich entscheidet, ob einem Kind bequeme kurze Hosen angezogen werden, in denen es sich frei bewegen kann, oder Hotpants, die möglichst viel Haut zeigen.[13] Es entscheidet sich, wie oft ein Kind in der Schule aufgerufen wird, wenn es sich meldet – und wie häufig es korrigiert wird.[14] Ob aus einem Kind ein Mensch wird, von dem Zeit seines Lebens Aufmerksamkeit, Zuneigung, Bewunderung, Nachsicht, Geborgenheit, Hege, Pflege, Mitgefühl und Trost erwartet wird, oder aber einer, der mit der Überzeugung aufwächst, all das stehe ihm zu. Es ist auch der Moment, in dem sich entscheidet, wie wahrscheinlich es ist, dass ein Kind mal drogenabhängig, einer rechten Gewalttat verdächtigt oder inhaftiert wird.[15] All das hängt an der Frage, welches biologische Geschlecht dieses Kind hat.

Geschlecht und Gender

Im Deutschen wird häufig zwischen dem biologischen und dem sozialen Geschlecht bzw. dem Gender unterschieden, also den Rollen, Erwartungen und Werten, die an das biologische Geschlecht geknüpft sind.

In Bezug auf eine geschlechtsoffene oder -sensible Erziehung lässt sich unterscheiden, wovon die Rede ist, wenn es um Geschlecht geht: das bei der Geburt zugewiesene und das zugeschriebene Geschlecht oder das tatsächliche Geschlecht, so wie es erlebt (oder gelebt) wird. Das bei der Geburt zugewiesene Geschlecht ist dabei das, das einem Kind von medizinischem Personal meist anhand seiner Genitalien »verschrieben« und das dann in der Geburtsurkunde und beim Standesamt angegeben wird. Das zugeschriebene Geschlecht einer Person ist das, von dem andere annehmen, dass ein Kind es hat – und das wie gesagt beeinflusst, wie es betrachtet und behandelt wird. Das tatsächliche Geschlecht oder die Geschlechtsidentität hingegen ist das Geschlecht, wie es von der betroffenen Person selbst erlebt und erfahren wird. Bei cis Menschen fallen alle drei Ebenen ineinander, bei trans* Personen vor der Transition unterscheiden sich meist das zugewiesene bzw. zugeschriebene und das tatsächliche Geschlecht voneinander.

Die Geschlechtsidentität, also das Selbstbild, das eine Person in Bezug auf ihr Geschlecht hat, entwickelt sich allmählich bis zu einem Alter von etwa sieben Jahren. Schon ab etwa drei Jahren merken Kinder, ob das ihnen zugeschriebene Geschlecht sich für sie richtig anfühlt. Sie beginnen, Selbstzuschreibungen zu machen und entsprechende Erklärungen abzugeben – wie August und einer seiner engsten Freunde, die einmal durch unsere Wohnung rannten und riefen: »Wir sind Jungen!«.

Da Kinder durch genaueste Beobachtung und Nachahmung lernen, aber noch nicht wissen können, dass ihre Identität nicht von anderen und deren Wahrnehmung bestimmt wird, verwandeln sie sich im Alter von ungefähr vier Jahren häufig zu den strengsten Wächter*innen rollenkonformen Verhaltens. Sie passen dann etwa genau auf, dass nur Mädchen rosafarbene Kleidung tragen und nur Jungen mit Autos spielen, und neigen dazu, alles, was sie an Wissen über ihr vermeintliches oder tatsächliches Geschlecht internalisiert haben, zur Aufführung

---

* Ich schreibe trans*, weil der Begriff »transsexuell« irreführend ist. Trans* als Geschlechtsidentität hat nicht zwingend etwas mit Sexualität zu tun, sondern eben mit dem Geschlechtsausdruck einer Person. Oder um es griffiger zu formulieren: Geschlechtsidentität ist, als wer man ins Bett geht. Sexualität ist, mit wem man das tut.

zu bringen. Hier setzt geschlechtersensible und -offene Erziehung an, indem sie versucht, eben nicht bei jenen Stereotypen stehenzubleiben und sie weiter zu bestätigen, sondern die Geschlechts-Binarität aufzubrechen und nicht nur Jungen wie Mädchen dabei zu helfen, sich frei zu entwickeln, sondern es auch all jenen Kindern leichter zu machen, die sich außerhalb der Zwei-Geschlechter-eine-Sexualität-Ordnung bewegen.

Inter

Vielen Menschen ist nicht klar, dass es Körper mit Genitalien gibt, die sich nicht eindeutig in das Muster Vulva mit inneren und äußeren Labien und Klitoris sowie Vagina mit Uterus oder Penis mit Hodensack und (meist) zwei Hoden einordnen lassen. Zum Beispiel, weil die Vulva keine inneren Labien hat, oder weil eine Vagina vorhanden ist, aber kein Uterus. Weil die betreffende Person sowohl einen Penis als auch eine Vagina hat. Oder weil der Klitoriskopf größer als 0,7 cm oder der Penis kleiner als 2,5 cm ist, sie also von den geltenden Normgrößen abweichen und daher nicht mit diesen Worten bezeichnet werden.

Schätzungen zufolge kommt in Deutschland mindestens eines von etwa 4.500 Kindern mit solchen uneindeutigen Genitalien zur Welt.[16] Demnach waren das allein im Jahr 2021 hierzulande etwa 176 intergeschlechtliche Kinder – nicht mitgezählt diejenigen Menschen, bei denen sich die geschlechtliche Mehrdeutigkeit erst später im Leben zeigt, etwa in der Pubertät. Andere Schätzungen gehen davon aus, dass der Anteil intergeschlechtlicher Menschen 0,02 bis 1,7 Prozent der Gesamtbevölkerung beträgt. In Deutschland wären das zwischen 16.800 und 1,4 Millionen Personen.

Aber das biologische Geschlecht wird neben den Genitalien in all ihren Varianten auch von hormonellen, genetisch-chromosomalen und gonadalen (also die Beschaffenheit von Eierstöcken und Hoden betreffenden) Merkmalen bestimmt, kann also auch abseits der bloßen Sichtbarkeit mehrdeutig sein. Die immer wieder gern vorgebrachte Behauptung, es gäbe nur zwei Geschlechter, eines mit Penis und eines mit Vulva und Vagina, zeugt also vor allem von der Eindimensionalität, mit der Körper häufig gedacht werden. So kann etwa ein Kind statt mit den Chromosomenpaaren XX oder XY mit XXX-, XXY- oder XYY-Chromosomen auf die Welt kommen oder mit XY-Chromosomen, aber ohne Penis oder mit XX-Chromosomen und einem Penis. All diese Varianten werden mit dem Begriff Intergeschlechtlichkeit gefasst – das I im Akronym LGBTQIA+.

Während das Preußische Allgemeine Landrecht inter Personen noch im Jahr 1794 einen eigenen juristischen Status zuwies und es ihnen ab dem 18. Lebensjahr freistellte, zu welchem Geschlecht sie sich zurechnen lassen wollten,[7] ist Intergeschlechtlichkeit heute auch deswegen so unterbelichtet, weil Mediziner*innen Neugeborene seit den 1950er-Jahren nach einer Genitalbeschau ein Geschlecht zuwiesen – also zum Beispiel entschieden, dass ein Penis klein genug war, um ein Klitoriskopf zu sein, das betreffende Kind also zu einem Mädchen erklärten. Oft ließen auch die Eltern die vorgenommene soziale Geschlechtszuweisung durch (häufig medizinisch unnötige und oft schwere psychische Beeinträchtigungen nach sich ziehende) Operationen bekräftigten. Ausgehend von der »Optimal Gender Policy« des Sexualwissenschaftlers John Money galt es als ausgemacht, dass jede Person ein Kerngeschlecht besitze, welches sich in den ersten 18 Lebensmonaten entwickle. Bis dahin könnten die Eltern, so die lange herrschende Lehrmeinung, das Neugeborene in Richtung einer Geschlechtskategorie erziehen, das Kind selbst aber über die Vorgänge im Unklaren lassen.[18]

Erst seit 2021 ist es in Deutschland verboten, Neugeborene mit dem Ziel zu operieren, ihre körperliche Gestalt einem von vorgeblich zwei existierenden Geschlechtern anzupassen.[19] Das belgische Supermodel Hanne Odiele machte 2017 seine Intergeschlechtlichkeit öffentlich. Odiele, die mit XY-Chromosomen sowie mit im Körperinneren liegenden Hoden geboren wurde, sagt, dass sie nicht an ihrer Intergeschlechtlichkeit leide, sehr wohl aber an den Operationen, die sie teilweise ohne ihr Einverständnis über sich hatte ergehen lassen müssen. Ihre Eltern ließen ihre Hoden entfernen, als Odiele zehn Jahre alt war; volljährig geworden, ließ sie sich in einer weiteren Operation eine Vagina konstruieren.[20] Heute setzt Odiele sich für die körperliche Selbstbestimmung von inter Menschen ein.

Erhalten Eltern nach der Geburt ihres Nachwuchses die »Diagnose« von dessen Intergeschlechtlichkeit – wobei es sich dabei nicht um eine Krankheit oder Störung handelt –, kann das ein Schock sein und die frühe Eltern-Kind-Beziehung nachhaltig stören. Schwangere und ihre Partner*innen jedoch, die sich gedanklich auf die Möglichkeit einstellen, ein Kind zu bekommen, das sich nicht eindeutig einer der beiden Geschlechtskategorien zuordnen lässt, sind weniger überrascht, schockiert und verunsichert, wenn es mehrdeutige Geschlechtsmerkmale aufweist. Gelänge es, die Intergeschlechtlichkeit des Kindes zwar zu benennen, aber nicht zu dramatisieren oder gar zu tabuisieren, könne diese für die Eltern in der ersten Zeit des Lebens ihres Kindes in den Hintergrund treten, empfehlen die Autorin Ursula

Rosen und die Sexualwissenschaftlerin Katinka Schweizer. Man* könne von einer Besonderheit oder Variante der Geschlechtsentwicklung sprechen und darüber, dass das Kind Geschlechtsmerkmale von Jungen und Mädchen aufweist, »und man daher keine eindeutige Zuordnung vornehmen möchte, um dem Kind alle Optionen für die eigene Zukunft offen zu lassen«.[21] Einer Befragung unter erwachsenen inter Menschen zufolge identifiziert sich ein Viertel weder als männlich noch weiblich, lebt also nicht-binär. Die anderen neigen im Lauf ihres Aufwachsens einem Gender zu – nur welchem, ist weder zum Zeitpunkt der Ultraschalluntersuchung noch der Geburt vorherzusagen.

Trans

Als im März 2022 in der »Sendung mit der Maus« die trans Frau Katja porträtiert wurde, beschwerten sich einige Eltern, ihre Kinder würden von der Darstellung einer Frau, die früher als Mann lebte, verwirrt. Dabei stellt sich die Frage, warum ausgerechnet ausgewiesene Formwandler*innen (wie zum Beispiel August, der sich immer mal wieder tagelang als Katze auf Händen und Knien durch unsere Wohnung bewegt und sich wünscht, mit »Miezi« angesprochen zu werden) nicht verstehen sollten, wenn jemand, der vermeintlich ein Mann war, jetzt als Frau adressiert werden möchte und sich als solche kleidet. In anderen Ausgaben der »Sendung mit der Maus« wird erklärt, wie eine Filteranlage auf Island CO_2 aus der Luft holt oder wie

* Das Wort »man« stammt (wie auch »jemand« und »niemand«) von »Mann« ab, ich meine damit hier und an jeder anderen Stelle tatsächlich jede beliebige Person.

Geothermie funktioniert. Inwiefern ist die Lebensrealität von schätzungsweise einer halben Million Menschen in Deutschland[22] irritierender oder schwieriger zu verstehen als technische Anlagen zur Energiegewinnung? Dass es sich bei der Aufregung um die Sendung mit der trans Frau nicht um eine Frage des Kinderschutzes oder der »Elternrechte«, sondern um eine zu politischen Zwecken gefährlich aufgebauschte Debatte handelte, zeigte die neo-konservative bzw. rechte Reaktion auf die Ausstrahlung.

Dort hieß es, eine kleine Anzahl von »trans Ideologen« hätte den öffentlich-rechtlichen Rundfunk unterwandert, um Kinder mit dem Glauben an die »Vielgeschlechtlichkeit« und »Gender-Ideologie« zu schädigen und zu sexualisieren.[23] Ganz davon abgesehen, dass es zu den gängigen und aus dem »Dritten Reich« bekannten Mechanismen gehört, Verschwörungsmythen in Umlauf zu bringen, nach denen eine »kleine Anzahl« von Menschen doch so viel Macht besitzt, dass sie Politik und Medien unterwandert, stammt der Vorwurf, Kinder würden »sexualisiert«, häufig genau von den gleichen Menschen, die zweijährigen Mädchen im Schwimmbad Bikinis anziehen, als hätten diese irgendwelche sekundären Geschlechtsmerkmale, die es zu verstecken gälte. Das sind oft mutmaßlich dieselben Menschen, die Mädchen ein paar Jahre später dann verbieten wollen, im Schulunterricht knapp geschnittene Kleidung zu tragen, um männliches Lehrpersonal nicht »von seinen Aufgaben abzulenken«.

Das Argument, trans Menschen würden Kinder »indoktrinieren« oder »sexualisieren«, erinnert nicht von ungefähr an die »Argumente«, die früher gegen Homosexuelle ins Feld geführt wurden. Damals wurden schwule Männer häufig der Pädophilie beschuldigt, um sie und ihre gesellschaftlichen

Anliegen zu diskreditieren. Heute, da in unseren Breiten die Rechte Homosexueller so weit durchgesetzt sind, dass sich damit keine Politik mehr betreiben lässt, konzentriert sich die politische Rechte oft unter Mithilfe sogenannter TERFs (trans exclusionary radical feminists, also angeblicher Feminist*innen, die trans Personen ihr Existenzrecht absprechen) auf trans Menschen – oft mit dem Argument, Kinder vor ihnen schützen zu müssen. (Der Widerspruch, dass sie als vorgebliche Feminist*innen gegen ein System kämpfen, das Mädchen und Frauen unterdrückt, gleichzeitig aber darauf beharren, dass bestimmte Körper sich in gewisser Weise zu präsentieren haben, bleibt von TERFs genauso unbemerkt wie der Umstand, dass Frauen wie trans Personen gegen dieselben patriarchalen Kräfte kämpfen.) Dabei ist es exakt andersherum: Indem die Mehrheitsgesellschaft trans Personen mit Vorurteilen, Diskriminierung und Hass begegnet, stellt sie eine Gefahr für diese Menschen dar.. Einer Umfrage der American Academy of Pediatrics zufolge hat mehr als die Hälfte der befragten männlichen und 29,9 Prozent der weiblichen trans* Jugendlichen schon einmal einen Selbstmordversuch unternommen. Bei den nicht-binären Jugendlichen gaben 41,8 Prozent der Befragten an, irgendwann in ihrem Leben einen Selbstmordversuch unternommen zu haben.[24]

Für das Jahr 2020 meldete das Bundesinnenministerium deutschlandweit 782 trans- und homophob motivierte Straftaten, für das Folgejahr wurden insgesamt rund 1.050 hassmotivierte Straftaten gegen LGBTIQ+ festgestellt.[25] »Eine so geartete Gewalt«, schreibt Judith Butler, »entsteht aus dem tiefsitzenden Wunsch, die binäre Geschlechterordnung als natürlich und notwendig beizubehalten, aus ihr eine Struktur zu machen, der sich, sei sie nun natürlich oder kulturell oder beides, kein

Mensch widersetzen und dabei menschlich bleiben kann.«[26] Der Drang, die herrschende Geschlechterordnung gewaltsam durchzusetzen, wird in diesem Klima schon Kindern vermittelt. Im September 2022 wurde in Bremen eine trans Frau in einer Straßenbahn beleidigt und geschlagen – die Tatverdächtigen waren vier zwölf- bis 13-Jährige.[27]

Neben der körperlichen Gewalt sind trans Menschen auch juristischen Diskriminierungen ausgesetzt. Bis 2008 mussten sich verheiratete trans Personen in Deutschland scheiden und bis 2011 sterilisieren lassen und einer geschlechtsangleichenden Operation unterziehen, um ihren Personenstand ändern zu können. Aktuell sind dazu noch mindestens zwei psychiatrische Gutachten nötig, die bestätigen, dass die betroffene Person mindestens seit drei Jahren in der Überzeugung lebt, trans zu sein. Zusätzlich muss die Personenstandsänderung in einem teuren Verfahren vor Gericht anerkannt werden. Erst 2018 erklärte die Weltgesundheitsorganisation, dass es sich bei Transidentität nicht um eine psychische Störung handele. Derzeit wird in Deutschland daran gearbeitet, das seit 1980 herrschende »Transsexuellengesetz« zu reformieren, sodass Menschen ab 14 Jahren ihren Namen und Personenstand beim Standesamt ändern lassen können – etwas, das neben dem Tragen von einer zum eigenen Gender passenden Frisur, Pronomen und ebensolcher Kleidung als soziale Transition bezeichnet wird. Für die medizinische Transition, also die Einnahme von Geschlechtshormonen und eine operative Geschlechtsangleichung, sehen fachliche Leitlinien derzeit ein Mindestalter von 18 Jahren vor. Unabhängig davon können sich Kinder und Jugendliche in etwa zwischen dem zehnten und zwölften Lebensjahr mit Unterstützung ihrer Eltern entscheiden, Hormonblocker einzunehmen. So lassen sich der Pubertätsbeginn und die damit verbundenen unumkehrbaren körperlichen (wie den Stimmbruch und das Brustwachstum) sowie psychischen und sozialen Veränderungen hinauszögern, um Zeit für die Entscheidung zu gewinnen, in welchem Gender die betreffende Person leben möchte.

Die geplanten Änderungen des diskriminierenden Transsexuellengesetzes in ein Selbstbestimmungsgesetz nutzen trans feindliche Stimmen indes für eine moralische Panikmache. »Im medialen Diskurs werden trans Kinder oft entweder als Unschuldige dargestellt, die aus den Fängen einer bösartigen Ideologie befreit werden müssen, oder als zu fürchtende Gefahr«, so die britische Autorin und Aktivistin Shon Faye.[28] Oder sie und ihre Anliegen werden schlicht nicht ernst genommen – auch von den eigenen Eltern. Während es im Großen und Ganzen nicht mehr als kontrovers gilt, dass Eltern ihre schwulen, lesbischen oder bisexuellen Kinder bestärken und ihnen zur Seite stehen, ist das bei trans Kindern häufig anders.

Das Kind einer Bekannten, das die ersten 13 Jahre seines Lebens als Mädchen gegolten hatte, entschloss sich vor einiger Zeit für die soziale Transition. Der Teenie begann, als männlich gelesene Kleider zu tragen und bat sein Umfeld, ihn fortan als Jungen zu adressieren – ein Wunsch, dem die Mutter nachkam. Allerdings äußerte sie Zweifel daran, dass die trans Identität ihres Kindes, nennen wir es Timmy, nicht nur eine Phase sei und sich nicht wieder geben würde; möglicherweise sei es bei den Jugendlichen gerade auch einfach angesagt, trans zu sein. Außerdem erwähnte sie, dass die Psychologin, die Timmy auch wegen seines selbst verletzenden Verhaltens regelmäßig besuche, den Jungen weiterhin mit seinem alten – dem Mädchennamen – anspreche. (Mittlerweile hat Timmy die volle Unterstützung seiner Mutter und besucht einen in queeren Belangen geschulten Psychologen, der Timmys trans Identität berücksichtigt.)

Einer 2017 veröffentlichten Studie zufolge werden ganze 78,6 Prozent aller trans Jugendlichen in Deutschland von ihrer Familie in ihrer Geschlechtsidentität nicht ernst genommen. Dabei ist die Akzeptanz der Eltern der wichtigste Faktor für das Wohlergehen eines trans Kindes. So gehen die schweren Depressionssymptome unter trans Jugendlichen um 71 Prozent zurück, wenn sie zu Hause, in der Schule und im Freund*innenkreis ihren selbst gewählten Namen nutzen dürfen. Auch die Rate der Suizidversuche und die der Suizidgedanken sinkt um 65 respektive 34 Prozent.[29]

Warum glaubt man einem Kind, egal wie alt, das bei der Geburt zum Jungen erklärt, als Junge aufgezogen wird und sich als solcher identifiziert, wenn es von sich sagt, er sei ein Junge? Warum unterstellt man dagegen einem bei der Geburt zum Mädchen erklärten Heranwachsenden, der gegen alle Widerstände seines Umfeldes von sich sagt, er identifiziere sich als Junge, er sei verwirrt, irre sich oder säße einer herrschenden Mode auf? »Transsein in einer transfeindlichen Gesellschaft«, so Ravna Marin Siever, »ist kein lustiger Modetrend und keine pubertäre Rebellion«[30]. Siever fordert von Eltern von trans Kindern, die Probleme mit der Akzeptanz der Identität ihrer Kinder oder diesbezügliche Ängste und Sorgen haben, diese nicht zum Problem des Kindes zu machen. »Die Transfeindlichkeit, die ihr internalisiert habt (wir alle haben das, kein Grund, sich zu schämen, der einzige Grund, sich zu schämen, wäre, es nicht ändern zu wollen), sollte nicht auf dem Rücken des Kindes reflektiert werden. Feiert euer Kind. Feiert euer Kind dafür, wie es ist, dafür dass es herausgefunden hat, wer es ist.«[31] Was mir im Übrigen wie ein guter Grundsatz für alle Eltern erscheint – genau wie der, schon kleine Kinder in Gespräche darüber zu verwickeln, wie wenig das biologische mit dem sozialen Geschlecht von Menschen zu tun haben muss. Je vielgestaltiger der elterliche und der kindliche Kreis an Freund*innen, Bekannten und Nachbar*innen, desto besser für das Normalitätsverständnis aller. Nur, wenn Kindern von klein auf durch direkte Anschauung vermittelt wird, dass Vielfalt unbedingt etwas Gutes ist und Menschen, die anders aussehen, nicht ausgeschlossen werden dürfen, sind sie in die Lage versetzt, sich einer Gruppe von mobbenden Mitschüler*innen entgegenzustellen, statt einfach mitzumachen, wenn andere herabgewürdigt werden. Der beste Schutz vor Mobbing ist, Kinder dazu zu ermutigen, andere nicht zu mobben – und sich an Erwachsene zu wenden, wenn sie dergleichen erleben.

Wege aus der Binarität

1972 erschien in der US-amerikanischen Zeitschrift »Ms.« eine Kurzgeschichte der Autorin Lois Gould mit dem Titel »X: A Fabulous Child's Story«.[32] Darin zieht das Elternpaar Jones ein Kind namens X auf, dessen Geschlecht sie geheim halten. Verwandte, Nachbar*innen, Mitschüler*innen und deren Eltern fühlen sich in Gegenwart von X unwohl und versuchen wiederholt herauszufinden, ob sie es mit einem Jungen und Mädchen zu tun haben.

»Ich hatte nicht wirklich bedacht, dass wir so viel Zeit damit verbringen würden, dem Unbehagen von Fremden Raum zu geben«, so Jake England-Johns, der ganz ähnlich wie die fiktiven Eltern in Goulds Kurzgeschichte sein Kind gemeinsam mit seiner Partnerin gender-neutral erzieht, ihm also kein soziales Geschlecht zuschreibt, um es möglichst lange abseits von Rollenzuschreibungen aufwachsen zu lassen.[33] Dieses Unwohlsein und der Drang, jemanden entweder als männlich oder als weiblich zu kategorisieren, ist menschlich – und gleichwohl Ausdruck einer geringen Ambiguitätstoleranz. Die Fähigkeit, Mehrdeutigkeiten, Widersprüche sowie ungewisse und unstrukturierte Situationen zu ertragen und konstruktiv mit ihnen umzugehen, wurde erstmals 1949 von der Psychologin Else Frenkel-Brunswik beschrieben, die zum Konzept der autoritären Persönlichkeit forschte. Weil eine lebendige Demokratie auf dem Pluralismus von Meinungen und Lebensweisen basiert, gilt Ambiguitätstoleranz als ein Kernelement einer Kompetenz in Sachen Demokratie und Diversität. Sie wird als relativ stabiles Persönlichkeitsmerkmal betrachtet, lässt sich aber nichtsdestotrotz anerziehen und trainieren – besonders mit Kulturprodukten wie Musik, Kunst und Literatur.[34] Indem man sich also mit Dingen umgibt, die nie eindeutig sind, sondern immer mehrere Interpretationen zulassen.

Wenig überraschend scheinen Heranwachsende, die heute schon mit offeneren Konzepten von Gender und Sexualität aufwachsen, weniger Probleme zu haben, sich beides als nicht biologisch determiniert, sondern veränderbar vorzustellen. Als ein langjähriger Freund von mir seine damals 13-jährige Tochter fragte, ob sie eigentlich manchmal gern ein Junge wäre, schaute sie ihn verständnislos an, bevor sie sagte: »Papa, wenn ich gern ein Junge wäre, dann könnte ich ja einfach einer sein.« Für sie scheint der Schritt vom Wunsch, in einem bestimmten Geschlecht zu leben, und der Umsetzung dieses Wunsches ein kleiner zu sein.

Der Blick in andere Weltgegenden zeigt, dass es durchaus Alternativen gibt zum derzeit herrschenden europäischen Modell einer Zwei-Geschlechter-Ordnung. Progressiven Theologen zufolge erwähnt der Koran Geschlechter »zwischen« Frau und Mann. In vielen Indigenen Nationen Nordamerikas wird die Bezeichnung »Two-Spirit« verwendet, um eine ganze Reihe zeremonieller und sozialer Rollen außerhalb des binären Modells zu bezeichnen. In Pakistan gelten »alle, deren geschlechtliche Identität oder geschlechtliche Selbstdarstellung von den sozialen Normen und den kulturellen Erwartungen abweicht, die mit dem Geschlecht, das ihnen bei der Geburt zugeschrieben wurde, verbunden sind«,[35] juristisch als trans* Personen. Sie heißen »Khwaja Sara«, können seit 2009 einen offiziellen Eintrag als drittes Geschlecht für sich beanspruchen und werden seit 2018 durch ein Antidiskriminierungsgesetz geschützt. Auch wenn die rechtlichen Formen der Anerkennung nicht unbedingt immer mit Gleichberechtigung einhergehen, beweisen sie, dass an einer Zwei-Geschlechter-Ordnung wenig Natürliches ist. In Indonesien gelten die Waria, in Samoa die Fa'afafine und bei den Zapoteken im südlichen Mexiko die Muxes als sogenanntes drittes Geschlecht.[36]

Die Soziologin Oyeronke Oyewumi hat untersucht, dass bei den Yoruba im vorkolonialen Nigeria nicht der Körper als Basis für soziale Rollen diente, sondern das Alter der Personen.[37] Erst die Europäer hätten, so Oyewumi, die Idee der zwei biologischen Geschlechter in diesem Teil der Welt verbreitet.

Dabei gingen in Europa viele Ärzte, Wissenschaftler und Philosophen (hier ist das generische Maskulinum ausnahmsweise einmal angebracht) bis zum 18. Jahrhundert davon aus, dass es nur ein einziges Geschlecht gebe: das männliche.[38] Frauen galten lediglich als unterentwickelte und damit minderwertige Männer,* deren Penis und Hoden sich vor der Geburt nicht nach außen, sondern ausgehöhlt im Inneren des Körpers entwickelt hatten – als Vagina und Eierstöcke. So galten auch Nasenbluten und die Menstruation als ein und derselbe körperliche Vorgang. Das änderte sich erst, als die Aufklärung die göttliche Ordnung in Frage stellte, nach der es vom König über den Feudalherrn bis zum Bauern eine klare Hierarchie innerhalb der menschlichen Gesellschaft gab. Seither galten alle Menschen als gleich, während man dennoch davon ausging, dass Frauen und People of Colour genau wie beispielsweise kranke Menschen ein bisschen weniger gleich waren als *weiße* Männer – immerhin galt es, trotz aller behaupteten Egalität, die Macht über sie zu behalten. Frauen mussten sich also doch in irgendetwas grundlegend von Männern unterscheiden, und so kam es, dass in medizinischen Texten der geschlechtliche Unterschied herausgekehrt wurde. Die weibliche Anatomie bekam eigene Begriffe und Bezeichnungen, und die Idee von den zwei komplementären, unüberwindlich gegensätzlichen Geschlechtern verfestigte sich. Der (*weiße* heterosexuelle cis) Mann wurde zum Maß aller Dinge – zum vermeintlich neutralen Repräsentanten und meist vollkommen unhinterfragten Nullpunkt des Mensch-Seins an sich –, während die Frau seither als Abweichung gilt. Das resultiert unter anderem darin, dass manche Männer Quotenregelungen als ungerecht ansehen, weil sie nicht realisieren, dass Angehörige ihres Genders, ihrer sexuellen Identität und ihrer Hautfarbe allein aufgrund ihres Seins seit Jahrhunderten bevorzugt werden. Das resultiert auch darin, dass Frauen in Bereichen wie der medizinischen Forschung,

---

* Daher stammt auch die bis heute herrschende Vorstellung, dass »Mensch« gleichbedeutend mit »Mann« sei.

dem Produktdesign oder der Architektur meist schlichtweg ignoriert werden.[39] Und als wäre auch August diesem jahrhundertealten und offenbar immer noch wirksamen Irrtum aufgesessen, unterschied er mit etwa drei oder vier Jahren Personen (und Lego-Figuren) in die zwei Kategorien »Mensch« und »Frau«. Aber bereits in den frühen 1930er-Jahren rüttelte die Erkenntnis, dass so gut wie alle menschlichen Körper sowohl Östrogen als auch Testosteron produzieren, an der Überzeugung, die Kategorie Geschlecht sei so eindeutig und festgefügt wie bis dahin gedacht.[40]

Heute existieren Ansätze, die von vielen als einschränkend erlebte Binarität aufzulösen. Auf die Idee der genderlosen Gesellschaft der nigerianischen Yoruba beziehen sich Lann Hornscheidt und Lio Oppenländer mit ihrem Exit-Gender-Ansatz. Sie sind davon überzeugt, dass es Sexismus (oder Genderismus, wie sie die geschlechtsbasierte Diskriminierung nennen, die ja nicht auf dem biologischen Geschlecht, sondern dem sozialen Geschlecht – dem Gender – beruht) so lange geben wird, wie die Kategorie Gender an sich nicht hinterfragt, sondern immer wieder aufgerufen und damit verfestigt wird – genau wie es nicht möglich sei, Rassismus zu bekämpfen, solange es immer noch Menschen gebe, die der Überzeugung seien, es existierten unterschiedliche »Menschenrassen«. Hornscheidt und Oppenländer schlagen Möglichkeiten für eine genderlose Sprache oder ein »exgenderndes« oder »genderfreies Sprachhandeln« vor, das weder Genderstereotype herstellt oder sich auf solche bezieht noch Eindrücke und Bewertungen mit Gender verbindet. Statt also etwa von Autor*innen zu sprechen oder Gärtner*innen, sprechen sie von Personen, die Bücher und Artikel schreiben, und solchen, die in ihrer Freizeit im Garten arbeiten. Zu ihrem Ansatz gehört auch, Menschen nicht mehr über Gender einzulesen und wahrzunehmen, sondern das sozial konstruierte Geschlecht als Bezugspunkt ganz aufzugeben.

Das bedeutet etwa, zu versuchen, unbekannten Menschen auf der Straße nicht zuerst ein Gender zuzuschreiben, sondern den eigenen Fokus stattdessen zum Beispiel auf die Frisur oder die Kleidung zu legen – also »Ah, eine Person mit langen braunen Haaren« zu denken, statt »Ah, eine Frau«. Denn jedes Mal, wenn sich eine Person beim Einsteigen in eine volle U-Bahn mit zwei breitbeinig und raumgreifend sitzenden Menschen konfrontiert sehe und denke: »Typisch Mann«, würde damit ein Genderstereotyp verfestigt. »Wenn du aber stattdessen versuchst, (…) exgendernd wahrzunehmen und die beiden Personen also versuchst, zuerst als Personen wahrzunehmen, statt als Verkörperungen von Cis-Männlichkeit, dann werden vielleicht plötzlich ganz andere Einschätzungen der Situation möglich.«[41] In diesem Fall wäre es möglich, die breitbeinig Sitzenden um einen Sitzplatz für sich selbst zu bitten – und ihnen so die Möglichkeit zu bieten, reflektiert und respektvoll zu handeln.

Das Verlernen oder auch nur Übersehen von Geschlecht in einer binär gedachten und verfassten Welt ist eine schwierige Übung, die vielleicht nie ganz gelingen kann. Eine Gegenposition zum Exit-Gender-Ansatz lautet, dass Gender nicht vorschnell auf seine Unterdrückungsmechanismen reduziert werden sollte, weil es zum Beispiel an jeder Art von Frausein auch wünschenswerte Aspekte gibt – dass es also nicht darum gehen kann, Gender abzuschaffen, sondern es radikal zu transformieren. Aber es lohnt sich, den eigenen Blick und die eigene Sprache zu trainieren wie einen Muskel. Auch aus diesem Grund versuche ich, vor allem gegenüber August, möglichst nicht mehr von »Jungen« und »Mädchen«, »Frauen« oder »Männern«

zu sprechen, sondern schlicht von »Kindern«, »Erwachsenen« oder »Menschen«. Denn ganz davon abgesehen, dass es vielen Menschen jeglichen Alters heute nicht an ihrer Haarlänge, ihrer Kleidung oder ihrem Körperbau anzusehen ist, wo auf dem Genderspektrum sie sich verorten, ist der Verweis auf das Geschlecht in dem Satz »Wenn das Mädchen fertig ist mit Schaukeln, bist du an der Reihe« oder »Du bist schon so ein großer Junge, du kannst dir deine Schuhe allein anziehen« nicht nur unnötig. Viel mehr noch stellt diese Einteilung Kinder jedes Mal wieder vor die Frage: Was genau ist ein Mädchen oder ein Junge – und was muss ich tun, um als eines oder einer zu gelten? Immer, wenn Menschen Wert darauf legen, das Geschlecht einer Person zu betonen, lernen Kinder, dass es sich um eine bedeutsame Kategorie handeln muss, in der es nur zwei Optionen gibt. Warum sonst würde es ständig benannt?

»Rückblickend ist das Schlimmste, dass ich nicht einmal darüber sprechen konnte, was geschah«, so Alok Vaid-Menon über die eigene Kindheit als nicht-binäre Person. »Über die Gewalt zu sprechen, hätte bedeutet, zuzugeben, dass ich mich von den Menschen um mich herum unterscheide, was wiederum zu mehr Gewalt geführt hätte. Ich konnte nicht mit meinen Eltern darüber reden, weil ich das Gefühl hatte, sie würden mich nicht mehr lieben, wenn sie wüssten, dass ich anders bin.«[42] Das ist die Welt, in der Menschen aufwachsen, die sich außerhalb der Zwei-Geschlechter-Welt verorten. Eine Welt, in der es keinen Platz und kaum Worte für das zu geben scheint, was sie erleben.

Eine der Erfinderinnen des »Gender-Reveal«-Trends war übrigens die US-Amerikanerin Jenna Karvunidis. Im Jahr 2008 hatte sie einen Kuchen mit pinker Glasur gebacken, um das

Geschlecht ihres Kindes zu verkünden, und anschließend darüber gebloggt. Heute bereut sie, etwas »so Schlechtes in die Welt gebracht zu haben«. Etwas, das nicht nur die Existenz nicht-binärer, inter und trans Personen kategorisch negiert und unsichtbar macht, sondern Menschenleben gefährdet – während es dabei hilft, die patriarchale Zwei-Geschlechter-Ordnung aufrechtzuerhalten.

Selbst wenn wir die Schubladen, in die wir Menschen einordnen, nicht vollends abschaffen können, können wir sie zumindest deutlich größer oder zahlreicher machen. Dann verschaffen wir allen mehr Platz zum Atmen und Bewegen. Dann gewinnen alle mehr Freiheit – im Kopf, im Körper und für unsere Gefühle.

GEFÜHLE

Unterdrückung bemisst sich nicht danach, wie wütend man ist, sondern wie wütend man sein darf.

LAURIE PENNY, »Sexuelle Revolution«

Ein samstägliches Fußballspiel zwischen einer Gruppe von Schulkindern. Ein Fünfjähriger wird gefoult, fällt hin und weint. Sein am Spielfeldrand stehender Vater ruft ihn zu sich. Als das Kind bei ihm angekommen ist, geht der Vater in die Hocke – und schubst den Jungen mit den Worten »Du musst lernen, dass du im Leben mit Weinen nicht weiterkommst« auf den Rasen. Vor den vor Schreck geweiteten Augen der anderen Eltern und Kinder treibt hier ein Mann einem zukünftigen Mann dessen Verletzlichkeit aus – der eine dominiert den anderen, damit dieser eines Tages andere dominieren kann. Er ist damit nicht allein: Nur einer von zehn Jungen im Alter zwischen 14 und 16 Jahren wird getröstet, wenn er weint, der Rest wird entweder ignoriert oder verurteilt.[1] Und aller Voraussicht nach wird der Vater damit Erfolg haben. Alle Menschen kommen mit der gleichen Kapazität für Emotionalität und Sensibilität auf die Welt, bis zum 13. Lebensjahr weinen Mädchen und Jungen noch etwa gleich häufig. Während aber Frauen noch 30- bis 64-mal im Jahr in Tränen ausbrechen, tun das Männer nur sechs bis 17 Mal.[2] »Kleine Jungen sind die einzigen männlichen

Wesen in unserer Kultur, die voll und ganz mit ihren Gefühlen in Berührung kommen dürfen, in denen sie ohne Scham ihren Wunsch zu lieben und geliebt zu werden ausdrücken können«, so die Philosophin bell hooks.[3]

Es sind vor allem die Väter, die ihren Söhnen das Äußern ihrer Gefühle als etwas nicht Zulässiges erscheinen lassen. »Es fällt mir schwer, mich emotional auszudrücken. Besonders in der Nähe meines Vaters«, zitiert die Autorin Peggy Orenstein einen der jungen Männer zwischen 16 und 22, die sie zwei Jahre lang über ihr emotionales und sexuelles Leben befragt hat. »Er ist ein netter Kerl. Aber in seiner Gegenwart kann ich nicht ich selbst sein. Ich habe das Gefühl, dass ich alles, was in mir vorgeht, hinter einer Wand verstecken muss, wo er es nicht sehen kann«.[4] Eine Wand, hinter der Gefühlsregungen versteckt werden müssen – keine ehrliche Beschreibung traditioneller Männlichkeit kommt ohne diese Metapher aus. Wahlweise ist es eine Mauer, eine Maske oder ein »eiserner kleiner Käfig«.[5] Der Grund ist oft genug Homophobie – die Angst, Jungen, denen man Gefühle zugesteht, könnten zu »Schwächlingen« oder schwul werden. So werden aus liebevollen, neugierigen, emotional durchlässigen Kindern verschlossene, kaum zugängliche Menschen, die weder in der Lage sind, ihre Emotionen zu identifizieren, noch sie auszudrücken. In den 1970er-Jahren prägte der Psychiater Peter Sifneos für diese Fühllosigkeit den Begriff Alexithymie, wörtlich: das »Fehlen von Worten für Gefühle«.[6]

Die Fühllosigkeit der Frauenfeinde

Zum Mann zu werden bedeutet heute immer noch häufig, sich gewaltsam aus der Verbundenheit mit anderen zu trennen. Das beginnt im Vorschulalter, wie die Entwicklungspsychologin Judy Y. Chu untersucht hat. Weil in dichotom nach Männlichkeit und Weiblichkeit unterschiedenen Gesellschaften die Sensibilität für Gefühle und die Abhängigkeit von Beziehungen stereotyp mit Weiblichkeit assoziiert werden, lernten Jungen oft, »ihre Fähigkeit und ihr Verlangen nach engen, bedeutungsvollen Beziehungen zu anderen Menschen zu verbergen, weil sie als Untergrabung ihrer Männlichkeit angesehen und als Schwäche oder Belastung für Jungen betrachtet werden kann«.[7]

Aber an jenem Tag auf dem Fußballplatz geschieht noch etwas anderes Gravierendes: Der Junge, der sich nach nichts mehr sehnt als nach Trost und Zuspruch, wird für dieses Bedürfnis beschämt und gedemütigt – von seinem Vater und damit einem der Menschen, die er am meisten liebt. Das kann nicht ohne Folgen bleiben. Oder wie es in einem Sprichwort heißt: »Die Hand an der Wiege regiert die Welt«. Und »regieren« ist hier durchaus wörtlich zu verstehen: All jene Männer, unter denen eine große Zahl an Menschen in jüngster Zeit litt und weiter leidet, sind weinend nicht vorstellbar – ein Wladimir Putin mit Tränen in den Augen genauso wenig wie ein schluchzender Donald Trump, Jair Bolsonaro oder Viktor Orbán. Nicht zufällig sind sie auch die größten Frauenfeinde. »Männer, die nicht weinen, sind nicht nur hilflos ihrer eigenen Trauer, Ohnmacht und Wut ausgesetzt«,[8] so der Autor Paul-Philipp Hanske. »Sie sind auch blind für das Leiden anderer – gerade, wenn sie es selbst verursachen.« Denn ihnen ist der Zugang zur eigenen Innenwelt versperrt.

Wer nicht gelernt hat, Gefühle wie Angst, Scham oder Trauer zu spüren und über sie zu sprechen, hat keine Kontrolle über seine negativen Impulse und kann Hilfe weder einfordern noch annehmen. So entsteht toxisches Verhalten. Und das, so hat es der Wirtschaftswissenschaftler Boris von Heesen errechnet, kostet allein in Deutschland jährlich 63 Milliarden Euro.[9] Stoizismus, Gewalt, Sucht, Dominanzgehabe, Homophobie und Sexismus haben Folgen für die psychische und physische Gesundheit aller, und sie sind der Grund, warum Männer einen Großteil der Verkehrsunfälle verursachen, Straftaten begehen, der Alkoholkranken ausmachen und drei Mal so häufig Suizid verüben wie Frauen.[10] Die toxische Männlichkeit, die das Patriarchat hervorbringt, wirkt nicht nur auf alle Beteiligten giftig. Sie verschlingt hierzulande Jahr für Jahr ungefähr eine Summe in Höhe des Bruttoinlandsproduktes von Bulgarien.

Ausgerechnet der Sportplatz ist, mit Ausnahme vielleicht des Traualtars, der einzige Ort, an dem Männer starke Gefühle zeigen dürfen, ohne dass ihre »Männlichkeit« angezweifelt wird. (Außerdem bejubeln hier Männer andere Männer – mehr als Frauen irgendwo jemals gefeiert werden.) Bei der Fußball-Europameisterschaft der Männer 2021 im Spiel gegen Finnland brach der dänische Nationalspieler Christian Eriksen kurz vor der Halbzeitpause unvermittelt zusammen und blieb regungslos liegen. Sein Team versammelte sich, um ihn vor den Blicken der Zuschauer*innen im Stadion und vor den Fernsehkameras abzuschirmen, einige Spieler hielten sich die Hände vor das Gesicht und weinten. Während die Rettungssanitäter*innen eine Herzdruckmassage an Eriksen vornahmen, kümmerte sich ein weiterer Spieler und der Torwart um Eriksens Lebensgefährtin und nahmen sie in den Arm. Als beim späteren Spiel Belgiens gegen Russland an jenem Tag der Belgier

Romelu Lukaku das Führungstor für seine Mannschaft erzielte, rannte er zu einer Kamera und rief »Chris, bleib stark, ich liebe dich!«[11]. Auf einmal ging es nicht mehr um Dominanz und Konkurrenzkampf, sondern darum, gemeinsam das Leben und die Menschenwürde dieses Spielers zu retten. Aber das war eben auf dem Platz.

Doch selbst hier droht Männern mitunter Spott, wenn sie Gefühle zeigen. Als sich beim Champions-League-Finale 2018 zwei Spieler so schwer verletzten, dass sie ausgewechselt werden mussten und unter Tränen vom Platz gingen, kommentierte der Ex-Profi Oliver Kahn im ZDF-Fernsehstudio: »Dass die immer alle weinen! Das kann man doch in der Kabine machen.«[12] Womit er nichts anderes sagte als: Erspart uns doch bitte diesen peinlichen Anblick. Was genau das ist, was von Männern seit Langem erwartet wird.

»Wenn Gefühle als so schwach gelten, warum sind wir diejenigen, die vor ihnen wegrennen?«, zitiert der Autor JJ Bola einen jungen Mann.[13] Dabei galt das Weinen seit Menschengedenken nicht als Schwäche, sondern als etwas Erhabenes, Kultiviertes. Jahrhundertelang galt: Nur wer so abgestumpft ist, dass er keine Gefühle hat, weint nicht. In der Renaissance prägte der Universalgelehrte Erasmus von Rotterdam die Maxime »Boni viri lacrimabiles« – echte Männer weinen. Als Johann Wolfgang Goethe sein Gedicht »Lasst mich weinen!« schrieb, konnte er in eine lange Reihe tränenbenetzter Heldengesichter schauen: »Lasst mich weinen! das ist keine Schande / Weinende Männer sind gut / Weinte doch Achill um seine Briseïs! / Xerxes beweinte das unerschlagene Heer / Über den selbstgemordeten Liebling / Alexander weinte.«

Erst während der Französischen Revolution grenzten sich die napoleonischen Eliten vom Adel ab, indem sie ihn als affektiert und weibisch verächtlich machten. Seither galt es, männliche Schwäche auszurotten. Mit dem Ergebnis, dass Gefühle wie Angst, Trauer und Liebe heute die Sache der Frauen sind. Und Quatschsätze wie »Große Jungen weinen nicht«, »Ein Indianer kennt keinen Schmerz« oder – der Lieblingsspruch von Augusts Fußballtrainer – »Nur die Harten kommen in den Garten« seit Generationen der Soundtrack sind, zu dem Jungen aufwachsen.

Brav und leise

Mädchen dagegen lernen häufig schon früh, die ganze Bandbreite ihrer eigenen Emotionen und die anderer Menschen zu erkennen, sie voneinander zu unterscheiden und ihnen adäquat zu begegnen. Das liegt paradoxerweise auch daran, dass sie selbst weniger lang Fürsorge erfahren. Schon dem Schreien als weiblich wahrgenommener Babys werden weniger Schmerzen zugeschrieben als dem gleichen Schreien männlich gelesener Kleinkinder.[14] Dahinter steht die Annahme, dass ein weinender Junge einen guten Grund habe, während Mädchen einfach »empfindlicher« seien. Auch werden als männlich gelesene Babys deutlich länger gestillt als weibliche.[15] Diese Tendenz setzt sich fort, wenn die Kinder älter werden. »Töchter werden eher auf sich selbst gestellt oder sogar vernachlässigt, man traut ihnen schneller Autonomie und Selbstständigkeit zu, man überträgt ihnen Verantwortung für kleine Geschwister oder Großeltern, während Söhne eher überversorgt werden«, so die Geschlechterforscherin und Soziologin Franziska Schutzbach.[16] Aus diesem frühen Entzug der Fürsorge zögen Mädchen oft unbewusst den Schluss, dass sie den erlebten Mangel durch eigene Emotions- und Beziehungsarbeit ausgleichen könnten.

Sie entwickelten ein feines Gespür für die Stimmungen anderer und die Situationen, in denen sie sich besser lieb, still und freundlich verhalten. Diese Aufopferung für andere wirke dann in der Familie genau wie im Beruf oft identitätsstiftend – zuweilen um den Preis der eigenen Verausgabung. Auch deswegen arbeiten Frauen häufiger als Männer in Berufen, in denen es auf Zuwendung und emotionale Verfügbarkeit ankommt. Berufe, deren große gesellschaftliche Bedeutung in krassem Gegensatz zu ihrer geringen Bezahlung steht. So führt eine direkte Linie von der Lieblosigkeit gegenüber Mädchen zur weiblichen Altersarmut.

Die Psychoanalytikerin Naomi Snider und die Autorin Carol Gilligan haben beobachtet, dass die emotionale Zurichtung bei Jungen im Alter zwischen vier und sieben Jahren und bei Mädchen in der frühen Adoleszenz, also etwa zwischen elf und 17 Jahren, stattfindet. Aufgrund des verspürten Drucks, sich rollenkonform zu verhalten, begännen Jungen, abweisend oder unempfänglich für ihre eigenen emotionalen Bedürfnisse und die anderer zu werden, während Mädchen sich in »gute« Töchter verwandelten: Statt für sich selbst und ihre Belange einzustehen, würden sie unter dem Druck der gesellschaftlichen Erwartungen zu allzeit selbstlosen, hilfsbereiten und freundlichen Wesen. Während Jungen Indifferenz markierten, sei es bei Mädchen der Gang in die Selbstverleugnung, der sie entgegen ihrer eigenen Empfindungen und Überzeugungen innerhalb der patriarchalen Ordnung absichere. »Um es ganz konkret zu formulieren: Wenn ein Junge weint und daraufhin ausgelacht oder gemieden wird, oder wenn ein Mädchen sagt, was es tatsächlich fühlt und denkt, und daraufhin ausgeschlossen wird, dann wird diese Begegnung mit den Codes und Skripten der patriarchalen Männlichkeit bzw. Weiblichkeit als Bruch der

Beziehung registriert«, so Gilligan und Snyder. »Wenn ihre Initiation nach genügend solcher Begegnungen abgeschlossen ist, wird jeder Schritt auf der Suche nach Beziehung die Männlichkeit oder Weiblichkeit dieser Kinder auf den Prüfstand stellen.«[17]

Dieser Prozess halte die patriarchale Ordnung aufrecht – indem sie zukünftige Männer wie Frauen für geschlechtsuntypische Behandlungen bestrafe und für geschlechtstypische Handlungen belohne, Jungen also die Beziehungs- und Mädchen die Durchsetzungsfähigkeit aberziehe. Letztendlich ließen sich mit diesem Schema laut Gillian und Snider eine ganze Reihe von Phänomenen erklären, von der Tendenz junger Mädchen zum selbstverletzenden Verhalten, bei dem sie die Aggressionen statt auf das Gegenüber gegen sich selbst richten, über die weibliche Zurückhaltung in Sachen Gehaltsverhandlung aufgrund der Überzeugung, es eigentlich nicht verdient zu haben, für ihre Arbeit angemessen bezahlt zu werden, bis hin zum männlichen Hang zur Gewalt, der mit dem verloren gegangenen Gespür für die eigenen Gefühle und die anderer zusammenhängt.

Doch insbesondere das Beschneiden der emotionalen Bandbreite von Jungen beginnt schon früher. In einer Studie aus den 1970er-Jahren zeigte man Erwachsenen Videos, in denen man ein Kleinkind mit einem aus einer Schachtel springenden Teufel erschreckt hatte. Diejenigen Personen, denen man gesagt hatte, das Kind sei ein Junge, interpretierten dessen Reaktion als verärgert und wütend, während das vermeintliche Mädchen »Angst« hatte.[18]

Und das Muster setzt sich fort: »Eltern sprechen mit ihren Töchtern mehr über Emotionen und verwenden eine breitere Palette von Wörtern für diese Emotionen«,[19] so die Autorin Ciani-Sophia Hoeder. »Die einzige Ausnahme sind negative

Gefühle, zu denen Wut zählt.« Schließlich sind Mädchen und Frauen von der Gunst patriarchaler Macht abhängig und die gilt es, nicht durch Wut zu verärgern. Nur diese eine Emotion gesteht man als Mädchen und Frauen gelesenen Menschen also nicht zu; es ist ausgerechnet das einzige Gefühl, das Männer meist ungestraft ausleben dürfen und das ihnen, mehr noch, als Stärke ausgelegt wird. So wird Mädchen schon früh signalisiert, dass ihnen der Ausdruck von Wut und Zorn nicht zur Verfügung steht. Mädchen haben still, brav und leise zu sein.

In ihrer Kurzgeschichte »Girl« von 1978, die aus einem einzigen langen Satz besteht, beschreibt die Schriftstellerin Jamaica Kincaid das Mädchensein (und also die Erziehung zur Frau) als eine Abfolge von Haus- und emotionaler Arbeit, unterbrochen nur durch Versuche, nicht als Schlampe zu gelten: »… this is how you sweep a corner; this is how you sweep a whole house, this is how you sweep a yard; this is how you smile to someone you don't like too much; this is how you smile to someone you don't like at all; this is how you smile to someone you like completely; this is how you set a table for tea …«.[20] Aus heutiger Sicht scheint die in »Girl« beschriebene Abrichtung zur stets freundlich dienenden Frau ein wenig drastisch, im Kern entspricht das Geschilderte jedoch noch immer den Tatsachen.

Aber unterdrückte und auf diese Weise internalisierte Wut verschwindet nicht einfach, sondern bahnt sich auf andere Weise ihren Weg: als Kopfschmerzen, Essstörungen, selbstverletzendes Verhalten, in Gestalt von Angstzuständen, Burnouts oder Depressionen. Von Letzteren sind Mädchen ab einem Alter von zwölf Jahren zwei- bis dreimal so häufig betroffen wie Jungen.[21]

Wenn Mädchen oder Frauen ihre Wut vernehmbar äußern, müssen sie mit Ablehnung rechnen. Wo Jungs »eben Jungs sind« und Männer als durchsetzungsstark gelten, werden Frauen für das gleiche Verhalten zickig, hysterisch oder übersensibel genannt. Grund dafür ist ihre untergeordnete Stellung im Patriarchat. Egal ob Frau, geflüchtete Neuangekommener oder Hausangestellte: Je weiter unten in der gesellschaftlichen Hierarchie, desto weniger zulässig ist es für jemanden, Wut zu zeigen. Und ebenso wie Hausangestellte sollen Frauen sorgen, dienen und sich kümmern. Stets freundlich, geräuschlos und ohne sich zu beschweren.

Die Austreibung der Gefühle

Doch ist Wut nicht zu verwechseln mit Hass. »Hass ist die Wut derjenigen, die unsere Ziele nicht teilen, und sein Ziel sind Tod und Zerstörung«,[22] so die Schriftstellerin und Aktivistin Audre Lorde. »Wut ist der Kummer über Verwerfungen zwischen Gleichgesinnten, und sein Ziel ist Veränderung.« In ihrer Rede »The Uses of Anger« verschränkt sie den Kampf gegen Rassismus mit dem für die Rechte von Frauen und der Rolle, die Wut dabei spielt – ein Gefühl, von dem laut Lorde jede Frau ein gut gefülltes Arsenal besitzt und das gegen die Unterdrückungsmechanismen eingesetzt werden kann, die diese Wut erst hervorgerufen haben.

Kurz: Wut, und nicht etwa braves Mit-sich-machen-Lassen ist ein Motor für sozialen Wandel. Die Abschaffung der Sklaverei oder das Frauenwahlrecht verdankt die Welt nicht freundlichem, geduldigem, nur nicht zu insistierendem Nachfragen. Diese Errungenschaften gibt es, weil einige Menschen laut, deutlich und wütend gegen Ungerechtigkeiten gekämpft haben. »Wenn wir aus Frauen Wut heraussozialisieren, bringen wir ihnen bei, dass sie machtlos sind«, so Hoeder.[23] Wird Wut jedoch präzise eingesetzt, kann sie eine produktive Kraft für Fortschritt und Wandel sein und genau die Umstände verändern, denen sie entspringt.

Das gilt selbstverständlich für Menschen aller Gender. Der 2005 geborene Gianni Matheja ist das Kind einer alleinerziehenden Mutter, die als Kindergärtnerin in Vollzeit arbeitet. Als Gianni 13 Jahre alt war, hatte er schon seit drei Jahren keinen Kontakt mehr mit seinem Vater gehabt; der erschien nicht mal zu dem Termin vor dem Familiengericht, bei dem der Mutter nach zehn Jahren das alleinige Sorgerecht für den Jungen zugesprochen wurde. Seit jenem Tag ist Gianni wütend. 2018 wurde die Miete für die Wohnung, in der er mit seiner Mutter lebt, so stark erhöht, dass sie sie sich nicht mehr leisten konnten, die beiden mussten umziehen. Seitdem ist Gianni Aktivist und kämpft für die Rechte Alleinerziehender. »Kinder großzuziehen, kostet viel Zeit, Care-Arbeit sollte entlohnt werden«,[24] sagt er. »Die Forderung von Alleinerziehenden ist Frauenförderung, das ist hoch-feministisch.« Oder wie Florence Given es formuliert: Herzlich willkommen im Feminismus, der Welt der dauerwütenden Menschen …[25].

Ab einem Alter von drei Jahren sind Kinder in der Lage, ihre eigenen und die Gefühle anderer Menschen zu verstehen und echtes Mitgefühl zu zeigen. Sie sollten die Chance bekommen, all ihre Emotionen wahrzunehmen und benennen zu können und brauchen dabei die Hilfe von Erwachsenen, die sie zum Beispiel fragen: Du wirkst traurig, was ist passiert? Was hat dich heute froh, ungeduldig, wütend gemacht? Was war das Schönste an deinem Tag? Kinder – und insbesondere solche, die als Jungen aufwachsen – brauchen Menschen, die mit ihnen darüber sprechen, warum jemand im anderen Auto gerade so laut gebrüllt hat und die Person, die an der Supermarktkasse stand, so ungeduldig war. So lernen sie, die Emotionen anderer Menschen zu lesen und sich für sie zu interessieren. »Du wirst wissen, dass du einen feministischen Sohn großgezogen hast«, so die Autorin Sonora Jha, »wenn er sich bei Frauen nach ihren Gefühlen erkundigt«. Und, möchte ich ergänzen, wenn er sich ihre Antworten anhört, und das Gehörte weder negiert noch kleinredet oder abwertet.

Augusts häufigste Erklärung für schlecht gelaunte Mitmenschen lautet: Hunger. Weil er weiß, wie unleidlich er selbst wird, wenn er zu lange nichts gegessen hat. Was bei uns zu Hause schon manchmal in ein Gespräch über andere Ursachen von aggressivem Verhalten mündete: Müdigkeit, die Sommerhitze oder Stress. Als ich einmal von Liebeskummer geschüttelt am Abendbrottisch saß, sagte Ava zu August: »Anne ist traurig.« Als er fragte, warum, sagte ich: »Das ist manchmal so. Menschen sind manchmal einfach traurig«, um zu vermeiden, an Ort und Stelle weinen zu müssen. Hinterher ärgerte ich mich über meine Angst vor meinen eigenen Gefühlen und nahm mir vor, das nächste Mal mit August über das Vermissen geliebter Menschen zu sprechen.

In ihren Gesprächen mit Teenagern über ihr Verhältnis zu Sex hat die Autorin Peggy Orenstein festgestellt, dass es Freundinnen, Mütter und Schwestern sind, mit denen Jungen über ihre Gefühle sprechen – wenn sie es denn tun. So begrüßenswert es auch ist, wenn männliche Heranwachsende mindestens eine Person haben, an die sie sich in ihren Freuden und Nöten wenden können, lernen sie so doch nur wieder, dass es Frauen sind, die für den Bereich der Emotionen zuständig sind und bei denen sie ihren Gefühlsballast abladen können, während es für Männer irgendwie unschicklich zu sein scheint, sich mit solchen Dingen auseinanderzusetzen. Das zeichnet eine Entwicklung vor, die häufig so aussieht: Während Frauen auch im Erwachsenenalter mehrere enge Vertraute haben, verfügen heterosexuelle cis Männer (neben einer eventuellen Partnerin) häufig über keine einzige echte Bezugsperson und also über keinerlei tragfähiges, krisenfähiges Beziehungsnetz. Dabei zeigen zahlreiche Studien, dass insbesondere bei Männern das Fehlen sozialer Bindungen, die über eine einzige Person hinausgehen, gesundheitsschädlich ist – für das Herz zum Beispiel ebenso sehr wie Rauchen.[26]

Die Beziehungsforscherin Niobe Way hat gezeigt, dass heranwachsende Jungen untereinander lange Zeit dieselben tiefen und intimen Beziehungen haben, wie sie Mädchen führen. Erst im Alter zwischen 16 und 19 Jahren beginnen sie, ihre engen Freundschaften als etwas zu betrachten, dass den Erwartungen entgegensteht, wie sie als junge Männer zu sein haben: selbstgenügsam, autonom und unabhängig von engen Beziehungen zu anderen. Während es vielen noch als niedlich gilt, wenn sich zwei Fünfjährige zum Beispiel umarmen, gilt dasselbe Verhalten zehn Jahre später als nicht mehr angemessen. Während es für einen Vierjährigen zulässig ist zu weinen, ist der Anblick eines 24-Jährigen mit Tränen in den Augen vielen Menschen zutiefst unangenehm.

Um zu Erwachsenen zu werden, sehen sich Jungen gezwungen, diese für sie grundlegenden engen Beziehungen abzubrechen. »Die sozialen und emotionalen Fähigkeiten, Bedürfnisse und Wünsche, die wir mit Weiblichkeit und Schwulsein verbinden«, so Way, »sind nicht nur dieselben Fähigkeiten, die die Grundlage für unser Überleben als Individuen und als Spezies bilden, es sind auch Fähigkeiten, Bedürfnisse und Wünsche, die

Jungen selbst haben und ausdrücklich äußern, so man denn gewillt ist zuzuhören.«[27] In Ways Augen fehlt es in der häufig zitierten »Krise der Jungen« viel weniger an männlichen Vorbildern in Kitas, Schulen und Familien als am Willen, Jungen in ihren emotionalen Bedürfnissen wahrzunehmen. Einsame, isolierte Menschen sind anfällig für Radikalisierung und Extremismus aller Art.[28]

Es braucht gerade Väter, Großväter, Onkel und Freunde, die mit Jungen über ihre eigenen Gefühle, ihr Befinden und ihre Wünsche sprechen. Schon aus Eigennutz. Der Autor Jack Urwin beschreibt, dass er seinen Vater, der wegen einer Grippe einige Tage zu Hause verbracht hatte, fragte, wie es ihm ginge. »Besser«, antwortete der Vater, ging ins Badezimmer und starb dort, mit 51 Jahren.[29] Bei der Obduktion fand man heraus, dass Urwins Vater in den Monaten vor seinem Tod bereits einen Herzinfarkt erlitten haben musste, in seiner Jackentasche fand sich ein frei verkäufliches Herzmedikament. Der Mann hatte Schmerzen, er merkte, dass irgendetwas nicht stimmte. Er war krank, aber er suchte weder einen Arzt auf, noch sprach er mit seiner Familie über seinen Gesundheitszustand. Er zog es vor, schweigend zu sterben.

Das Recht auf alle Gefühle

Genau wie Kleidung, Spielzeuge und Berufe sind auch alle Gefühle für alle Menschen da. Alle Kinder haben ein Recht darauf, jede Art von Gefühl empfinden, wahrnehmen, benennen und ausleben zu dürfen. Mädchen müssen den Raum bekommen, ihrer Wut Ausdruck zu verleihen, statt dass man ihnen vermittelt, sie würden nur dann wertgeschätzt, wenn sie alle negativen Gefühle hinunterschlucken. Nur so lernen sie, sich selbstbewusst für ihre Belange einzusetzen. Jungen haben kein Recht darauf, ihre Wut zum Schaden anderer auszuleben. Aber sie müssen ebenso wie alle anderen Kinder wüten und weinen dürfen; das Zeigen ihrer Verletzlichkeit sollte ihnen unbedingt als Stärke ausgelegt werden. Denn manchmal ist das Mutigste, was man tun kann, um Hilfe zu bitten, und das Stärkste, schwach und verletzlich zu sein. Nur so bekommen sie die Chance, die einfühlsamen und empathischen Menschen zu bleiben, als die sie auf die Welt kommen, statt zu emotionalen Analphabeten und unterkühlten Distanzhaltern zu werden – und im Zweifel irgendwann zu gefühlsmäßig unterentwickelten Vätern, die sich ohne Bezug zu ihrer eigenen Schwäche und Bedürftigkeit auch nicht adäquat um ein Kind kümmern können.

Einmal, August war fast fünf Jahre alt, hatte Ava sich mit einer Freundin verabredet, die sie lange nicht gesehen und die ein etwa gleichaltriges Kind hatte. Die beiden Kleinen kannten sich lediglich von hin und her gesendeten kurzen Videonachrichten. »Otto möchte dich gern mal treffen. Er findet dich cool«, erklärte Ava ihm. »Ich bin cool«, gab August zurück. »Aber ich bin auch nett.«

Wenn nicht Unnahbarkeit, sondern Zugänglichkeit das Maß der Dinge ist, wenn besonders Jungen ihre Liebenswürdigkeit und emotionale Durchlässigkeit statt ihrer Distanziertheit verteidigen lernen, und wenn wir Mädchen das Recht und die Fähigkeit zur Selbstbehauptung und zum Neinsagen verleihen, sind wir auf einem guten Weg. In eine Welt, in der Gefühle genauso wenig entlang von Gendergrenzen verteilt sind wie Tätigkeiten, Beschäftigungen und Arbeit.

ARBEIT

*Sollten Sie Kinder haben, achten Sie darauf, dass der andere Elternteil Feminist*in ist.*

PHYLLIS A. KATZ, »Raising Feminists«

Die Psychologin Phyllis A. Katz hat in den 1990er-Jahren zu der Frage geforscht, welche Faktoren Einfluss darauf nehmen, inwiefern Kinder Genderstereotype ausbilden. Dazu befragte und beobachtete sie 200 Kinder im Alter zwischen sechs Monaten und sechs Jahren. So fand sie heraus, dass Dreijährige, die einem positiven Erziehungsstil ausgesetzt waren, deren Eltern ihnen also mit Wärme und wenig Autoritarismus begegneten und ein großes Maß an Unabhängigkeit zugestanden, die am wenigsten stereotypen Ansichten und Verhaltensweisen an den Tag legten. Auch die Haushaltstätigkeiten des Vaters prägen die Rollenvorstellung der untersuchten Kinder. »So scheinen kleine Kinder am stärksten davon beeinflusst zu sein, wen sie im Haushalt was erledigen sehen und wie sie selbst behandelt werden.«[1] Der größte Teil dieser Prägung geschehe vor dem dritten Lebensjahr, mit sechs Jahren hätten Kinder Genderrollen dann fest verinnerlicht.

Wer putzt die Fenster? Wer das Klo? Wer kocht? Wer bringt das Kind in die Kita oder ins Bett? Wer das Auto zur Reparatur? Wer bohrt das Regal an die Wand? Wer bereitet die Geburtstagsfeier vor? Wer entheddert das Puppenhaar und wer stapelt die Bauklötze zurück in die Kiste? Das sind Fragen, deren Antworten großen Einfluss darauf haben, was Kinder als für sich angemessene Aufgaben wahrnehmen.

»Die aufschlussreichste Show auf Erden für die Kleinen ist das Familientheater, eine Real-Life-Soap-Opera, die jeden Tag ohne Unterbrechung läuft«,[2] formuliert es der Autor Tobias Moorstedt, der sich mit seinem eigenen, von ihm selbst als ungenügend angesehenen Anteil an der Familienarbeit auseinandergesetzt hat. Das Familientheater hat dabei vier Rollen, in denen die Erwachsenen meist in unterschiedlichen Zeitanteilen auf der Bühne stehen: Es geht um die Fürsorge-Arbeit, die Haushaltstätigkeiten, den sogenannten Mental Load und die Arbeit außerhalb des Zuhauses – die einzige bezahlte Rolle im Theater. Die Regel, dass eine Arbeit umso schlechter bezahlt wird, je offensichtlicher sie anderen Menschen nützt, gilt insbesondere für die Versorgung von Kindern – sei es nun in der Kita oder, das Extrem, zu Hause. Und je schlechter eine Arbeit bezahlt ist, desto geringeres Ansehen genießt sie. Global betrachtet leisten Mädchen und Frauen jedes Jahr unbezahlte Arbeit im Wert von 10,8 Billionen US-Dollar.[3] Das ist drei Mal so viel, wie der gesamte Tech-Sektor erwirtschaftet. Die unbezahlte Arbeit von Frauen und ihre Erschöpfung ist die Basis der globalen Wirtschaft – und wird meist nicht einmal wahrgenommen.

Paradoxerweise wird die Mutterrolle trotz ihrer gesellschaftlichen Geringschätzung geradezu mythisch überhöht. Für ihre 2015 erschienene Studie »Regretting Motherhood«[4] sprach die israelische Soziologin Orna Donath mit zwei Dutzend Frauen anonym über ein bis dahin unsagbares Gefühl: Sie bereuten ihre Entscheidung, Kinder bekommen zu haben. Sie liebten ihren Nachwuchs, hassten aber das Muttersein. Das Buch entfesselte in Deutschland eine wochenlange, heftig geführte Debatte über gesellschaftliche Erwartungen, Druck und die Zulässigkeit ambivalenter Gefühle. Die Stärke der Emotionen und die Abwehrreaktionen, die »Regretting Motherhood« auslöste, verdeutlichte, dass die Forscherin beim Anrühren des Tabus einen wunden Punkt getroffen zu haben schien. Denn, so formulierte es Donath damals selbst: »Mutter sein, das ist heilig«.[5]

Das Problem mit Heiligen ist: Anders als echten Menschen gesteht man ihnen Zweifel, Schwächen und Überforderung nicht zu. Heilige haben perfekt zu sein. Und so gilt in einer patriarchal verfassten Gesellschaft für Mütter nur umso mehr, was für Frauen ohnehin wahr ist: Egal, was sie tun, sie können nicht gewinnen. Ob Hausgeburt oder Kaiserschnitt, ob sie nach drei Monaten wieder arbeiten gehen oder nach drei Jahren, ob sie bei der Erziehung helikoptern oder einen Laissez-faire-Ansatz fahren: Sie machen immer entweder zu viel oder zu wenig und werden dafür implizit und offen geäußerte Kritik erfahren. Eine Mutter ist entweder Glucke oder Rabenmutter und Kraft der ihr verliehenen Übermacht am Ende diejenige, die für jegliche Deformationen des Kindes von Asthma über Magersucht bis Narzissmus vollumfänglich und allein verantwortlich gemacht wird.

Der Mythos von der perfekten Mutter hat eine lange Geschichte. Wie wenig »natürlich« er ist, zeigt ein Blick in die Geschichte. 95 Prozent ihrer gesamten Zeit auf der Erde lebten die Menschen in Verbänden verschiedener Generationen und Verwandtschaftsgrade zusammen, und nur ein kleiner Teil dieser Menschen, die sich dabei Nahrung und Kinderbetreuung teilten, waren eng miteinander verwandt. Meist handelte es sich um entfernte oder gar nicht miteinander Verwandte. Forscher machen diesen dem Menschen eigenen Umstand für seine beispiellose kulturelle Evolution verantwortlich. Noch im 17. Jahrhundert spielte die kultivierte Mutterliebe, wie wir sie heute kennen, keine besondere Rolle. Der Adel und später auch das Bürgertum empfanden die Sorge um Neugeborene eher als lästig. Sie ließen ihre Kinder fremdstillen, wobei diese oft genug starben. Erst die Aufklärung und ihre Pädagogik erklärten die Mutter zur Schlüsselfigur für die Sozialisation des Kindes; der erblühende Kapitalismus, der sie als Gegenstück zum in der Fabrik arbeitenden Vater brauchte, um den ständigen Nachschub an Arbeitskräften sicherzustellen, sorgte dafür, dass sie zur treusorgenden Hausfrau wurde. Auf diese Weise wurde Mutterschaft zu einer umfassend erfüllenden Tätigkeit erklärt – eine so wirkmächtige wie absurde Idee, die bis heute unser Bild von der Mutter bestimmt. Es ist diese zu Opfern und Hingabe bereite Figur, um die sich die traditionelle Familie gruppiert, während der arbeitende Vater von der Intimität zu den Kindern ausgeschlossen bleibt. Als unfähiger, wenn nicht gar trotteliger Zaungast.

Allerdings wird von Frauen heute genauso erwünscht wie erwartet, und zwar auch von ihnen selbst, dass sie außerhalb des Haushalts arbeiten gehen – ganz so, als hätten sie keine Kinder, während sie sich gleichzeitig weiterhin um die Kinder zu kümmern haben, als hätten sie keine Erwerbsarbeit. Dazu kommen Ansprüche an das Äußere (schlank und schön), das Freizeit- und das Intimleben von Müttern (aktiv und aufregend). Die häufig daraus resultierende Erschöpfung hat laut des Kinder- und Jugendtherapeuten Michael Schulte-Markwort Folgen für die Töchtergeneration. Er beobachtet junge Frauen, die sich, vollkommen antriebs- und interesselos geworden, aus der

Welt zurückziehen. »Diese Mädchen sagen: So wie meine Mutter möchte ich nicht leben.«[6] Entmutigt von den sich ihnen bietenden Aussichten auf ein Leben als Frauen, die sich zwischen den Ansprüchen zerreißen, kündigen sie die emanzipatorische Entwicklung auf.

Um den Druck zu verringern, der auf der Einzelnen lastet, könnten als zusätzliche Elternfiguren auch in hiesigen Gesellschaften zum Beispiel Onkel und Tanten, Opas und Omas, alleinstehende Freund*innen aller Gender und Altersgruppen in Frage kommen – alle, die der Meinung sind, dass die Betreuung und Erziehung von Kindern nicht die Privatsache von deren leiblichen Eltern ist, sondern eine gesamtgesellschaftliche Aufgabe. Eine lohnende sogar. Eine, die jede*r ausüben kann.

In dieser Welt müssten Frauen keine Angst davor haben, als Mütter nicht zu genügen. Sie könnten aufhören, andere Frauen für ihre Entscheidungen zu verurteilen und sie auf diese Weise abzuwerten. Dann könnte sich die Erkenntnis durchsetzen, dass Mutterschaft kein Wettbewerb ist, in dem sich Einzelkämpferinnen an allen Fronten verausgaben müssen, sondern ein Raum für Solidarität, gegenseitige Hilfe und Unterstützung – gerade auch von Männern und anderen Nicht-Müttern.

Mädchen, die Frauen erleben, die einander unterstützen, wachsen nicht in dem Irrtum auf, sie befänden sich untereinander in Konkurrenz um die Liebe und die Gunst einzelner mächtiger Männer. Die Autorin Adrienne Rich hat beschrieben, wie sich die gesellschaftliche Orientierung an Männern auf die Beziehungen der Frauen untereinander auswirkt, besonders die zwischen Müttern und Töchtern. Deren Schwächung ist laut Rich ein entscheidendes Element des Patriarchats.[7] Immer dann, wenn Frauen gegeneinander aufgehetzt und auseinandergebracht werden, dient das zur Absicherung männlicher Macht.

Mehr Mütterlichkeit wagen

Gegen die heillose Überfrachtung der Mutterrolle hilft, neben entschiedener Abgrenzung, vor allem das Verteilen der Lasten auf mehrere Schultern. Das heißt in Familien mit gegengeschlechtlichen Eltern vor allem: auf die der Väter, die endlich selbstverständlich und selbstbewusst mindestens die Hälfte der anfallenden Arbeit und der Verantwortung übernehmen müssen. Die väterliche Elternzeit muss von der Option zum Standard werden – weit über die derzeitige Norm von maximal zwei Monaten hinaus. Wie sexistisch das herrschende Mutter- und Vaterbild ist, zeigt sich unter anderem daran, dass zwei Menschen, die in der Regel gleichermaßen an der Entstehung eines Kindes beteiligt waren, mit zweierlei Maß gemessen werden – wie viel die Gesellschaft Vätern durchgehen lässt, wofür sie Mütter aufs Härteste verurteilt. Es ist kein Zufall, dass die Begriffe »Vaterinstinkt« und »Rabenvater« ebenso wenig existieren, wie eine Mutter, die allein mit zwei kleinen Kindern unterwegs ist, Bewunderung, Mitleid oder die Nominierung zum Elternteil des Jahres hervorruft. Auch wird es meist schulterzuckend hingenommen, wenn ein Mann die Verantwortung für ein Kind bis auf ein paar Papa-Wochenenden und die Sommerferien einfach abgibt. Frauen hingegen, die ihre Mutterrolle zurückweisen, sind ein noch größeres Tabu und werden noch härter geächtet als solche, die ihre Mutterschaft anonym bereuen.

Einer Studie des Allensbach-Instituts von 2013 zufolge ist jede dritte Frau und fast jeder dritte Mann ernsthaft der Meinung, Frauen könnten Kindern besser vorlesen als Männer.[8] 62 Prozent der Befragten denken, eine Frau sei besser dazu geeignet, Wäsche zu sortieren und zu waschen als ein Mann.

Diese Umfrage-Ergebnisse könnten amüsieren (Männer sollen nicht fähig sein, ein technisches Gerät zu bedienen – weil es in der Küche steht, dem Hort der Frau?), wären sie nicht so dermaßen traurig. Lautete die feministische Losung lange, dass Frauen alles können, was Männer tun (und das blutend), ist es höchste Zeit für eine andere Wendung: In Sachen Sorgearbeit sind Männer zu allem imstande, was Frauen auch tun: füttern, wickeln, trösten, vorsingen, vorlesen, kurz: kümmern. Das erfordert auf beiden Seiten Bereitschaft: zum Abgeben der Verantwortung und zum Annehmen derselben. Und das bedeutet für Frauen selbstverständlich auch, Aufgaben zu übernehmen, die gemeinhin als »Männerarbeit« gelten.

Für mehr Mütterlichkeit abseits der Mutter braucht es Erwerbsarbeitsmodelle abseits der 40-Stunden-Woche und die Normalisierung etwa von längeren Auszeiten vom Job, in denen Männer wie Frauen sich um Kinder, aber auch Alte und Kranke kümmern können. Väter gewännen schon früh eine echte Bindung und wahre Intimität mit ihrem Nachwuchs, während sie selbst im Leben ihrer Kinder nicht länger meist abwesende und damit leicht zu idealisierende Figuren wären, sondern richtige, echte, ernst zu nehmende Menschen mit Schwächen, Fehlern und Emotionen. Kinder kämen so weder auf die Idee, dass Gefühle und Fürsorge etwas Unmännliches wären, noch verfielen sie dem Irrtum, Männer wären grundsätzlich emotional unerreichbare Gestalten.

Es braucht also mehr Männer, die sich nicht (nur) um das Bruttosozialprodukt oder den Quartalsbericht kümmern, sondern um andere Menschen. Cem Erkisi ist so ein Mann. Der Vater einer Tochter ist Erzieher in Berlin-Neukölln und Personalratsvorsitzender bei der Bildungsgewerkschaft, wo er für mehr Lohn für seine Kolleg*innen kämpft. Sei er anfangs selbst sehr unsicher gewesen, ob er in der Kita ein weinendes Kind auf den Schoß nehmen dürfe (weil liebevolle Männer häufig nicht als genau das, sondern als potenzielle Pädophile betrachtet werden), hätten ihn seine Kolleg*innen darin bestärkt, keine falsche Scheu zu zeigen. »Ein weinendes Kind muss getröstet werden. Fertig.«[9] Und gegen die Eltern, die irritiert waren bei der Vorstellung, dass er ihre Kinder wickele, stellte sich die Kita-Leitung klar vor ihn. Ein Kind könne schließlich nicht mit vollen Windeln sitzen gelassen werden und warten, bis eine Erzieherin Zeit habe. Aber auch bei den Kindern sei sein Gender Thema, so Erkisi. »In Neukölln kommt es schon mal vor, dass die Eltern etwas fürs Frühstück mitbringen.« Einmal habe er in der Küche Sucuk gebraten, eine türkische Wurst. »Da wurde ich von einem der Kleinen gefragt: ›Du bist doch ein Mann. Warum stehst du in der Küche und kochst?‹«. Was das Kita-Personal zum Anlass für ein ganzes Projekt nahm, bei dem es mit den Kindern Geschlechterstereotypen unter die Lupe nahm.

In Augusts Kita arbeitete lange genau ein Mann. Er ist der Leiter der Einrichtung, der sich zwar auch ab und zu um die Kinder kümmert, ihnen aber ansonsten das Bild vom Chef eines ganzen, rein weiblichen Angestelltenstabs vermittelte. Seit einigen Monaten nun wird das halbe Dutzend Frauen von einem verrenteten Erzieher unterstützt, der noch nicht bereit sei, so schrieb er in seinem Vorstellungsbrief, sich »auf den Sessel vor'm Fernseher zurückzuziehen, weil mir die Arbeit mit Kindern viel zu viel Spaß macht«.

Auch Erzieher*innen, Lehrer*innen und Trainer*innen selbst müssen sich ihrer eigenen Vorurteile und stereotypen Prägungen bewusst werden, um ihnen entgegenzusteuern. Dazu gehört, sich von der Vorstellung zu verabschieden, es gebe so etwas wie angemessenes Verhalten von Kindern eines bestimmten Geschlechts; etwa durch Maßnahmen wie die, in Kitas statt fest eingerichteter Puppen- und Bauecken eine offene Raumnutzung für alle Kinder sicherzustellen, damit sie Spielzeug nach ihren Vorlieben nutzen und nicht nach gegenderten Bereichen. Und dazu gehört, im Fall eines tagsüber erkrankten Kindes eines gegengeschlechtlichen Elternpaars nicht standardmäßig die Mutter anzurufen, von der man offenbar annimmt, sie sei auf der Arbeit leicht abkömmlich, sondern – sofern vorhanden – ebenso oder sogar häufiger den Vater.

Der Stockholmer Kindergarten »Egalia« arbeitet seit 2011 daran, ein »Ort der Gleichheit« zu sein, abseits von Rollenklischees. Es gibt Bauklötze für alle, eine Spielküche, es gibt Autos und Puppen. Bei denen handelt es sich allerdings nicht um blonde Barbies mit Brüsten und unmenschlich schmalen Hüften, sondern um solche ohne primäre Geschlechtsorgane, mit asiatischem Aussehen oder dunkler Haut sowie einheitlich mittellangem Haar. In den Geschichten, die das gender-gemischte Team in Egalia vorliest, werden kaum Prinzessinnen von Rittern errettet. Die Kinder werden mit dem geschlechtsneutralen schwedischen Pronomen »hen« angesprochen, statt Mädchen oder Jungen sind alle »Freunde«.[10]

Einen etwas anderen, radikaleren Ansatz in der Spielzeugfrage verfolgen einige Kitas, Kindergärten und Grundschulen in Island, einem in Sachen Gendergerechtigkeit weltweit führenden Land. Bereits seit 1989 wird hier in einer Reihe von Einrichtungen nach dem von der Pädagogin Margrét Pála Ólafsdóttir begründeten Hjalli-Modell unterrichtet: Jungen und Mädchen tragen genderneutrale Uniformen und werden getrennt voneinander betreut, Puppen gibt es nur für die Jungen, während die Mädchen zu Herausforderungen angehalten werden, mit denen sie sich ihrer Stärke versichern können. Während das erklärte

Ziel in den Jungengruppen lautet, Empathie und den Hang zur Fürsorge zu stärken, geht es bei den Mädchen darum, Mut und Selbstbewusstsein zu trainieren – auch dahingehend, dass Mädchen deutlich vernehmbar ihre Meinung äußern, statt sie aus falscher Rücksicht auf andere für sich zu behalten.[11]

Erst wenn ein vor den Bauch geschnalltes Baby als männlich gilt und daraufhin auch Jungen selbstverständlich Puppenwagen durch die Gegend schieben und »Vater sein« spielen, ist etwas erreicht. Dann stünde Kindern die Welt offen und voller Möglichkeiten, statt strikt zweigeteilt in weibliche und männliche Sphären mit ihren Aufgaben, die sich entlang der Gegensätze Emotion und Ratio, Familie und Wirtschaft, abgewertete Sorgearbeit und gefeierte Erwerbsarbeit, Geben und Nehmen organisieren.

Die Loslösung von der Mutter

Es ist diese Zweiteilung, die auch dem Irrtum zugrunde liegt, Jungen müssten irgendwann die Intimität der Mutterbeziehung und die mit der Kindheit verbundene Privatheit der Kindheit und des Zuhauses hinter sich lassen, um in die Sphäre der von der Erwerbsarbeit bestimmten Männlichkeit einzutreten – in das wahre, das öffentliche Leben. Dahinter steckt die irrige Angst, die fortgesetzte Nähe zur Mutter verzärtele einen Jungen und mache ihn buchstäblich zum »Muttersöhnchen«. Die Psychologin Olga Silverstein, die das Phänomen viele Jahre lang in ihrer Praxis beobachtet hat, hält dem entgegen, dass es so etwas wie eine »zu enge« Beziehung zwischen zwei Menschen nicht gebe. Mütter könnten sich wie alle anderen Menschen kontrollierend, manipulativ und fordernd verhalten, so etwas wie zu viel Liebe aber existiere schlicht nicht. »Da die meisten Jungen jedoch von Geburt an mehr Zeit mit ihren Müttern als mit ihren Vätern verbringen und diese daher besser kennen, muss die Bildung der männlichen Identität ein indirekter Prozess sein«, so Silverstein. »Sie wird weniger darin bestehen, sich mit dem Vater zu identifizieren und ihn zu imitieren, als vielmehr darin, sich von der Mutter zu distanzieren und ihr unähnlich zu werden (bzw. den Eigenschaften der Mutter unähnlich zu werden, die im Grunde genommen ›weiblich‹ sind).«[12] Das führe dazu, dass ein Junge einen Großteil seiner Pubertät damit verbringe, sowohl die Beziehung zu seiner Mutter als auch seine Ähnlichkeit zu ihr zu verneinen. Abgesehen davon, dass ein solcher Prozess dem betreffenden Jungen die Misogynie regelrecht anerziehe und daher nicht im Interesse einer Frau liegen könne (und er darüber hinaus grausam gegenüber dem Kind ist[13]), läge dem Versuch, jemandem anders ähnlich oder unähnlich zu werden, auch ein vollkommen falsches Konzept von Autonomie zugrunde. »Autonomie bedeutet, ein Selbst zu haben, das Zugang zu seinen eigenen Gefühlen und Bedürfnissen hat«, so Silverstein.[14] Darüber hinaus ist ein Mutterbild, das auf der Forderung beruht, sich jahrelang hingebungsvoll um Kinder zu kümmern, nur um sie zu gegebener Zeit zur weiteren korrekten Zurichtung an die bis dahin eher wenig involvierte Männerwelt zu übergeben, schlicht unmenschlich.

Es sind gerade die Väter, die zu Hause ihre tragende Rolle neben den Müttern ausfüllen müssen, und das entschieden und gut vernehmbar. Denn sie sind immer auch Werbefiguren für ihr Theaterstück über Genderrollen – im Guten wie im Schlechten. So tweetete der Mitgründer des Silicon-Valley-Unternehmens Palantir, Joe Lonsdale, im Jahr 2021 ernsthaft: »Jeder Mann in einer herausgehobenen Position, der sechs

Monate Elternzeit für ein Neugeborenes nimmt, ist ein Verlierer. Früher bekamen Männer Babys und arbeiteten härter, um für deren Zukunft zu sorgen – das ist die korrekte männliche Reaktion.«[15] Der Mann war zum Zeitpunkt des Tweets nicht etwa 85, sondern 35 Jahre alt.

Aber es gibt auch die anderen: Als mir ein Bekannter, dessen Frau kurz vor der Geburt stand, erzählte, er übernehme wegen ihres besseren Verdienstes die gesamte Elternzeit und überlege, wie er vielleicht auf Instagram oder YouTube davon erzählen könne, rollte ich mit den Augen. Warum, dachte und sagte ich wahrscheinlich auch, können Väter nicht einfach ihren Job machen, ohne sich öffentlich dafür feiern zu lassen? Mütter erwarten in der Regel ja auch keinen Applaus dafür, dass sie die Menschen versorgen, die sie in die Welt gesetzt haben. Sie tun es einfach. Aber dann erklärte mir der baldige Vater, dass er sich auch für diese aktive Rolle im Leben seines Kindes entschieden habe, weil er einen anderen Mann als Vorbild hatte und dasselbe für weitere werdende Väter sein wolle. Einer Umfrage zufolge sehen 40 Prozent der befragten Männer weder in ihren Eltern noch ihren Freunden oder in Netzcommunitys Vorbilder, die ihnen eine faire Aufteilung der Familienarbeit vorleben.[16] Nur 30 Prozent der Väter, die Tobias Moorstedt für sein Buch befragt hat, orientieren sich an anderen Vätern, »und es ist für einen Mann eine fast absurd-komische Vorstellung, seinen Kumpel, der ältere Kinder hat, zum Beispiel zu fragen, ob er vielleicht noch Bodys in Größe 86 hat. Aber man kann kein neuer Mann sein, wenn man wie die Männer aus alten Bilderbüchern alle Hilfe abwehrt.«[17] Echte engagierte Vaterschaft kann jede PR-Aktion gebrauchen, die sie kriegen kann; am wirksamsten ist sie von der Peergroup: anderen Vätern.

Es ist oft beschrieben worden, dass gegengeschlechtliche Paare vor der Geburt des ersten Kindes als moderne, gleichberechtigt lebende Menschen ins Krankenhaus gehen und als geringfügig upgedatete Familie der 1960er-Jahre wieder herauskommen. Während die Mutter in diesem semi-traditionellen Modell ein, zwei oder fünf Jahre zu Hause bleibt, Gehaltserhöhungen und Aufstiegschancen verpasst, bevor sie in Teilzeit wieder ins Erwerbsleben einsteigt, und der Vater unmittelbar nach der Geburt oft sogar noch mehr als vorher in seinem Beruf arbeitet, wird der Großteil seiner Fürsorgeaufgaben an andere Frauen wie Erzieherinnen, Au-pair-Mädchen oder Grundschullehrerinnen ausgelagert.

Der Hebel dafür, dass mehr Männer ihren Anteil an der Sorgearbeit übernehmen, ist eine reduzierte Erwerbsarbeitszeit – für alle. Solange der Irrtum herrscht, eine Vollzeitbeschäftigung sei mit einer gleichberechtigten Vaterschaft kleiner Kinder vereinbar, wird sich am Status quo nichts ändern. Derzeit jedoch arbeiten kaum sieben Prozent der Väter in Teilzeit, gegenüber mehr als 66 Prozent der Mütter.[18]

Erwiesenermaßen sind die Töchter von erwerbsarbeitenden Müttern später beruflich erfolgreicher als Töchter von Hausfrauen, während ihre Söhne egalitärere Ansichten in Sachen Gender an den Tag legen und mehr Haus- und Care-Arbeit verrichten.[19] »Es gibt wenige Dinge, die einen so deutlichen Effekt auf Gender-Ungleichheit haben wie der Umstand, von einer arbeitenden Mutter aufgezogen worden zu sein«, so Kathleen L. McGinn, die Autorin der Studie an mehr als 21.000 Menschen in 24 Industrienationen. Wobei angemerkt sei: Alle Mütter arbeiten, nur eben nicht alle für Geld.

Laut des jüngsten Väterreports sagen 55 Prozent der Männer in Deutschland, sie würden gern die Hälfte der Kinderbetreuung übernehmen. Aber nur jeder vierte Vater gibt an, dass er und die Mutter die Betreuung aktuell auch tatsächlich so aufgeteilt haben. Noch entmutigender wird das Bild nur bei Befragungen der Mütter: Nur jede Zehnte sagt, dass in ihrer Familie die Kinderbetreuung hälftig geteilt wird. Die allermeisten Väter nehmen nicht mal das bezahlte Angebot war, sich am Anfang des Lebens ihrer Kinder genauso in deren Betreuung einzubringen wie die Mütter. Im Jahr 2021 nahmen 29 Prozent zwei Monate Elternzeit, nur acht Prozent machten für ein Kind eine längere Pause vom Erwerbsjob. Fast jeder zweite Vater, der das Elterngeld genutzt hat, betrachtet diese Zeit als hilfreich für die gleichmäßigere Aufteilung der Kinderbetreuung in der Familie.[20] Dennoch nehmen 63 Prozent der Männer gar keine Elternzeit. Diese Zahlen stehen in bemerkenswertem Kontrast zu dem Bild, das viele Männer von diesen bezahlten Familienmonaten zu haben scheinen. So hieß es in einem Porträt über den Bundesfinanzminister Christian Lindner, für seine Elternzeit habe er schon Pläne: »Bücher schreiben, vielleicht promovieren, jagen, fischen, imkern.«[21] Klingt wie Urlaub. Warum nehmen dann so wenige Männer diese Möglichkeit wahr? Weil das herrschende Bild von Männlichkeit nach wie vor unauflöslich an die Erwerbsarbeit geknüpft ist, fürchten viele Väter den beruflichen Bedeutungsverlust und erwarten Frauen von ihrem Partner, dass er mehr verdient als sie.[22] Andere haben schlicht keine Lust auf eine gerechte Verteilung der Kindererziehung.

Der Unwillen, sich in die als trivial angesehene Familienarbeit einzubringen, spiegelt sich in der ungleichen Verteilung der Erwerbsarbeit. Bei nur 19 Prozent aller gegengeschlechtlichen Paarfamilien arbeiten beide Eltern die gleiche Anzahl an Stunden.[23] Nur sieben Prozent der erwerbstätigen Väter gaben 2019 an, Teilzeit zu arbeiten.[24] Das hat selbstverständlich Auswirkungen: In der Altersgruppe der 34-Jährigen investieren Frauen täglich 167 Minuten mehr Zeit in Haushalt und Kinder – also nahezu drei Stunden.[25] Insgesamt liegt der Gender Care Gap bei 52,4 Prozent,[26] er zieht für Frauen den Gender Pay Gap in Gestalt eines 18 Prozent geringeren Stundenlohns[27] und den Gender Pension Gap von einer 40 Prozent geringeren Rente[28] nach sich, sprich: die Altersarmut. »Trotz des verbreiteten Interesses an einer partnerschaftlichen Aufgabenteilung sind die meisten Familien bisher noch weit davon entfernt«, konstatiert der Väterreport. Nur 14 Prozent aller Paare in Deutschland leben ein solches partnerschaftliches Modell.[29]

Dabei ist es nicht nur für die Beziehung von Vätern zu ihren Kindern und deren Rollenbilder von Vorteil, wenn sie ihre Väter häufiger sehen als morgens, bevor sie das Haus verlassen, abends kurz vorm Zubettgehen und am Wochenende. Studien belegen, dass Jungen, die in egalitären Elternhäusern aufgewachsen sind, mehr Interesse an Babys zeigen als Jungen aus traditionellen Familien[30] – wie die beiden 11- und 13-jährigen Söhne meines Freundes Oliver: Sobald ein Kleinkind in der Nähe ist, reißen die beiden sich darum, es auf dem Arm halten zu dürfen und beschäftigen sich stundenlang mit ihm. Eine aktive Beteiligung des Vaters im Familienalltag hat auch erwiesenermaßen positive Effekte auf die Entwicklung des kindlichen Intellekts, die sprachliche Entwicklung und die Empathiefähigkeit.[31] Es gibt Hinweise darauf, dass gegengeschlechtliche Paare, bei denen der Mann genauso viel Hausarbeit übernimmt wie die Frau, mehr Sex haben als Paare mit herkömmlicher Aufgabenverteilung.[32] Sie haben verstanden, was die Feministin Gloria Steinem meinte, als sie forderte, Gleichberechtigung müsse erotisiert werden. Auch beeinflusst die Vaterrolle den Blick auf die Welt: Männliche Versuchspersonen, denen man einen Artikel über die Bedeutung von Vätern für ihre Kinder zu lesen gab, reagierten positiver auf progressive Gesetzesentwürfe wie klimafreundliche Vorstöße und eine Reform des Einwanderungsgesetzes als andere Männer, denen man einen Text über Konkurrenz im Beruf zu lesen gab.[33] Vor allem aber beeinflusst das eigene Engagement als Vater die Rollenbilder der Kinder und die Realitäten in deren späteren Familien.

Mein Freund Gabriel, Vater von zwei Söhnen, teilt sich Haushalt und Kindererziehung hälftig mit seiner Freundin. Seine Jungs sehen jeden Tag, wie er wickelt, kocht, aufräumt und putzt, wie er sie von Kita und Schule abholt und Zeit mit ihnen auf dem Spielplatz verbringt. »Meine Arbeit als Vater und Partner«, sagt er, »hat eine soziale und politische Bedeutung, die sich hoffentlich irgendwann auch darin zeigen wird, wie meine Kinder drauf sind, wenn sie groß sind.« Darin, dass sie all das als ebenso selbstverständlich männliche Aufgaben ansehen wie weibliche.

Haushaltswaffe Unfähigkeit

Als ich einmal mit August an einem warmen Sommertag bei einer Freundin und deren zwei Kindern zu Besuch war, bat die ihren Mann, uns für die Kinder, die im Hof ihres Miethauses spielten, eine Flasche Wasser und Gläser aus dem Fenster zu reichen. Er brachte: drei Plastikzahnputzbecher – die hatte sie zu den Wassergläsern in die Spülmaschine gestellt, er hatte sie ebenda wieder herausgenommen. Ein vielleicht banal erscheinendes Detail, kein Drama, das dennoch folgende Frage aufwirft: Warum tritt ein Mann, der genauso lange wie der Rest der Familie in dieser Wohnung lebt, in Haushaltsfragen wie eine ungelernte Aushilfskraft auf? Die Antwort lautet nicht: Weil sein Gehirn dazu nicht fähig ist. Er interessiert sich einfach nicht für diese scheinbar nebensächlichen Kleinigkeiten der Haushaltsführung. Weil er es offenbar nie musste und nicht will. Durch seine zur Schau gestellte Inkompetenz stellt er sicher, das nächste Mal nicht mit einer solchen Aufgabe betraut zu werden – und schon gar nicht mit Wichtigerem.

Unter den Stichworten »Weaponized Incompetence« und »Paternal Underperforming« hat der Instagram-Account @seiten.verkehrt von Frauen eingesandte Beispiele für solche zur häuslichen Waffe gemachte Unfähigkeit gesammelt.[34] Da sind Väter, die ihre Partnerin jedes Mal, wenn sie die Kinder ins Bett bringen sollen, fragen, was sie jetzt genau tun sollen und wo noch mal die Schlafanzüge sind, oder solche, die behaupten, sie könnten keine Lebensmittel einkaufen, weil sie nicht wüssten, welche Vorräte sich noch zu Hause befinden. Wir reden von fähigen Erwachsenen mit verantwortungsvollen Jobs, die sich im Haushalt und in der Kinderbetreuung selbst zu ahnungs- und hilflosen Kindern stilisieren. Man ist versucht, den betroffenen Frauen, wo immer möglich, die Trennung nahezulegen, und zwar schnell.

Dabei ist der Haushalt das einzige Feld, auf dem Frauen in gegengeschlechtlichen Beziehungen nicht aufgrund struktureller und schwer zu behebender Ursachen wie fehlende Kinderbetreuungsmöglichkeiten oder unfairer Bezahlung benachteiligt werden. Es sind allein die Männer, die »andere Vorstellungen von Sauberkeit« nennen, was in Wahrheit lediglich Faulheit und emotionale Erpressung ist – Erpressung der Frauen, die sie zu lieben vorgeben.

Diese Faulheit ist oft über Jahrzehnte erlernt. Als Ava und ihr vier Jahre jüngerer Bruder noch zu Hause lebten, hatten sie beide Haushaltsaufgaben zu übernehmen. Während Ava fürs Putzen des Badezimmers zuständig war, musste ihr Bruder die Post aus dem Briefkasten holen. Die Lektion für beide: Während man Jungen lieber nicht zu viel aufbürdet, sind Frauen dafür zuständig, anderer Leute Dreck wegzumachen. Im Zweifel dann auch den Dreck der erwachsenen Männer, mit denen sie sich entschieden haben, ihr Leben zu verbringen. Meine Freundin Flora erzählte mir, wie ihre Mutter das Angebot von Floras Freund, nach dem gemeinsamen Weihnachtsfest den Abwasch zu übernehmen, mit den Worten abwehrte: »Das mache ich morgen gern allein, dabei entspanne ich am besten. Geh du doch schlafen.« Floras Bruder, der seine Hilfe gar nicht erst anbot, wurde von der Mutter selbst entschuldigt, er sei ja schon so erschöpft angereist. Zu Flora sagte ihre Mutter: »Ich kann mir nichts Schlimmeres vorstellen, als morgens in eine unaufgeräumte Küche zu kommen«, was bedeutete: Flora selbst half ihrer Mutter beim Abwasch, während die anderen schon schliefen.

Fest steht: Eltern, die ihre Söhne nicht oder nicht gleichwertig an der Hausarbeit beteiligen, betrachten deren zukünftige Freundinnen und Frauen als kostenlose Putzkräfte. Eltern, die feststellen, dass sie ihre Töchter anders behandeln als ihre Söhne, sei es in Sachen Hausarbeit, Taschengeld oder Ausgehzeiten, sollten sich fragen, warum sie das tun. Welche anderen Erwartungen haben sie an ihre Tochter, welche Vorstellungen davon, wie eine Frau zu sein hat?

In dem Zusammenhang ist es auch kein Zufall, dass sämtliche digitalen Sprach-Assistenten wie Siri, Alexa und Cortana Frauennamen tragen und so voreingestellt sind, dass sie mit weiblichen Stimmen auf die Wünsche ihrer Benutzer*innen reagieren. So arbeiten die Entwickler*innen künstlicher Intelligenz mit daran, dass Frauen als diejenigen wahrgenommen werden, die anderen stets zu Diensten sind. Hingegen werden die Texte in deutschsprachigen politischen Fernsehdokumentationen bis heute sehr viel seltener von Frauen als von Männern gesprochen, stellt der Autor und Filmemacher Torsten Körner fest, »weil die Sender und Redaktionen sich lieber auf die Gravität männlicher Sprecher verlassen«.[35] Frauenstimmen signalisieren Servilität, Männerstimmen Bedeutung.

Während die Diskussion um die sichtbare Arbeit innerhalb und außerhalb des Zuhauses schon seit Jahrzehnten geführt wird, hat der Begriff Mental Load erst vor ein paar Jahren Aufmerksamkeit erfahren. Gemeint sind damit all jene Aufgaben, deren Existenz erst auffällt, wenn ihnen niemand nachkommt – und bei denen die eigentliche Belastung das Gefühl ist, für alles allein verantwortlich zu sein: Das Kind braucht neue Socken. In welcher Größe eigentlich? Passen die Winterschuhe von letztem Jahr noch? Was schenken wir der Kita-Freundin zum Geburtstag? Wann war noch gleich die Geburtstagsfeier? Und wo? Wer bringt das Kind dahin, wer holt es wieder ab?

Auch die Antwort auf die Frage, warum auch die mentale Arbeit so gut wie immer an den Müttern hängenbleibt, liegt in der Kindheit. Das zeigt der Fall des Elternpaars Jules und Roxane. Obwohl sich beide von Anfang an stark mit Rollenverteilung auseinandergesetzt haben, eine ähnlich enge Beziehung zu ihren zwei Kindern haben und zeitmäßig den exakt gleichen Anteil an der Familienarbeit übernehmen, war es Roxane, die die drei Umzüge der Familie organisiert hat. Sie ist es, die weiß, welche Schuhgröße die Kinder gerade haben. Sie ist es, die die Familie und ihre Organisation im Kopf mit sich herumschleppt, auch an ihren Nicht-Kindertagen. »Ich frage mich schon häufig, was eigentlich Jules macht, was ich nicht auch mache.« Dieses

Missverhältnis ist beiden bewusst – wie vielen anderen Paaren auch. Aber wie man dieses Bewusstsein in eine echte Verhaltensänderung verwandelt, wissen auch sie nicht. »Dabei sehe ich bei Jules die größte Bereitschaft und die größte Anerkennung für diese Arbeit. Aber wenn ich nicht alles mitbedenke, kann ich niemals sicher sein, dass die Dinge auch wirklich funktionieren.« Während Jules eingeschliffene Beziehungsdynamiken am Werk sieht, liegen die Ursachen in Roxanes Augen ganz klar in der Erziehung und den sehr formbaren Gehirnen von Kindern. Während Mädchen häufig früh darauf geeicht werden, auch Details zu bedenken, werde Jungen im elterlichen Haushalt oft kaum etwas abverlangt.

Das Ergebnis kann sie besichtigen, wenn sie bei Jules' Eltern zu Besuch sind und Jules Mutter allen anderen alles aus der Hand nehme. »Dort ist es dermaßen wahrscheinlich, etwas falsch zu machen, dass ich mir jedes Mal völlig unfähig vorkomme, auch nur die Spülmaschine einzuräumen.« Der Begriff »erlernte Hilflosigkeit« stammt eigentlich aus der Depressionsforschung, aber er passt sehr gut für die Reaktion auf diese Art von mütterlichem Verhalten. Das hat neben einem gewissen Perfektionismus noch einen anderen Aspekt: Ebenso oft, wie sich Kinder das Geschirr abnehmen lassen müssen, aus Angst, sie könnten es kaputtmachen, und Väter sich beim vermeintlich suboptimalen Wickeln, Füttern und Anziehen des Babys kritisieren lassen, verstecken sich hinter dem weiblichen Torwächtertum auch Ohnmacht und Minderwertigkeitskomplexe. Denn wer bin ich als Mutter, wenn der Vater etwas, das das Kind oder den Haushalt betrifft, genauso gut kann wie ich – oder sogar besser?

Eine amerikanische Untersuchung aus dem Jahr 1999 und eine Langzeitstudie des Familien- und Sozialforschers Wassilios Fthenakis kamen unabhängig voneinander zu dem Ergebnis, dass 20 bis 25 Prozent aller Mütter das väterliche Engagement ausbremsen.[36] Die geben irgendwann auf – zumal es ja auch nicht furchtbar unangenehm ist, sich nicht mit Babykotze und verkrusteten Kochtöpfen herumschlagen zu müssen.

Die Gender-Expertin Kate Mangino ist der Frage nachgegangen, warum – nach einer signifikanten Verbesserung in den heutigen Großeltern- und Elterngenerationen – die Aufteilung der Hausarbeit in gegengeschlechtlichen Beziehungen zwischen Frauen und Männern bei einem Verhältnis von 65 zu 35 Prozent zu stagnieren scheint.[37] Dazu unterscheidet sie die anfallenden Aufgaben in männlich und weiblich codierte Hausarbeit. Während männlich Codiertes wie Reparaturen, Rasenmähen und alles, was mit dem Auto zu tun hat, sich meist außerhalb der Wohnung abspielt, in den meisten Fällen nur gelegentlich anfällt und Aufschub duldet, ohne dass Ungemach oder Schaden drohen, muss weiblich Codiertes wie Wäschewaschen, Kochen und Kloputzen zwingend täglich oder wöchentlich erledigt werden – immer und immer wieder. Auch darin zeigt sich, wie die Soziologin Franziska Schutzbach festgestellt hat, das historische Muster eines Verfügbarkeitsanspruches gegenüber Frauen. Deren Zeit gehört eben nicht ihnen selbst, sondern ist immer zuerst Männern, der Familie und der Gesellschaft zu widmen.[38] Das lässt denjenigen, die mit männlich codierten Aufgaben betraut sind, erheblich mehr Zeit für sich selbst, ihre Hobbys oder die Erwerbsarbeit. Ein weiterer Grund für die nach wie vor ungerechte Verteilung liegt Manginos Auffassung nach paradoxerweise im bereits in dieser Hinsicht erzielten Fortschritt. »Die meisten Väter wechseln Windeln. Die meisten Männer kaufen im Supermarkt ein. Und weil wir es so weit gebracht haben, glauben viele Leute, dass es nicht besser geht. Wenn man denkt, dass man die Ziellinie überquert hat, wird man aufhören zu laufen.«[39]

Umso entscheidender ist es, dass alle Kinder von Anfang an lernen, sich im Haushalt einzubringen. »Eltern betrachten Jungen manchmal als Träger der Familiengeschichte. Sie neigen dazu, Jungen zu verwöhnen«, so die Didaktik-Professorin Astrid Kaiser. »Kronprinzen haben aber oft nicht die innere Ich-Stärke, die man in der Welt braucht.«[40] Und sie lernen, dass andere sich schon um alles kümmern, wozu sie selbst vorgeblich oder tatsächlich unfähig sind.

Seit er drei Jahre alt ist, räumt August die Tasse, aus der er morgens seine Hafermilch trinkt, anschließend in die Spülmaschine – weil es von ihm als einem von drei Mitgliedern dieses Haushaltes verlangt wird. Er hilft beim Kochen, und wenn wir nach dem Abendessen den Tisch abräumen, machen alle mit. Als ich neulich schnell ein Nudelsieb spülte – und ich versuche hier wirklich nicht, anzugeben – fragte er mich, ob er das machen dürfe. Für August sind das Kochen, der Abwasch und das Aufräumen Spiele, dank derer er sich gebraucht fühlt und an denen sein Selbstbewusstsein wachsen kann.

Schon aus praktischen Gründen werden Eltern, wenn sie beide außerhalb des Zuhauses arbeiten, ihre Kinder mit Haushaltsaufgaben betrauen. »Ich glaube nicht, dass meine Freundinnen, die zu Hause bleiben, keine Feministen großziehen, aber ich habe festgestellt, dass Mütter, die außerhalb ihrer Rolle als Hausfrau Erfüllung in irgendeiner Form suchen und finden, eher zu Hause anrufen und ihre Söhne bitten, die Wäsche zusammenzulegen«,[41] so die Autorin Sonora Jha. »Ich habe es mir zur Aufgabe gemacht, meinen Teenager mindestens einmal pro Woche anzurufen und ihn zu fragen: ›Was gibt es zum Abendessen?‹ Nach der Scheidung meiner Eltern führte meine Mutter, die bis dahin den ganz überwiegenden Anteil des Geldverdienens, der Kinderbetreuung und der Hausarbeit übernommen hatte, die Regel ein, dass mein Bruder und ich jeweils einen Abend in der Woche fürs Essen zuständig waren, ob selbst gekocht oder an der Dönerbude gekauft spielte keine Rolle. Während wir Verantwortung übernahmen, hatte unsere Mutter an jenen Tagen eine Aufgabe weniger auf ihrer To-do-Liste.«

Eltern, deren Rollenaufteilung verbesserungswürdig ist, sich aber aus welchen Gründen auch immer im Moment nicht verbessern lässt, rät Kate Mangino, dieses Ungleichgewicht gegenüber den Kindern zu problematisieren und zu erklären, dass die anfallenden Aufgaben in diesem Haushalt nun einmal so verteilt sind – vielleicht nicht unbedingt zur Zufriedenhalt aller –, dass daraus aber keine Schlüsse darüber gezogen werden sollten, was »Männer-« und was »Frauenarbeit« sei. »Eine solche Unterhaltung definiert das Verhalten als Wahl und macht Kindern klar, dass sie später im Leben ihre eigenen Entscheidungen treffen können«, so Mangino.[42] Ebenso kann man mit Kindern darüber sprechen, ob sie die Aufgabenverteilung als fair empfinden oder ob sie selbst an irgendeiner Stelle das Gefühl haben, als Junge oder Mädchen ungerecht behandelt zu werden.

Mangino unterteilt Menschen zudem in »noticers« und »non-noticers«, also diejenigen, die anstehende Aufgaben rund um Haushalt und Familie – die volle Babywindel, den vollen Mülleimer, den Terminkalender der Kinder voller Geburtstagsdates – bemerken und erledigen, und solche, die das nicht tun. »In einer wirklich gleichberechtigten Partnerschaft müssen beide ›Noticer‹ sein«, so die Autorin.[43] Deshalb betrachte ich es in unserem Haushalt auch als meine Aufgabe, August daran zu erinnern, den Klodeckel herunterzuklappen, seinen Teller in die Spülmaschine zu stellen und seine Schuhe nicht im Weg herumliegen zu lassen.

Bedroht von Stereotypen

Eine entscheidende Frage lautet, wer in Haushalt und Familie welche Aufgaben übernimmt. Eine andere ist, welche Fähigkeiten Kinder entwickeln können – und welche ihnen verwehrt bleiben.

Zum Beispiel Plüschtiere oder Puppen: Ursprünglich zeigen alle Kinder die gleiche Präferenz für das Spiel mit ihnen. Genauso wie Erwachsene oft lächeln und nicken, wenn Kinder sich genderkonform verhalten, signalisieren sie aber kleinen Jungen, die zu Puppen greifen, durch ihre Körpersprache häufig ihr Unwohlsein, etwa durch Zusammenzucken oder Wegschauen. Kinder registrieren, dass sie offenbar etwas vermeintlich Unangemessenes tun, und lernen so, innerhalb der ihnen zugewiesenen Grenzen zu bleiben. Das elterliche »Gender-Policing« geschieht ganz besonders durch Väter. In einer Studie bestraften sie das Spiel mit dem nicht zum Geschlecht des Kindes »passenden« Spielzeug sowohl bei Söhnen als auch bei Töchtern, während Mütter es eher belohnten.[44] Dieses Muster zieht sich bis in die Jugendjahre durch: 2017 gaben 59 Prozent der US-amerikanischen und 47 Prozent der britischen Jungen an, es seien vor allem ihre Väter, von denen sie restriktive Botschaften über Männlichkeit erhielten.[45] Das hat Folgen: Fühlen sie sich unbeobachtet, beschäftigen sich vierjährige Jungen 21 Prozent ihrer Zeit mit dem, was ihnen als Mädchenspielzeug nahegebracht wurde. Sobald ein anderes Kind den Raum betritt, schrumpft dieser Wert auf nur noch 10 Prozent.[46]

»Weniger die Worte sind entscheidend als vielmehr das Zögern oder eben das ehrliche Interesse, mit dem sich die Mutter neben den Technikbaukasten kniet, und der Spaß, mit dem der Vater sich ins Rollenspiel »Puppenkrankenhaus« einbringt«,[47] so die Autoren Almut Schnerring und Sascha Verlan über einen Weg aus der »Rosa-Hellblau-Falle«.

Studien und Untersuchungen, die oft nicht ganz unumstritten sind, lassen vermuten, dass Differenzen im kindlichen Spielverhalten zu einem beträchtlichen Maß auf die unterschiedliche vorgeburtliche Einwirkung von Testosteron auf das Gehirn zurückzuführen sind.[48] Was nicht heißt, dass Eltern sich diesen Präferenzen widerstandslos ergeben müssen. Bis zu einem Alter von acht oder neun Jahren verfügen Kindergehirne über eine große Zahl an Synapsen, bis zur Adoleszenz jedoch verlieren sie jeden Tag 20 Milliarden von ihnen für immer – all jene, die nicht genutzt werden. »Eltern unterschätzen häufig die Macht, die sie haben, um nachhaltige neurologische Veränderungen im Gehirn ihrer Kinder zu bewirken«, so die Entwicklungspsychologin Christia Spears Brown. »Das ist die wichtigste Aufgabe von Eltern: Dafür zu sorgen, dass ihre Kinder wertvolle Verbindungen herstellen und aufrechterhalten, denn sobald eine Synapse verloren geht, ist die entsprechende Fähigkeit für immer verloren.«[49] Während das Spiel mit Puppen und Plüschtieren den Sinn für soziale Interaktion, Fürsorge und Verantwortung fördert, helfen Bauklötze bei der Entwicklung des räumlichen und mathematischen Denkens. Enthält man Kindern die Hälfte aller Erfahrungen vor, die sie mit Spielzeugen und Aktivitäten machen können, beraubt man sie der Hälfte der Fähigkeiten, die zu erlernen sie imstande sind. Das bedeutet, alle Kinder mit Puppen, Plüschtieren, Bauklötzen, Autos und ungegendertem Spielzeug wie Puzzles und Brettspielen zu versorgen, mit ihnen zu kuscheln und zu raufen, mit ihnen Ball zu spielen, ihnen so viel es geht vorzulesen und mit ihnen zu sprechen – wenn ein Elternteil eine andere Muttersprache spricht, unbedingt auch in dieser. Es lohnt sich, gerade die Fähigkeiten zu üben, die bei einem Kind unausgeprägt sind, statt nur das zu fördern, was es ohnehin möchte und schon kann – und sich immer wieder zu vergegenwärtigen, dass individuelle Unterschiede zwischen den kindlichen Fähigkeiten und Präferenzen viel größer sind als solche, die auf das Geschlecht zurückzuführen sind.

Gerade in Akademikerfamilien jedoch sind Eltern im Sinne der Gleichheitsidee häufig der Meinung, selbst keine Unterschiede zwischen den Geschlechtern zu machen[50], außerdem betrachten sie die Spielzeug- und Kleiderwahl ihrer Kinder statt als Ausprobieren vorhandener Möglichkeiten als Ausdruck von deren bereits geformter Persönlichkeit und genuinen Wünschen.[51] »Kinder haben jeden Tag viele, viele Wünsche, niemals können Eltern alle erfüllen. Warum sollten wir ihr gerade den nach einem pinkfarbenen Tüllkleid erfüllen?«,[52] fragen Almut Schnerring und Sascha Verlan beispielhaft in Bezug auf ihre eigene Tochter und plädieren dafür, dass Eltern viel strenger auswählen, auf welche Kleider- und Spielzeugwünsche sie eingehen und worin sie Kinder bestärken.

Zum Beispiel Mathe: Kein Elternteil muss seiner Tochter gegenüber verkünden, dass Mathe wahrscheinlich nicht so ihr Ding sein wird. »Die meisten Menschen würden nicht im Traum daran denken, ihren Kindern gegenüber solche offenkundigen Stereotype zu äußern«, so Entwicklungspsychologin Spears Brown. »Untersuchungen haben jedoch gezeigt: Wenn wir Dinge nach Gendern labeln (und sortieren und mit Farbcodes versehen), bemerken Kinder das. Und das spielt sehr wohl eine Rolle – sie lernen daraus, ob wir das wollen oder nicht.«[53] Viele Eltern gehen einfach davon aus, dass Jungen sich mehr für Mathe interessieren als Mädchen. Mehr noch: Genau wie auch Lehrer*innen halten sie Jungen grundsätzlich für intelligenter.[54] Sie sprechen mit ihren Söhnen drei Mal häufiger über Zahlen – darüber, wie viele Kühe auf einer Weide stehen oder Autos auf einem Parkplatz – als mit ihren Töchtern, und installieren in ihnen damit schon sehr früh mehr Freude an diesen Dingen.[55] Mädchen bemerken, wenn ihre Eltern ihre Fähigkeiten unterschätzen, und laufen auf diese Weise Gefahr, ihr Selbstbewusstsein im Umgang mit Zahlen zu verlieren. Bei den Mathe-Hausaufgaben fragen Eltern Töchter häufiger als Söhne, ob diese Hilfe brauchen oder sich beim Ergebnis einer Rechnung auch wirklich sicher sind[56] – subtile Signale, die Mädchen den Spaß verderben, während Jungen, die entgegen dem Klischee Probleme mit Mathe haben, oft mit diesen alleingelassen werden. Mädchen, die schon früh die Freude an Zahlen verlieren, ergreifen später mit geringerer Wahrscheinlichkeit tendenziell gut bezahlte Berufe im Bereich Mathematik, Informatik, Naturwissenschaften und Technik, verdienen dann, wenn es um die Elternzeit geht, weniger als ihre Partner und landen viel leichter in der Altersarmut. Und das, obwohl Mädchen heute sowohl in egalitären Ländern (wie Schweden) als auch solchen mit beträchtlichem Sexismus (etwa Südkorea) die Jungen längst leistungsmäßig übertrumpfen.[57] Es ist also der männliche Teil der kindlichen und jugendlichen Bevölkerung, der verstärkt Zuwendung benötigt.

Doch der Kampf gegen das Rollenkorsett findet nicht nur im heimischen Kinderzimmer statt, sondern ebenso in der Kita, in der Schule und anderen Elternhäusern. Immer, wenn Kinder mit Kommentaren wie »So sind sie eben, die Jungs« oder »So läuft doch kein Mädchen rum« auf die Gender-Spur gebracht werden sollen, ist das eine Möglichkeit, die Situation für alle Kinder zum Besseren zu verändern, indem man sein Gegenüber daran erinnert: Es sind die Erwachsenen, die Kinder zu »typischen« Jungs und Mädchen trimmen. Und jedes Mal, wenn eine Aussage über ein Kind getätigt wird, die mit dem (auch nur gedachten) Zusatz »für ein Mädchen« oder »für einen Jungen« daherkommt, sollte das Gelegenheit sein, die andere Person sanft mit ihrem eigenen Sexismus zu konfrontieren. »Stimmt, *für ein Mädchen* ist mein Kind ganz schön vorlaut. Das hat es von mir, damit es sich nicht von Menschen einschränken lässt, die glauben, dass Mädchen brav zu sein haben.«

Und immer gilt es, möglichst wenig Aufhebens um das Geschlecht zu machen. Untersuchungen in Klassen, in denen man vier Wochen lang in zwei nach Mädchen und Jungen getrennten Gruppen unterrichtete, zeigten, dass diese Kinder starke Stereotype in Bezug auf das Geschlecht ausbildeten.[58] Sie waren dann der Meinung, dass allein Männer bestimmte Berufe wie Arzt oder Staatsoberhaupt ergreifen und nur Frauen Tätigkeiten wie Krankenschwester und dem Versorgen von Babys nachgehen könnten. In der Kontrollgruppe, in der Kinder als Individuen statt als Angehörige eines Genders adressiert wurden, passierte das nicht.

Wie wichtig das ist, erwies eine Studie der Harvard University, die die Wirkung zweier weit verbreiteter Stereotype auf die Leistung in Mathetests untersuchte: dass Asiat*innen überdurchschnittlich gut in Mathe seien und Frauen im Vergleich zu Männern unterdurchschnittliche Rechenfähigkeiten an den Tag legten. Betonte man vor dem Test hingegen die ethnische Zugehörigkeit der asiatisch-amerikanischen Teilnehmerinnen, schnitten sie besser ab. Betonte man ihr Gender, erzielten sie schlechtere Ergebnisse. Die Erkenntnisse dieser Studie wurden unter dem Namen »Stereotype Threat« bekannt, »Bedrohung durch Stereotype«. In gewisser Weise war hier eine sich selbst erfüllende Prophezeiung am Werk: Aus Angst, sie könnten den über sie kursierenden negativen Stereotypen entsprechen, entsprachen die Frauen genau diesen Stereotypen. Wie zahllose Folgeuntersuchungen zeigten, ist derselbe Mechanismus auch bei allen anderen Klischeevorstellungen am Werk – auch bei der, Männer wären unfähig, sich adäquat um ein Baby zu kümmern. Die Stereotypbedrohung jedoch löst sich in Luft auf, wenn die Betroffenen davon überzeugt sind, dass die Vorurteile gar nicht auf sie zutreffen.

Hier zeigt sich erneut, wie weitreichend das ständige unnötige Betonen des sozialen Geschlechts von Kindern ist. Um solchen Klischees entgegenzutreten, hilft nur eines: Sie müssen angehalten werden, in anderen Kategorien von sich zu denken und zu sprechen als ihrem Gender. Und: Klischees und Stereotype müssen im Gespräch immer und immer wieder hinterfragt und als Mythen entlarvt werden. Und zwar möglichst konkret: Behauptet ein Kind, dass nur Mädchen rosafarbene Kleidung anziehen dürfen, kann es zunächst aufschlussreich sein herauszufinden, woher es diese Überzeugung hat. Dann muss ein Beispiel einer ihm bekannten männlichen Person her, die neulich ein rosafarbenes Kleidungsstück getragen hat. Ist es der Meinung, dass nur Männer Staatsoberhäupter sein können, müssen Erwachsene auf Präsidentinnen verweisen. Als August einmal beim Vorlesen einer Gute-Nacht-Geschichte der Meinung war, bei den zwei Bärenbrüdern in seinem Buch könnte es sich wegen der aufgedruckten Blumen auf ihren Pyjamas ganz klar nur um Bärinnen handeln, sagte ich: »Blumenpyjamas sind für alle Tiere und alle Kinder da.« Er entgegnete: »Aber ich mag das nicht«, was mir als Erklärung für den Moment genügte. Ich sagte: »Das ist vollkommen in Ordnung, solange du es anderen überlässt, ob sie Blumen auf ihrer Kleidung tragen wollen oder nicht.« »Sie«, adressiert die Entwicklungspsychologin Brown Eltern direkt, »Sie sind nur eine Stimme in der Kakophonie von Stimmen in unserer Kultur. Sie müssen sicherstellen, dass Ihre Stimme die lauteste und unverblümteste ist.«[59] Nur so dringt sie durch den Nebel von limitierenden Botschaften durch, der Kinder jeden Tag umgibt und sie in ihren biologischen Körpern gefangen hält.

KÖRPER

There is no wrong way to have a body.

Glenn Marla

Die ehemalige Hollywood-Schauspielerin und jetzige Wellness-Unternehmerin Gwyneth Paltrow war 46 Jahre alt, als sie lernte, ihre Intimorgane korrekt zu benennen. Die Frau, die auf ihrer Plattform Goop zu diesem Zeitpunkt immerhin vaginale Dampfbäder[1] popularisiert und eine Duftkerze mit, wirklich wahr, Vagina-Aroma verkauft hatte, erfuhr in diesem schon recht fortgeschrittenen Alter den Unterschied zwischen den inneren und äußeren Teilen ihrer Geschlechtsorgane. Das Ganze passierte während der Dreharbeiten zu einer Folge der von ihrem Unternehmen produzierten Netflix-Dokuserie »The Goop Lab«, die sich mit dem weiblichen Orgasmus beschäftigte. »Die Vagina«, rief Paltrow, »unser liebstes Thema!«, woraufhin die damals 90-jährige Sexualaufklärerin Betty Dodson sie korrigierte: »Die Vagina ist der Geburtskanal. Du sprichst von der Vulva, also der Klitoris, den inneren Labien und dem ganzen guten Zeug drumherum.« Irritierte Nachfrage Paltrows: »Die Vagina ist nur der Geburtskanal?«

Kaum vorstellbar, dass ein sich im Vollbesitz seiner geistigen Kräfte befindlicher erwachsener Mann oder selbst ein kleiner Junge seinen Penis mit seinen Hoden verwechselt, wird männlich sozialisierten Kindern doch ein viel freierer, unverschämterer Umgang mit dem eigenen Körper zugestanden als weiblich sozialisierten. Anders als Jungen werden Mädchen oft zur Scham erzogen. »›Schlag die Beine übereinander.‹ ›Zieh dich anständig an.‹ Wir geben ihnen das Gefühl, sie wären bereits schuldig, nur weil sie als Mädchen geboren sind«,[2] so die Schriftstellerin Chimamanda Ngozi Adichie. Aus dieser frühen Prägung resultiert bei Mädchen und Frauen oft ein Übermaß an Scham: für ihre Körperform, ihre Körperflüssigkeiten, ihren Körpergeruch, ihre Körperhaare. Für ihr Sein. Menschen, die sich schämen, tendieren dazu, sich leise und unauffällig zu verhalten; sie bewegen sich mit großer Wahrscheinlichkeit sachte und vorsichtig durch die Welt. Sie kennen den ihnen zugewiesenen Platz und bleiben dort verhaftet, statt sich neue Räume zu erobern und Aufstände anzuzetteln. Mädchen und Frauen, die, aus Angst davor, was andere von ihnen denken könnten, permanent unter ihren Möglichkeiten bleiben, sind ein unschätzbarer gesamtgesellschaftlicher Verlust.

Die kurze Antwort auf die Frage, warum Frauen sich für ihren eigenen Körper schämen, statt ihn kennenzulernen, lautet wenig überraschend: wegen des Patriarchats. Wissen bedeutet Kontrolle und die bedeutet Macht. Frauen aber sollen keine Macht über ihre Körper besitzen oder dank ihrer Körper Freude empfinden, sondern sauber, brav und gefügig sein. Menschen, die nicht mal wissen, wie ihr eigener Körper funktioniert (der immerhin entscheidend für den Fortbestand der Spezies ist), lassen sich besser kleinhalten.

Wie wenig wissenschaftliches Interesse dem weiblichen Körper geschenkt wird, zeigt sich auch in der Geschichte der Klitoris. Es war 1998, als die australische Urologin Helen O'Connell ihre

Erkenntnisse über die Anatomie dieses Organs veröffentlichte. Bis dahin lautete die Lehrmeinung, es handele sich bei der Klitoris um das kleine, äußerlich an der Vulva sichtbare Knöpfchen, die Klitoriseichel. O'Connell wies erstmals nach, dass das Organ viel größer ist als das, was wir von ihm sehen können; dabei handelt es sich gewissermaßen lediglich um die Spitze des Eisbergs. Zur durchschnittlich zehn Zentimeter großen Klitoris, die sich wie der Penis in der embryonalen Entwicklung erst nach und nach aus den gleichen Strukturen entwickelt, gehören vielmehr 18 verschiedene Teile wie der Klitoris-Schaft, die Klitoris-Schenkel und die Schwellkörper. Anders als bei Operationen an der männlichen Prostata jedoch, wird die Beschaffenheit des Organs bei Eingriffen etwa an der weiblichen Hüfte bislang so gut wie nie beachtet – mit dem Resultat, dass viele Frauen bei solchen Eingriffen ihre klitorale Empfindsamkeit und ihre Orgasmusfähigkeit verlieren.

O'Connells Motivation für ihre Forschungen stammte von dem anatomischen Lehrbuch, das sie während ihres Studiums nutzte und in dem es ein ganzes Kapitel zum Penis, aber keines zur Klitoris gab.[3] Mit diesen bestürzend jungen Erkenntnissen wäre dann auch der eigentlich schöne Mythos ausgeräumt, die Klitoris sei das einzige menschliche Organ, das nur zum Lustgewinn da sei. In Wahrheit besteht ihre Funktion darin, während des Orgasmus Signale an das Gehirn zu senden, die unter anderem für eine Verbesserung des vaginalen Blutflusses, eine erhöhte Lubrikation sowie eine veränderte Position des Gebärmutterhalses sorgen. Das wiederum begünstigt den Weg der Spermien zur Eizelle und damit eine Schwangerschaft. Allein: Bis heute interessieren sich kaum Ärzt*innen für dieses Organ, das immerhin die Hälfte der Weltbevölkerung ihr Eigen nennt. »Wenn die Vulva als Ganzes so etwas wie eine unterschätzte

Stadt ist, dann ist die Klitoris eine Bar am Straßenrand: wenig bekannt, selten beachtet, etwas, was man wahrscheinlich am besten meidet«, formulierte es die New-York-Times-Autorin Rachel E. Gross.[4]

Phallus versus Schweigen

Doch da hört die Geringschätzung noch nicht auf. Dort, wo sich bei Jungen ein gut sichtbarer Penis befindet, hat das Mädchen: ein Loch – einen vermeintlichen Mangel. Eine Frau wird von klein auf durch das definiert, was ihr offenbar fehlt, und wofür es keine Worte zu geben scheint. Ich kann mich nicht erinnern, dass bei uns zu Hause je die Worte Vagina oder Vulva geäußert wurden – oder irgendein anderes Wort für die weiblichen Geschlechtsorgane. Ich unterstelle meinen Eltern keinerlei böse Absicht. Aber bei meinem Bruder war das anders. Seine Organe wurden durchaus benannt – mit Begriffen, die ich hier nicht wiederhole. Nicht weil sie so unerträglich sind, sie waren eher harmlos-verniedlichend. Aber ich halte ihren Gebrauch für den falschen Weg. Ein Penis ist ein Penis. Eine Vulva ist eine Vulva, eine Vagina genau das und erst mal nichts anderes als eine Milz oder ein Ellenbogen. Nur weil sie eben in Zusammenhang mit Sex stehen, werden die Geschlechtsteile verbal in Watte gepackt.

Aber wenn Eltern und andere Erziehungspersonen ihre eigene Scham auf ihre unbefangenen Kinder übertragen, signalisieren sie ihnen, dass es Dinge gibt, über die man besser nicht spricht. Wer aber nie gelernt hat, die intimeren Teile des eigenen Körpers aufrechten Hauptes zu benennen, wird Probleme damit haben zu äußern, wenn sie jucken, brennen oder wehtun – und erst recht, wenn jemand sie an diesen Stellen so berührt, dass es sich für sie nicht richtig anfühlt. Diese Scham verschwindet wenig überraschend nicht, nur weil man irgendwann erwachsen ist. Junge Frauen, denen der Gedanke an ihre eigenen Genitalien unangenehm ist, erleben aufgrund des verminderten Selbstbewusstseins in Bezug auf ihre Intimregion weniger sexuelle Befriedigung und Orgasmen, und sie zeigen mit einer höheren Wahrscheinlichkeit sexuell riskantes Verhalten.[5] Wer seinen Körper ablehnt, kümmert sich weniger um sein Wohlergehen.

Es ist keineswegs Zufall, dass Teile (vor allem) des weiblichen Körpers traditionell mit Begriffen bezeichnet werden, die Vorsilben wie »Scham« tragen. Scham an sich ist nichts Schlimmes, kann sie doch persönliche Grenzen aufzeigen. Aber warum heißt es Schambein, Schamdreieck, Schambereich, Schamhaare und Schamlippen? Die etwas längere Antwort als »wegen des Patriarchats« lautet: Weil die Kirche die mit Sex assoziierten Genitalien die »schamhaften« Teile des Körpers nannte, auf Latein »pudendum«. Der Begriff verschwand irgendwann aus dem Sprachgebrauch, bis heute geblieben ist die versprachlichte Vorstellung, dass man sich dieser Dinge schämen soll.

2018 starteten die Autorinnen Gunda Windmüller und Mithu M. Sanyal eine Petition, mit der sie forderten, den Begriff Schamlippen durch Vulvalippen zu ersetzen.[6] Ein passendes Handzeichen hatten sie sich gleich mit dazu ausgedacht: das Victory- beziehungsweise ab dato das Vulva-Zeichen, also Mittel- und Zeigefinger zum V erhoben, dazu der abgespreizte Daumen als L. »Wenn wir das Wort Vulvalippen verwenden, werden wir also anders mit unserem Genital umgehen als bei der Verwendung von Schamlippen«, so Sanyal.[7] Der Anfang ist gemacht. Als Nächstes bräuchte es neue Begriffe für all die anderen fälschlicherweise schambehafteten Körperteile.

Vom Jungfernhäutchen haben viele neben einem falschen, weil sexistischen Begriff auch ein falsches Bild. Es handelt sich dabei nicht um eine Art dünnen, hautartigen Verschluss wie die goldene Folie auf dem Nutella-Glas, der durchstoßen werden will (und der durch diese Art von Versiegelung bis dahin ja auch verhindern würde, dass das Menstruationsblut abfließt), sondern um einen am Eingang der Vagina liegenden Schleimhautring, der beim Sex gar nicht reißen kann – selbst bei einer Geburt nicht. Wird er doch einmal verletzt, verheilt er narbenfrei. Mal ganz abgesehen davon, dass es im Regelfall niemanden etwas angeht, ob jemand noch »Jungfrau« ist und das mythische Häutchen über Jahrhunderte als Kontroll- und Bewertungsmechanismus für Frauenkörper diente (und in vielen Weltgegenden bis heute als solcher dient), sagt die Existenz oder Absenz eines sogenannten Jungfernhäutchens also so gut wie nichts darüber aus, ob die betreffende Person schon mal Sex hatte oder nicht. Der Name ist also mehr als unpassend. Wem die Alternative, Hymen, zu viel Latein ist, kann vaginale Corona sagen – wenn das denn nach ein paar Pandemiejahren positivere Assoziationen weckt. Und was würde eigentlich passieren, wenn wir, statt ausschließlich von Penetration zu sprechen – also dem, was ein Penis aktiv zu tun imstande ist – anfingen, von Zirklusion zu sprechen: der Fähigkeit einer Vagina, aufzunehmen und zu umschließen.

Eine Vulva ist eine Vulva ist eine Vulva – und etwas anderes als eine Vagina. Das Wort »Scheide« bezeichnet ursprünglich den Gegenstand, der ein Schwert in sich aufnimmt, der ohne es aber keine Funktion hat. Eine Scheide ohne etwas, dass sie füllt, ist nur eine leere Hülle ohne eigenen Zweck. Was ein bisschen wenig ist für das Organ, durch das die meisten Menschen ins Licht der Welt getaucht sind. Hoden kann man auch Testikel nennen und den Hodensack Skrotum. Nein, ich liebe diese Begriffe auch nicht besonders, aber so lauten sie nun mal. Mit dem verbalen Eiertanz, den Erwachsene häufig um »das da unten«, die eigenen Intimorgane oder die von Kindern machen, ist niemandem geholfen.

Wenn schon kleine Kinder lernen, dass Berührtwerden etwas ist, das ihr Einverständnis erfordert, verleiht ihnen das die Fähigkeit, Nein zu sagen, wenn ihnen körperliche Nähe widerstrebt. Aber auch gänzlich wohlwollende Erwachsene maßen sich häufig an, Kinder ohne Vorwarnung, ungefragt und ohne deren Einverständnis anzufassen. Sie streichen ihnen über den Kopf und kommen ihnen so nah, wie sie es bei einer erwachsenen Person niemals wagen würden.

Ich bin mir nicht sicher, ob es nötig ist, einen Säugling beim Wickeln zu fragen: »Darf ich dir die nasse Windel ausziehen?« und auch jeden weiteren Schritt des Windel- und Reinigungsvorgangs mit Fragen und Erklärungen zu begleiten – außer vielleicht, um den Prozess des Benennens der Genitalien für sich selbst frühzeitig zu üben. Aber spätestens, wenn ein Kind in der Lage ist, Zustimmung beziehungsweise Ablehnung klar zu äußern, kann man ihm vermitteln, dass es bei nicht zwingend notwendigen Maßnahmen die Entscheidungshoheit über den eigenen Körper besitzt. Das bedeutet weniger, es im Winter in kurzen Hosen in die Kita gehen zu lassen – hier geht es um Verantwortung, die Eltern für ihre Kinder haben und die sie übernehmen müssen, wenn diese krank werden –, als darum, um das Einverständnis zu fragen, ob man ihm mit einem Waschlappen im Gesicht rumwischen darf, und zu erklären, warum das gerade jetzt angebracht wäre. Das bedeutet auch, dass Kinderärzt*innen das Kind um Erlaubnis fragen sollten, bevor sie dessen Körper und insbesondere Genitalien berühren. Das heißt aber auch, die Entscheidung des Kindes für den Moment zu akzeptieren oder einen für beide Seiten akzeptablen Kompromiss zu finden. Anders vermittelt man ihnen, dass ihre Bedürfnisse und Wünsche in Hinblick auf ihre körperliche Autonomie nicht zählen, und sie auch bei anderen keinen gesteigerten Wert darauf legen müssen, ob sie ihre Zustimmung zu körperlicher Nähe und Berührung gegeben haben oder nicht. Das Gleiche gilt selbstverständlich auch umgekehrt. Die liebevoll, aber klar geäußerte Ansage »Ich wäre jetzt gern mal eine Zeitlang für mich und möchte im Moment nicht von dir angefasst werden. Später können wir wieder kuscheln«, macht Kinder mit dem Gedanken vertraut, dass niemand ein Grundrecht auf Zugriff auf einen anderen Körper hat. Dasselbe lernen sie im Spiel mit Gleichaltrigen, die ihre Grenzen deutlich vernehmbar äußern dürfen sollten, ohne dass Erwachsene dazwischengehen.

Etwa ab einem Alter von drei Jahren kann man mit Kindern über körperliche Autonomie und Einverständnis sprechen und ihnen das Versprechen abnehmen, sich jederzeit zu äußern, wenn sie sich mit einer Berührung durch eine andere Person nicht wohlfühlen. Egal durch wen, wo auch immer und besonders bei Berührungen im Intimbereich – also an den Körperstellen, die in der Regel von einer Badehose oder einem Bikini bedeckt werden. Immer gilt es, die persönlichen Schamgrenzen eines Kindes zu respektieren, etwa wenn es irgendwann allein im Bad sein oder sich nicht mehr nackt zeigen will.

Körperhorror

Als junge Frau beeindruckte mich, wie unbefangen viele gleichaltrige Männer mit ihrem Körper umgingen, etwa wenn sie sich am Baggersee vor aller Augen nackt auszogen, um gemeinsam ins Wasser zu springen. Heute ist es mir ausreichend egal, was jemand über mein Äußeres denkt. Mit 18 aber wäre mir das nicht eingefallen. Stattdessen bewunderte und beneidete ich meine männlichen Freunde. Sie machten nicht den Eindruck, dass sie ihre Körper als problematisch empfanden oder als könnte irgendetwas mit ihnen nicht stimmen.

Die Reduktion einer weiblichen Existenz auf ihre äußerliche Schönheit beginnt mit absurden herumgeisternden Vorstellungen wie der, man könne einer schwangeren Person ansehen, »was es wird«, weil Mädchen ihren Müttern »die Schönheit rauben« oder dass der Geburtstermin überschritten sei, weil das Mädchen sich noch schmücken müsse, bevor es auf die Welt kommt. Das Muster setzt sich fort, wenn Mädchen statt für ihre Fähigkeiten für ihr niedliches Aussehen gelobt werden und über sie als »kleine Prinzessin« gesprochen wird – schön, fragil und passiv, ein dekoratives Schmuckobjekt.

Insbesondere das Verhalten von Männern im Alltag gegenüber als weiblich gelesenen Kindern ist entscheidend dafür, mit welchem Selbstbild diese aufwachsen. Indem Väter bei Söhnen auf Leistung und Erfolg und bei Töchtern vor allem auf das Äußere reagierten, verfestigten sie bei Letzteren die Vorstellung, dass sie Aufmerksamkeit und Anerkennung für ihre (stets an ihre Jugend und damit an ihre gesellschaftliche Harmlosigkeit geknüpfte) Schönheit bekommen statt für ihre Klugheit, Kreativität oder Kompetenz – und dass sie nicht einfach um ihrer selbst willen geliebt werden.

»Ich wurde indoktriniert zu glauben, dass man als Person mit Vagina vor allem schön auszusehen hat«, beschreibt der trans Autor Gabriel Mac seine Zurichtung zur Frau durch die Medien und seinen Vater. »Von einer frauenfeindlichen Kultur. Durch Filme, in denen hübsche Mädchen zu Objekten der Besessenheit und von Rettungsversuchen wurden, oft ohne dass sie sprachen. Durch eine mein Leben bestimmende Figur, die ihren Arm um meine Taille schlang, mit ihren Fingern meinen Beckenknochen umfasste und die Leute fragte: ›Ist sie nicht schön?‹«[8]

Heranwachsende Mädchen bemerken die Blicke von Männern auf der Straße – wenn ihnen nicht gleich hinterhergepfiffen oder -gerufen wird, wie es 82 Prozent von ihnen im Alter zwischen 11 und 17 Jahren zum ersten Mal erleben.[9] Das sogenannte Catcalling, das von Absenderseite oft als Kompliment verstanden wird, ist in Wahrheit nichts weiter als eine männliche Machtgeste. Mädchen beginnen, sich gewissermaßen durch die Augen anderer zu betrachten. Das legt die Grundlage für ein Leben, in dem sie sich über ihr Äußeres definieren.

Als ich etwa sieben Jahre alt war, sagte mein Vater beim Raufen zu mir: »Auf deinen Rippen kann man ja Klavierspielen.« Sein Kommentar enthielt keine Aussage darüber, ob das jetzt etwas Gutes oder Schlechtes war, und bis dahin hatte ich noch niemals in solchen Kategorien über meinen Körper nachgedacht, aber ich verstand instinktiv, dass meine hervorstehenden Knochen als wünschenswert galten. Ein paar Jahre später fühlten sich auf einer Klassenfahrt nicht weniger als ein Dutzend Mitschüler*innen und Lehrer*innen bemüßigt, meine unter dem Einfluss von Hormonen veränderten Formen kommentieren zu müssen. Das war endgültig der Moment, in dem ich meine auf meinen Körper bezogene Unschuld verlor. Das, was ich bis dahin kaum bemerkt hatte, weil es verlässlich für mich da gewesen war und nur selten geschmerzt hatte, wurde durch die Blicke der anderen zu einem Problem. Ich erlebte das erste Mal, was so gut wie jedes Frauenleben bestimmt: Selbst-Objektifizierung. Ich spaltete mich auf in eine Person, die ihr Leben lebt, und eine andere, die sich dabei von außen betrachtet und ihre Erscheinung beurteilt. Als Mädchen, das in den 1990er-Jahren groß wurde, lernte ich vor allem durch das lineare Fernsehen und Zeitschriften, die Frauen an allen Ecken Scham für ihre Körper einimpften, worauf es ankommt: Lifestyle-Magazine wie »Amica« veröffentlichten Listen mit Tipps zum Abnehmen – darunter der irrwitzige Rat, sich nach dem Duschen ans offene Fenster zu stellen, um frierend ein paar Kalorien zu verbrennen. Eine Fernsehmoderatorin ließ öffentlich verlautbaren, sie habe vor ihrer Erotik-Fotoproduktion für die Zeitschrift »Playboy« zwei Wochen lang nur Weintrauben gegessen, um sich die vermeintlich korrekte Figur anzuhungern. In einer Talkshow musste sich die Schauspielerin Anja Franke die Frage gefallen lassen, warum sie ihren Damenbart nicht entferne (ihre beeindruckend schulterzuckende Antwort lautete: Weil der zu ihr gehöre). In einem Porträt der Sängerin Alicia Keys in einer Musikzeitschrift hielt der Autor es für angemessen, Keys »überraschend festen Oberschenkel« zu kommentieren. Diese recht beliebig gewählten Beispiele für den damals herrschenden Alltagssexismus musste ich nicht recherchieren, sie haben sich vor 25 Jahren in meinem Kopf eingenistet und leben dort fröhlich weiter.

So lernte ich, was die meisten Frauen unter kräftiger Mitwirkung der Kosmetik-, Diät-, Fitness- und Modeindustrie früh lernen: Dein Körper ist das Wichtigste an dir, und es gibt immer etwas, was der Optimierung bedarf. In vorauseilendem Gehorsam werden sie so zu den kritischsten Betrachterinnen ihrer selbst und anderer Frauen. Weibliche Körper haben schön zu sein – was auch immer »schön« gerade bedeutet (das Schlankheits-Gebot meiner Jugend tritt derzeit als Zwang zur straffen und durchtrainierten Fitness auf). Denn je mehr ökonomische Freiheiten Frauen sich in der Welt erkämpfen, je weniger sie sich in Bereichen wie Wahlrecht, Arbeit und Mutterschaft einschränken lassen, desto strikter werden die ihnen auferlegten gesellschaftlichen Schönheitsnormen, mit denen sie wieder in ihre Schranken verwiesen und kontrolliert werden. »Der Schönheits-Mythos schreibt ein bestimmtes Verhalten vor und nicht etwa ein bestimmtes Aussehen«, so die Autorin Naomi Wolf.[10] Schönheit wird als Waffe gegen Frauen eingesetzt, und zwar egal, ob sie nun als schön gelten oder nicht.

Ich muss in dem Zusammenhang oft an ein vielleicht 15-jähriges Mädchen denken, das ich vergangenen Sommer im Freibad sah und eine Weile beobachtete. Rosalia, wie sie gerufen wurde, war mit einer Gruppe anderer Kids da, sie schien beliebt zu sein, war nach konventionellen Maßstäben überdurchschnittlich hübsch – und trug statt eines Badeanzugs oder Bikinis einen locker sitzenden schwarzen Schwimmanzug, der, abgesehen vom Kopf, ihren gesamten Körper bedeckte. Auf mich machte es ganz den Eindruck, als wollte sie sagen: Ich mache nicht mit bei eurem Spiel. Diese junge Frau entzog sich den Blicken, ohne ihre Bewegungsfreiheit aufzugeben. Sie weigerte sich, sich zum Objekt der Blicke anderer zu machen.

»Wenn ich mich selbst dabei erwische, wie ich andere Frauen vorschnell verurteile«, so die Autorin Florence Given über ihren eigenen Sexismus und ihre internalisierte Misogynie, »drehe ich den Gedanken herum und sage genau das Gegenteil.«[11] Eine Frau in einem extrem enganliegenden Kleid, bei deren Anblick der erste Gedanke lautet, dass sie für den Aufzug aber definitiv zu alt sei, wird so zu einer Frau, die der sexistischen Idee trotzt, dass Menschen ab einem gewissen Alter ihren Körper nicht mehr zur Schau stellen sollten, und die auf diese Weise ein Vorbild ist. Statt beim Anblick einer ungeschminkten Frau beim Gedanken zu verharren, dass sie aber mehr aus sich machen könnte, wenn sie sich nur ein bisschen mehr Mühe gäbe, könnte man denken: Obwohl es für sie einfacher wäre, dem männlichen Blick zu entsprechen, hat sie sich entschieden, ihre Weiblichkeit auf andere Art zu zeigen. »Auf diese Weise gelingt es mir, andere zu empowern statt sie zu entwerten – so eine empathische Herangehensweise hat das Potenzial, die Welt zu verändern«, so Given. Diese Methode lässt sich mit dem Blick auf eigene Unsicherheiten und Scham sowohl still bei sich selbst anwenden als auch im Dialog mit anderen – vor allem mit Kindern.

Es verbietet sich grundsätzlich, den eigenen oder anderer Leute Körper zu kommentieren – egal, ob in positiver oder negativer Weise. Denn das weist diesem äußerlichen Merkmal einen Wert zu, obgleich das Aussehen eines Menschen nichts mit seinem Charakter oder seinem Wert zu tun hat. Viele Menschen glauben in ihrem tiefsten Inneren fälschlicherweise, dass nur schlanke Körper Liebe und Anerkennung verdienen – und Frauen auch nur, wenn ihre Haut faltenfrei und makellos glatt ist.

Insofern war es ein kleiner Triumph, dass auf dem Cover der August-Ausgabe 2022 der US-amerikanischen »Vogue« der*die nicht-binäre Schauspieler*in Emma Corrin mit Achselhaar zu sehen war.[12] Nun ist Corrin queer, aber auch schlank, *weiß* und prominent. Für Menschen mit diesen Privilegien ist es immer um ein Vielfaches einfacher als etwa für arme, rassifizierte oder trans Menschen, Schönheitsnormen nicht zu entsprechen. Aber gemessen daran, wie viele Menschen mit Ekel und Abscheu auf ein paar Haare reagieren, die am Körper anderer, meist männlich gelesener Menschen als vollkommen unproblematisch, ja »normal« gelten, macht deutlich, wie wichtig auch so kleine Schritte sind, um, wie in diesem Fall, Körperbehaarung zu normalisieren.

Als Kind dachte ich lange, es gäbe zwei Sorten von Frauen auf der Welt: Solche wie Pamela Anderson aus der Serie »Baywatch«, der natürlicherweise keine Achselhaare zu wachsen schienen, und solche wie meine Mutter, die welche hatte – was ich tendenziell zum Schämen fand. Auf die Idee, dass sie sich schlicht nicht für das Gebot interessierte, allzeit glatte Haut am ganzen Frauenkörper zu haben (eine Erfindung des Rasierklingenherstellers Gilette im Jahr 1915), kam ich nicht. Als Teenager rasierte ich mir dann jede Woche so gut wie alle Körperhaare weg, inklusive der auf meinen Armen.

Da hatte ich schon verstanden, dass sich weibliche Schönheit nicht einfach so einstellt, sondern hart erarbeitet werden will. »Wer schön sein will, muss leiden«, sagte meine Mutter manchmal zu mir. Darin liegt viel Wahrheit. Mädchen und Frauen *wollen* schön sein und müssen an diesem Wunsch leiden, weil ihnen andernfalls Ausschluss droht. Spätestens in der Pubertät lernen sie, dass Schmerz und Leid für sie zum Leben dazugehören: Die Monatsblutung, der erste Sex, die Wehen. Das Kämmen langer Haare, das Zwicken der figurformenden Wäsche, das Zupfen, Rasieren, Epilieren und Waxen der Körperhaare, die hohen, engen, unbequemen Schuhe, der knurrende Magen, die Säure-Peelings, die Botox- und Hyaluronspritzen. Das

»schöne« Geschlecht erleidet sein Leben lang Schmerzen und gibt dabei nicht selten horrende Summen für Tinkturen, Apparaturen und Prozeduren aus. Die Zeit, die all das verschlingt, steht ihnen nicht mehr zur Verfügung, um Freund*innen zu treffen, Hobbys zu pflegen, sich politisch zu engagieren, Geld zu verdienen oder sich schlicht zu entspannen.[13] Während sich auch Jungen und Männer verstärkt Schönheitsidealen ausgesetzt sehen, müssen sie ihnen keineswegs entsprechen, um Macht zu erlangen. Allein von Frauen wird noch immer erwartet, dass sie den geltenden Normen entsprechen, wollen sie sozialem, finanziellem oder politischem Schaden entgehen.

Im Schnitt überprüfen Frauen alle 30 Sekunden, wie sie aussehen.[14] Eine Freundin erzählte mir mal, sie empfände es als Problem, dass sie beim Joggen rot anlaufen könnte und dann unattraktiv aussehe, weswegen sie sich gegen den Sport entschied. Wie viel Spaß kann jemand beim Sport, beim Sex, beim Hinunterlaufen der Straße, kurz: *am Leben* haben, die sich ständig Gedanken ums Äußere macht? »Unabhängig von Alter, Herkunft, Hautfarbe oder Physiognomie beurteilen, überwachen und verachten Frauen sich selbst«, so die Soziologin Franziska Schutzbach.[15]

»Man stelle sich vor«, so Naomi Wolf: »Penis-Implantate, Penis-Vergrößerung, Vorhaut-Verlängerung, Silikon-Injektionen in die Hoden zur Korrektur von Asymmetrien, Injektionen einer Kochsalzlösung mit drei verschiedenen Größen zur Auswahl, Operationen zur Korrektur des Erektionswinkels oder zum Liften des Skrotums, damit es straffer wird.« Aber es ist schwer vorstellbar, dass Männer ihren eigenen Körpern mit derart viel Abscheu begegnen, dass sie diese Prozeduren über sich ergehen lassen würden, wie Frauen es seit jeher tun.

Männerkraft

Doch längst hat der Körper-Trouble auch Jungen erreicht. »In den sozialen Medien machen junge Männer die Erfahrung, dass ihr Aussehen von anderen bewertet wird«, so Veya Seekis, Dozentin an der School of Applied Psychology der Griffith University in Queensland, Australien. Während sich in Deutschland jedes zweite elfjährige Mädchen als zu dick empfindet, wünschte sich in einer australischen Studie jeder dritte männliche Sechsjährige mehr Muskeln.[16] »Je mehr Männer ihren Körper als öffentliches Ausstellungsobjekt betrachten, desto mehr fürchten sie, negativ bewertet zu werden, was oft zwanghaftes Training und andere ›gesunde‹ Verhaltensweisen auslöst, die sich letztendlich auf ihr Wohlbefinden auswirken können«, so die Forscherin.[17] Während der weibliche Körper möglichst wenig Raum einnehmen soll, besteht das männliche Ziel darin, stark und unangreifbar zu wirken.

Das gilt nicht nur für das Körpergewicht. Die Künstlerin Marianne Wex hat schon in den 1970er-Jahren an Aufnahmen von für die Fotokamera posierenden Menschen gezeigt, wie sich patriarchale Strukturen in den unbewussten Bein- und Fußhaltungen von Mädchen und Jungen, Frauen und Männern spiegeln.[18] Wo Jungen unbehelligt breitbeinig fläzen, sind Mädchen dazu angehalten, brav und züchtig ihre Knie zusammenzupressen. Und was Hänschen und Gretelchen lernen, verlernen Hans und Gretel nur schwer wieder. Während der frühen Phase der Covid-Pandemie, als viele Passant*innen auf der Straße einen weiten Bogen umeinander machten, um sich nicht mit dem Virus anzustecken, achtete ich das erste Mal darauf, wie oft ich anderen auswich, statt darauf zu vertrauen, dass die mir Entgegenkommenden es tun würden.

Doch zurück zum Körpervolumen: Bei einer drei Jahre dauernden Studie über die Social-Media-Gewohnheiten von gut 500 jungen australischen Männern fand Seekis heraus, dass der Kontakt mit Bildern archetypischer männlicher Körperformen bei jungen Männern mit einem geringen Körperwertgefühl und einem verstärkten Wunsch, muskulöser zu werden, in Zusammenhang steht. Eine andere Studie aus dem Jahr 2021 untersuchte Essstörungen bei jungen männlichen Erwachsenen. Ein Viertel der 4.489 Teilnehmer im Alter von 16 bis 25 Jahren gab den Forscher*innen gegenüber an, sich zu sorgen, nicht über genug Muskeln zu verfügen. Elf Prozent sagten, dass sie muskelaufbauende Produkte wie Kreatin oder anabole Steroide verwendeten.[19] Bigorexie heißt das Krankheitsbild, bei dem vor allem Männer exzessives Muskeltraining betreiben und Lebens- sowie Nahrungsergänzungsmittel konsumieren, die Muskelmasse aufbauen sollen. Der Markt für Proteinprodukte zum Muskelaufbau wird derzeit auf 22,3 Milliarden Dollar beziffert.[20] Judy Y. Chu, die die psychosoziale Entwicklung von Jungen erforscht, rät Eltern, ihre Söhne zu fragen, warum sie trainieren. Um stark zu werden oder attraktiv auszusehen? Um wessen Anerkennung zu bekommen? Während insbesondere Mütter häufig aufmerksam werden, wenn Mädchen ihr Ess- und Trainierverhalten ändern, sind es Eltern von Jungen meist nicht in gleichem Maße.

Die Stereotype von den schönen Mädchen und den starken Jungen spielen auch in Sachen sexuelle Gewalt eine Rolle: Töchter von Vätern, die in der Vorstellung verhaftet sind, dass Frauen schön zu sein haben, werden später häufiger Opfer von körperlichen Übergriffen, weil sie glauben, sich auf Avancen einlassen zu müssen. Männer, die glauben, sie müssten vor allem stark sein, verüben unter diesem Eindruck öfter sexuellen Missbrauch.[21]

Die Verbindung von Männlichkeit und Kraft zeigt sich ebenfalls in Bezug auf Ernährung. Laut des vom Bund für Umwelt und Naturschutz herausgegebenen Fleischatlas 2021 essen Männer doppelt so viel Fleisch wie Frauen und Jugendliche.[22] War die Menge des konsumierten Fleischs im Mittelalter viel eher eine Frage der sozialen Schicht als des Geschlechts – das vor allem bestimmte, wer das Tier am Tisch zerlegen durfte, der Hausherr nämlich –, verbreitete die Industrialisierung nicht nur den Fleischkonsum gesamtgesellschaftlich, sondern auch die Vorstellung, dass der schwer körperlich arbeitende Mann Fleisch benötige, um genug Energie und Leistungsfähigkeit zu entwickeln. Der Konsum tierischen Muskelfleischs sollte zum Aufbau von menschlichen Muskeln dienen. Was die Männer aßen, stand den Frauen nicht mehr zur Verfügung: Der Arzt Edward Smith stellte bei einer nationalen Untersuchung britischer Ernährungsgewohnheiten im Jahr 1863 fest: »Die Ehefrau in sehr armen Familien ist wahrscheinlich die am schlechtesten ernährte Person des gesamten Haushalts.«[23] Der Umstand, dass Fleisch bis heute für eine »richtige« Mahlzeit auch für viele lediglich am Schreibtisch arbeitende Männer dazugehört, hat laut des Soziologen Pierre Bourdieu mit geschlechtlicher Distinktion zu tun.[24] Sie fühlen sich dadurch männlicher. Männer essen Fleisch, weil Frauen Salat essen (weil diese seit Kindheitstagen dazu angehalten werden, sich in Sachen Kalorienzufuhr zu mäßigen) – ein Echo des (historisch inakkuraten) Klischees von den jagenden Männern und den sammelnden Frauen. Letzteren kommt lediglich die Aufgabe zu, Fleisch zuzubereiten.

Die Feministin und Tierrechtlerin Carol J. Adams hat gezeigt, wie Sexualität, Pornografie und sexualisierte Gewalt von der Sprache der Fleischerei durchsetzt sind – junge, zumeist weibliche Körper werden »Frischfleisch« genannt und unter dem cis männlichen Blick in Einzelteile wie Brust, Bauch und Schenkel zerlegt –, Fleisch also sinnbildlich für die Unterdrückung der Frau steht.[25] Und nicht nur für ihre: So, wie Frauen seit Jahrhunderten die Kontrolle darüber abgesprochen wird, mit wem sie Sex haben, wann sie schwanger werden oder Schwangerschaften abbrechen, ob sie also Nachkommen zur Welt bringen und auch wie lange sie diese stillen, so spricht die industrialisierte Zucht bestimmten Tieren wie Rinder und Schweine all diese Rechte ab. Insofern sei der Verzicht auf alle tierischen Produkte, »ein aktives Engagement für eine emanzipatorische, egalitäre und ökologisch nachhaltige Gesellschaft«, so die Autorinnen Astra und Sunaura Taylor.[26] In einer kapitalistisch verfassten Welt, die in diesem Fall weibliche Körper in Maschinen verwandele, sei ein Kampf für die Rechte von Frauen untrennbar mit dem für Tiere und also Veganismus verbunden. Untersuchungen an mehr als 100 Stammesgesellschaften zeigen zudem, dass bei sich vegetarisch ernährenden Völkern die Geschlechterrollen weniger starr voneinander abgegrenzt sind.[27] Dagegen fällt überall dort, wo Männer auf die Jagd nach Fleisch gehen, den Frauen die Sorge um den Nachwuchs zu, die dann gesellschaftlich geringgeschätzt wird. Es ist und bleibt bemerkenswert, dass ausgerechnet auf Menschen herabgeschaut wird, die in der Lage sind, in ihrem Körper andere Menschen samt Zähnen und Knochen zusammenzubauen.

Es bleibt nur, allen Kindern gleichermaßen immer wieder zu vermitteln: Frauen sind nicht auf der Welt, um irgendwem zu gefallen – vor allem nicht dem männlichen Blick. Frauenkörper sind genau wie alle anderen Körper dazu da, die Welt um sich herum zu erleben, nicht, um als ihr Schmuck zu dienen. Das gilt es sich auch selbst jedes Mal in Erinnerung zu rufen, wenn jemand einer Frau auf der Straße hinterherpfeift, das Outfit einer Politikerin kommentiert oder die Beschaffenheit eines als weiblich gelesenen Körpers kritisiert.

Die Schriftstellerin Sonora Jha sieht eine Verbindung zwischen der Befreiung von den Bildern, die wir von Frauen- und jenen, die wir von Männerkörpern haben: »Wenn wir eine feministische Welt fordern, lassen wir die Körper der Frauen sein«, schreibt sie. »Wenn unsere Jungen den Frauenkörpern begegnen, wenn unsere Jungen fordern, dass Frauenkörper einfach sein dürfen und dass Frauen die Hoheit darüber haben, wer oder was in ihrem Körper sein darf (ein Liebhaber, ein Embryo), dann können unsere Jungen ihre eigenen Körper einfach sein lassen.«[28]

Bis dahin führt kein Weg daran vorbei, Kindern ein positives Körperbild zu vermitteln, sie dafür zu sensibilisieren, welche Bilder von Weiblichkeit und Männlichkeit ihnen begegnen, und ob diese zu ihrem Wohlbefinden und Selbstbewusstsein beitragen oder es im Gegenteil aushöhlen – und sich von ihnen so gut es geht abzugrenzen.

Das seit einigen Jahren verbreitete Diktum der Body-Positivity ist dabei lediglich eine Scheinverbesserung. Auch wenn immer mehr Körper als schön gelten, egal, wie viel sie wiegen oder wie vermeintlich makelbehaftet sie sind, bleibt Schönheit auf diese Weise das Endziel einer jeden weiblichen und zunehmend auch männlichen Existenz, hinter dem Freundlichkeit, Aufgeschlossenheit, Klugheit, Zartheit, Takt und tausend andere Attribute, die eine Person ausmachen können, unterbelichtet und zweitrangig sind. Body-Neutrality hingegen bedeutet, dass ein Mensch sein Selbstwertgefühl nicht von seinem Aussehen abhängig macht. Und dass niemand die Erscheinung des eigenen Körpers lieben muss, um glücklich sein zu können. Entscheidend ist, dass er eine*n so gut es geht durchs Leben trägt. Body-Neutrality liegt der radikale Gedanke zugrunde, dass ein Körper keinerlei Optimierung bedarf. Sport kann dabei helfen, den Körper als ein fähiges Instrument zu erleben, das zu fantastischen Dingen fähig ist, statt als einen unzuverlässigen Sack voller Knochen, der nie so aussieht, wie er soll. Vorzugsweise Sport, der nicht nach Geschlechtern getrennt ausgeübt wird und nicht damit einhergeht, stundenlang in enger Kleidung vor einem Spiegel zu stehen, wie es beim Ballett oder Cheerleading der Fall ist. Tanz – von Voguing bis Hip-Hop – kann Jungen dabei helfen, ihre Ausgeglichenheit und Empathie zu fördern.[29] Insbesondere Mädchen brauchen sensible Trainer*innen, die eventuell aufkommendes Unwohlsein und Scham über ihre sich verändernden Körper auffangen können – und den Frust über ihre sich damit auch verändernden sportlichen Leistungen. Immer gilt es sich daran zu erinnern: Andere Körper machen andere Erfahrungen.

Es ist entscheidend, Essen weder als Belohnung noch als Strafe einzusetzen. Kinder, die Nahrung entzogen oder für Leistungen in Aussicht gestellt bekommen, verlieren ihr natürliches Gefühl dafür, was ihr Körper braucht und will, sie werden von intuitiven Essern zu solchen ohne gesundes Körper-, Hunger- und Sättigungsgefühl und laufen Gefahr, in Nahrung Beruhigung oder Trost zu suchen. Ein Gang ins Schwimmbad oder in die Sauna kann dabei helfen, sich die Vielfalt menschlicher Formen und Farben vor Augen zu führen. Es hilft, wenn Frauen ihr eigenes problematisches Verhältnis zu ihrem Körper, der mit Make-up, Sport, Essensverzicht und anderen Eingriffen vermeintlich permanent in Form gebracht werden muss, nicht auf Kinder übertragen, sondern sich in einem liebevollen, kritikfreien Blick üben. Denn während es bei Jungen und

Vätern keinen Zusammenhang in der Betrachtung des jeweils eigenen Körpers zu geben scheint (vielleicht, weil sie weniger häufig miteinander über Äußerlichkeiten sprechen), verhält es sich bei Mädchen und ihren Müttern anders. »Je stärker sich die Mutter bei der Betrachtung des eigenen Körpers auf die von ihnen selbst negativ bewerteten Körperbereiche fokussierten, desto mehr taten ihre Töchter dies auch«, fasst die Psychologin Silja Vocks die Ergebnisse ihrer Forschungen zum Körperbild bei Essstörungen zusammen.[30] Jungen betrachteten die Körperteile, die sie an sich mögen, und die, die sie eher ablehnen, gleichermaßen, Mädchen hingegen seien mehr an ihren vermeintlichen Defiziten orientiert. Kritik am Körper des Kindes verbietet sich genauso wie vermeintlich gut gemeinte Kommentare à la: »Wenn du willst, können wir zusammen eine Diät machen«. Auch sollten Eltern ihre Kinder weder auf Äußerlichkeiten reduzieren noch jemals für ihren Körper loben. Der Satz »Hast du zugenommen?« kann ebenso wie »Du hast aber toll abgenommen« der Einstieg in eine Essstörung sein.

Soweit ich weiß, machte meine Mutter nur ein einziges Mal eine Diät – ich muss im Grundschulalter gewesen sein – und brach sie nach wenigen Tagen frustriert ab. Ich bilde mir ein, dass ich auch dank ihres Vorbilds vollkommen unfähig dazu bin, mir irgendetwas Wohlschmeckendes zu versagen. (Die längere, ehrlichere Version dieser Geschichte lautet vielleicht, dass mein Vater die Diät meiner Mutter mir gegenüber mit leisem Spott kommentierte und ich Diäten heute als genauso unfeministisch ansehe wie den Spott über sie. Kurz: Es ist kompliziert, oder: Es war schon immer »etwas ganz Besonderes, eine Frau zu sein«.)

Weil ästhetisches Gefallen erwiesenermaßen steigt, je öfter etwas angeschaut wird, spielt es eine entscheidende Rolle, welchen Bildern wir uns aussetzen. Zeigt die Instagram-Timeline, der TikTok-Feed, YouTube oder das Streaming-Programm ausschließlich makellose, *weiße*, glattrasierte, durchtrainierte, schlanke, mit Filtern belegte cis Körper, wird sich das Gefallen und das Begehren wie nach einer Gehirnwäsche nur auf diese Art von Körper richten. Der »Mere-exposure-Effekt«[31] lässt sich aber auch entgegengesetzt nutzen: Je öfter wir mehrgewichtige, behaarte, trans Körper of Colour mit Behinderungen sehen, desto vielfältiger, menschlicher und freier von sexistischen und rassistischen Schablonen gestaltet sich unser Gefallen. Unsere sexuellen Vorlieben sind nicht angeboren, aber sie sind sehr wohl politisch.

Wiederum in der US-»Vogue« erschien im April 2022 ein Interview mit dem Model Bella Hadid, in dem die 25-Jährige über ihre Nasen-OP sprach, die sie im Alter von 14 Jahren vornehmen ließ: »Ich wünschte, ich hätte die Nase meiner Vorfahren behalten«, sagte sie. »Ich glaube, ich wäre in sie hineingewachsen.« Eine Kommentatorin erinnerte diese Aussage Hadids daran, »dass deine Existenz der Beweis dafür ist, dass dein Gesicht über Generationen geliebt wurde«.[32] Die große Nase, die weit auseinanderstehenden Augen, die krausen Haare, der weiche Bauch, die breiten Hüften, die platten Füße haben andere offensichtlich nicht daran gehindert, die Menschen mit diesen vermeintlichen Makeln zu lieben.

Es gilt, sich selbst und Kindern, sobald sie alt genug sind, klar zu machen, dass Schönheitsnormen, die besonders dem weiblichen Teil der Welt auferlegt werden, auf kolonialen Prinzipien beruhen – auf der ab dem 15. Jahrhundert von Europa aus weltweit propagierten Idee, dass schlanke Menschen mit weißer

Haut, hellen Augen und glatten Haaren wertvoller sind als alle anderen – und dass Kosmetikindustrie und Diätbranche nur ein Ziel haben: Unsicherheit und Unzufriedenheit zu schaffen, um als Gegenmittel die passenden Produkte oder Prozeduren zu verkaufen.

Tragischerweise realisieren die meisten Menschen erst im Rückblick, wie hinreißend sie mit 13, 15 oder 18 Jahren aussahen. Oder mit 38. Ich jedenfalls wünschte mir, ich wäre viel öfter einfach ins Wasser gesprungen, statt mir Sorgen über mein Aussehen zu machen.

There will be blood

Als in der achten Klasse im Biologieunterricht die menschliche Sexualität an der Reihe war, artete das in meiner Schulklasse genau zu dem von peinlich berührtem Kichern erfüllten Cringe-Fest aus, das sich unweigerlich einstellt, wenn ein Haufen Pubertierende mit einem Holzpenis und Kondomen konfrontiert wird. Als die Lehrerin allerdings fragte, wer bis zur folgenden Woche die Aufgabe übernehmen wolle, in einem Vortrag den Menstruationszyklus zu erklären, meldete sich Julius – einer der beliebtesten Jungs des Jahrgangs. So kam es, dass dieser 14-Jährige zu dem Zeitpunkt nicht nur ein besseres Verständnis von meiner Menstruation und den daran beteiligten Hormonen hatte als ich und mutmaßlich die meisten anderen Mädchen in meiner Klasse. Er zeigte uns auch, dass ein junger Mann sich sehr wohl für etwas interessieren kann, das vielen 25 Jahre und zahllose mediale Destigmatisierungskampagnen später immer noch als eklig, peinlich und nur im Flüsterton zu besprechende Privatsache der Frauen gilt.

Nun war Julius das Kind einer Ärztin und wusste schon damals, dass er ebenfalls Arzt werden wollte – die biologischen Vorgänge hinter der Regelblutung mögen ihn schlicht so sehr interessiert haben, dass er sich trotz aller Peinlichkeit furchtlos für diese Aufgabe meldete. Aber er war eben auch das Kind einer Frau, die das Familieneinkommen verdiente, während sein Vater sich in dieser Zeit vor allem um Julius und den Haushalt kümmerte. Und er sollte später der erste männliche Arzt im Praktikum werden, der an seiner Klinik darauf bestand, Teilzeit arbeiten zu dürfen, um sich genauso wie seine Freundin um die drei gemeinsamen Kinder kümmern zu können. Ich bin überzeugt, Julius war schon Feminist, bevor er oder ich mit diesem Begriff auch nur etwas anfangen konnten.

Als August ein Kleinkind war, suchte Ava nach etwas, mit dem er seinen Holzkipplaster beladen konnte. Tampons stellten sich als die ideale Fracht heraus: perfektes Format, unkaputtbar, dabei aber so weich, dass ein Drauftreten schmerzlos verläuft. Außerdem waren sie in unserem Haushalt in ausreichender Menge vorhanden. (Wobei es sich empfiehlt, auf Menstruationsprodukte umzusteigen, die ohne Chlor, Dioxin und Duftstoffe auskommen. Oder wie es die Expertin für Menstruationsgesundheit Maisie Hill formuliert: Es gibt strengere Regeln für das Kennzeichnen der Inhaltsstoffe von Hamsterfutter als für das von Tampons und Binden.[33]) Die Chancen, dass August einen unverkrampften Umgang mit dem Thema Regelblutung erlernt, stehen ganz gut. Jedenfalls weiß er, mittlerweile, worum es sich dabei handelt. Denn aller Voraussicht nach wird er es in seinem Privat- und Berufsleben auch mit anderen Menstruierenden zu tun bekommen als mit uns beiden. Ich hätte gern, dass er dabei so kompetent agiert wie Julius damals.

Seit einigen Jahren informiere ich die cis Männer, mit denen ich enge Beziehungen führe, über die sich monatlich wiederholenden Vorgänge in meinem Körper. Weil ich nicht einsehe, warum ich mich für etwas schämen sollte, das ein nicht selbstgewählter Teil meines Daseins ist. Seit ein Freund, der bis dahin schon etwa zwei Jahrzehnte mit Frauen zusammengelebt hatte, mich mal ratlos anschaute, als ich ihm gegenüber den Begriff PMS verwendete, also die Abkürzung für das prämenstruelle Syndrom, das wiederum nicht weniger als 150 Symptome umfasst und mit dem sich ein Viertel bis 90 Prozent aller Menschen mit Uterus jeden Monat herumschlagen,[34] lasse ich die Menschen in meinem Leben wissen, wenn ich hormonbedingte Unterleibskrämpfe habe, genauso wie ich es bei Kopfschmerzen und Muskelkater tun würde. Schließlich beeinflussen diese Erscheinungen mein Wohlbefinden an manchen Tagen ganz erheblich. Allein weil es bekanntlich schon hilft, wenn jemand Anteil am eigenen Leid nimmt, aber auch weil sie mit meiner Reproduktionsfähigkeit und also mit Sex zusammenhängen, gehören die Informationen über meinen Zyklus für die Menschen, die mit meinem Körper in intimer Weise zu tun haben, zum notwendigen Wissen.

Die bittere Pille

Dafür, dass er mit über Schwangerschaften oder das Ausbleiben derselben entscheidet, wissen viele Jungen und Mädchen, Männer wie auch Frauen bestürzend wenig über den Zyklus. Das liegt auch daran, dass sich viele Menschen mit Uterus kaum mit ihm beschäftigen *müssen*. Laut einer Auswertung der Techniker Krankenkasse nahmen im Jahr 2020 40 Prozent der

17-Jährigen, die Hälfte der 18-Jährigen und 53 Prozent der 19-Jährigen die Antibabypille.[35] Zwar ist der Trend rückläufig. Aber immer noch nehmen viele Frauen, ab dem Zeitpunkt, ab dem sie beginnen, gegengeschlechtlichen Sex zu haben, ein hormonelles Verhütungsmittel ein, und das bleibt häufig viele Jahre, wenn nicht Jahrzehnte so.

Und die Pille, allein das wissen wohl nur die wenigsten ihrer Nutzer*innen, täuscht, genau wie alle anderen Verhütungsmittel dieser Art, mit ihrer Zusammensetzung aus den synthetisch hergestellten Sexualhormonen Gestagen und Östrogen (manchmal kommt auch nur das erste zum Einsatz) dem Körper durch das Verhindern des Einsprungs eine ständige Schwangerschaft vor. Die von außen zugeführten synthetischen Hormone drosseln die körpereigene Hormonproduktion, sodass im Eierstock keine Eizellen mehr reifen. Die Blutung in der siebentägigen Einnahmepause ist keine Menstruation, sondern eine sogenannte Abbruchblutung aufgrund des Östrogen-Entzugs. Frauen, die die Pille nehmen, haben also gar keinen Zyklus mehr. Was in der Folge dazu führt, dass sie kein Verhältnis zu diesem Vorgang, und damit zu ihrer Fruchtbarkeit und einem Teil ihres Frauseins, gewinnen können.

Weil die Pharmaindustrie,[36] der (grundsätzlich wichtige) Diskurs um die Ermächtigung junger Frauen und die sich vor Teenager-Schwangerschaften ängstigenden Eltern es so wollen, manipulieren Millionen von Menschen ihr halbes Leben lang medikamentös ihren komplexen und sehr empfindlichen Hormonhaushalt, mit weitreichenden Folgen für Körper und Psyche. Mit Thrombosen und Embolien können hormonelle Verhütungsmittel tödliche Nebenwirkungen haben[37] – neben solchen wie verminderter Libido, Einschränkungen des Wohlbefindens und geringerer Vitalität. Die meisten Wissenschaftler*innen gehen davon aus, dass diese Kraft- und Lustlosigkeit auf den Mangel an verfügbarem Testosteron im Körper derer zurückzuführen sind, die die Pille nehmen – der Rückgang beträgt zwischen 40 und 60 Prozent. Eine andere Theorie besagt, dass die Progesterone in der Pille Einfluss auf das zentrale Nervensystem nehmen, indem sie dort die Aufnahme des Serotonins (des sogenannten Glückshormons) hemmen und die Wirkung des Neurotransmitters y-Aminobuttersäure verstärken, der bekannt ist für seinen beruhigenden Effekt.

Eine meiner engsten Freundinnen lief jahrelang in grundsätzlich weinerlicher Stimmung durch die Welt – bis sie die Pille absetzte und sich der Tränenvorhang hob. Eine dänische Langzeitstudie, für die im Zeitraum zwischen 2000 und 2013 mehr als eine Million Nutzer*innen der Pille im Alter zwischen 15 und 34 Jahren befragt wurden, ergab einen Zusammenhang zwischen hormoneller Verhütung und dem Auftreten von Depressionen, insbesondere bei jungen Frauen.[38]

Wenn eine Frau die Pille absetzt, etwa um schwanger zu werden, kann es passieren, dass sich ihr Körpergeruch verändert und sie auch den Geruch potenzieller Sexualpartner*innen anders wahrnimmt als ohne den Einfluss der Hormone. Es ist gut erforscht, welche entscheidende Rolle der Körperduft bei der Wahl der Sexualpartner*innen, aber auch von Freund*innen spielt.[39] Unklar ist, wie viele Beziehungen nach dem Absetzen der Pille in die Brüche gehen, weil sich Partner*innen auf einmal darüber klarwerden, dass sie körperlich weniger kompatibel sind, als sie dachten.

Als die Autorin Sabine Kray nach 17 Jahren durchgängiger Einnahme die Pille absetzte, stellte sie fest, dass sie auf einmal viel häufiger als vorher unvermittelt an Sex dachte. Sie fragte sich, ob die Hormongaben ihr jahrelang das Sexleben ruiniert hatten, kam zum Schluss, dass dem so gewesen sein muss und schrieb ein Buch über die Unzumutbarkeit der Pille. Darin zitiert sie eine 2006 veröffentlichte, besorgniserregende Studie der Universität Boston, gemäß der Frauen, die die Pille einmal genommen hatten, zwar nach deren Absetzen wieder einen höheren Testosteronspiegel aufwiesen als während der Einnahme. Sie erreichten jedoch nicht mehr dasselbe Testosteronniveau wie Frauen, die niemals die Pille genommen hatten. »Vor diesem Hintergrund erscheint es wie eine besonders absurde Form russischen Roulettes, Mädchen bereits im Alter von 14, 15 oder 16 Jahren unmittelbar nach der Menarche [also der ersten Regelblutung] die Pille zu verschreiben«, so Kray.[40]

Unbestritten stellte die Pille bei ihrer Einführung in den 1960er-Jahren eine nie dagewesene Revolution für die sexuelle Selbstbestimmung der Frau dar. Aber es stellt sich die Frage, ob Jungen und Männern auch so bereitwillig Medikamente mit dermaßen schwerwiegenden Nebenwirkungen verschrieben würden. Diese Frage ist bereits beantwortet: 2011 wurde eine Studie zu einer hormonellen Antibabypille für den Mann der WHO abgebrochen, nachdem zehn Prozent der Probanden über Nebenwirkungen wie Libido-Veränderungen, Kopfschmerzen und Stimmungsschwankungen geklagt hatten.[41] Das weltweite Experiment mit den Hormonhaushalten von Millionen Frauen geht unterdessen unvermindert weiter. Offenbar werden in Sachen Gesundheit und Zumutbarkeit bei Männern andere Maßstäbe angelegt als bei Frauen.

Dabei gab bei einer Umfrage des britischen Meinungsforschungsinstituts YouGov im Jahr 2019 ein Drittel der männlichen sexuell aktiven Befragten an, die Einnahme einer Antibabypille für Männer in Erwägung zu ziehen – exakt so viele, wie Frauen in Großbritannien aktuell hormonell verhüten.[42] An der (zumindest verbalen) Aufgeschlossenheit der Männer liegt es also eher nicht.

Dennoch hat es seit der Erfindung des Kondoms auch kein neues hormonfreies Verhütungsmittel für diejenigen mehr auf den Markt geschafft, die Spermien produzieren – die also 365 Tage im Jahr fruchtbar sind, und das in der Regel bis über das 70. Lebensjahr hinaus. Das liegt auch daran, dass kaum Geld in die Forschung an neuen Verhütungsmethoden fließt. Es gibt ja die Pille, mit der es sich so verhält, als würde man bei einer brennenden Mülltonne im Hinterhof einen ganzen Löschzug anfordern: Eine Eizelle ist nur zwölf bis 24 Stunden bereit, befruchtet zu werden; Spermien überleben maximal fünf Tage im weiblichen Körper. Den fünf bis sechs Tagen pro Zyklus, in denen sich also eine Schwangerschaft einstellen kann, wird aber mit Hormongaben an 21 Tagen begegnet. Da wird mit Kanonen auf Spatzen geschossen.

Sicherlich haben Menschen mit Uterus, die nicht schwanger werden wollen, ein höheres Eigeninteresse daran, selbst dafür zu sorgen, dass das nicht passiert, statt die Verantwortung in vollem Vertrauen an die Personen mit den Samenzellen abzugeben. Aber es wird höchste Zeit, dass Eltern aufhören, ihre kaum Teenager gewordenen Töchter unhinterfragt zur Frauenärztin zu schicken, damit die – oft garniert mit den fragwürdigen Argumenten, die Pille verhüte nicht nur so praktisch, sondern mache auch schönere Haut, vollere Haare und lindere Menstruationsbeschwerden – oft ohne ausreichende Aufklärung nach den lediglich zehn bis 15 Minuten, die für die Beratung vorgesehen sind, ein Rezept für die Pille ausstellt, deren Kosten die Krankenkassen bis zum 20. Lebensjahr übernehmen.

Alternativen sind hormon- und nebenwirkungsarme Verhütungsmittel wie die Kupferspirale, die Basaltemperaturmethode, bei der mit dem Messen der Körpertemperatur der Tag des Einsprungs bestimmt wird, oder die Billings-Methode, bei der die Beschaffenheit des Schleims am Gebärmutterhals beobachtet wird, um die fruchtbaren Tage zu bestimmen. Die Kupferspirale ist mit einem Pearl-Index von 0,3 bis 0,8 in etwa so sicher wie die Pille, die bei 0,1 bis 0,9 rangiert. Werden mit der Spirale im Laufe eines Jahres drei bis acht von 1000 Anwender*innen im Laufe eines Jahres schwanger, sind es bei der Pille eine bis neun Benutzer*innen. Konsequent in Kombination mit anderen Verhütungsmitteln wie Kondomen angewendet, liegt der Pearl-Index der Billings-Methode bei 0,4, er ist also identisch mit dem der wirksamsten Antibabypillen.

Wer die Benutzung von Kondomen an den fruchtbaren Tagen für eine schlimme Bürde hält, findet Wege, wie sich auch ohne Penis-in-Vagina-Penetration (PIV) zusammen Spaß haben lässt, ohne eine Schwangerschaft zu riskieren – oder lässt sich zum Beispiel von Freund*innen, die queeren Sex praktizieren, erklären, wie die das eigentlich machen, so ganz ohne PIV. Zu den wildesten Missverständnissen derer, die cis-heterosexuellen Sex haben, gehört es nämlich, dass Sex nur Sex ist, wenn ein Penis in eine Vagina eindringt.

Zusätzlich zu ihrer psychischen und physischen Gesundheit gewinnen Frauen, die auf hormonelle Verhütung verzichten, einen besseren Bezug zu den Vorgängen im eigenen Körper und eine Chance, dieses Wissen für sich und das eigene Wohlergehen zu nutzen.

Die Menstruationsgesundheits-Expertin Maisie Hill teilt den ungefähr 28 Tage dauernden Zyklus analog zum Verlauf eines Jahres in vier Phasen ein, in denen hormonbedingt eher Bedürfnisse wie Ruhe und Rückzug oder Neugierde und Kreativität im Vordergrund stehen. Das Aufzeichnen und Nachvollziehen des eigenen Zyklus, etwa mit einer App, vertiefe, so Hill, »Ihre Beziehung zu sich selbst und gibt Ihnen das Selbstvertrauen, Ihre natürlichen Talente voll zu bejahen, gesunde Grenzen zu setzen, Vertrauen in alle Aspekte Ihres Lebens zu haben, Ihre eigenen Bedürfnisse und Wünsche zu erkennen sowie Selbstachtung und Selbstwert zu entwickeln«.[43] Genau das also, was allen jungen Menschen nur zu wünschen ist.

Während ein von Hormongaben unbeeinträchtigter Zyklus Mädchen und Frauen in engen Kontakt mit sich selbst und ihrer Umwelt bringen kann, ist die Eigen- und Fremdwahrnehmung unter der Pille, so formuliert es die Autorin Kray, »wie ein Jahr ohne Jahreszeiten: gleichbleibende 19 Grad bei leichter Bewölkung, Regenschirm und Sonnencreme können wir ebenso zu Hause lassen wie die Kondome«.[44]

SEX

Der größte Teil unseres Lebens als junge Erwachsene ist ein ewiger Kreislauf aus Ablehnung, trauriger Musik und miesen Pornos.

ALAIN DE BOTTON, »Wie man richtig an Sex denkt«

Als ich einmal einen Freund fragte, was er seinen zwei halbwüchsigen Söhnen zum Zwecke ihrer Aufklärung erzähle, antwortete der: »Dass sie immer Kondome verwenden sollen.« Ich wartete auf die Fortsetzung der Liste, aber da kam nichts. Benutzt Kondome – das war in Sachen Sex die einzige Lektion des Vaters für seine Kinder. Darüber hinaus würden sie, so seine Überzeugung, schon alles Relevante selbst herausfinden. Eine solche Haltung reduziert Sex und das Sprechen darüber auf Fortpflanzung und Erkrankungen respektive ein Verhindern derselben. Es ignoriert sämtliche zwischenmenschlichen Aspekte dieses dermaßen grundlegenden, sensiblen, komplizierten, aufregenden und weitreichenden Themas, das mit Fragen verbunden ist wie: Was ist eigentlich Sex? Was passiert mit meinem Körper? Mit meinen Körperhaaren, meiner Stimme, meinem Körpergeruch, meinen Brüsten, meinem Penis – meinen Launen? Was mag ich und was nicht? Was, wenn ich mich gar nicht für das Thema Sex interessiere?[1] Was bedeutet Autonomie in Bezug auf meinen Körper, wo liegen meine Grenzen, und wie kann ich sie deutlich machen und wahren? Wer bin ich, und wer möchte ich sein? Wen mag ich? Welche anderen Körper? Welche sexuellen Orientierungen gibt es? Wie sieht meine aus? Wie kann ich mit anderen darüber sprechen? Wie herausfinden, was eine andere Person mag? Was haben Pornos mit all dem zu tun? Welche verschiedenen Formen von Beziehung gibt es, welche Rolle spielen Gefühle wie Verliebtsein, Liebe und Zurückweisung dabei? Es geht um Freude, Vertrauen, Respekt, Gerechtigkeit, Wahlfreiheit und Macht, darum, fürsorgliche, respektvolle Beziehungen zu führen.

Die meisten Heranwachsenden sehnen sich geradezu danach, ihre Fragen, Sorgen und Ängste mit einer Person zu besprechen, die nicht nur Ahnung hat, sondern sie auch besser kennt als jede andere. »Trotz ihres Augenrollens, Ohrenzuhaltens und anderer oberflächlicher Widerstände sagen Jugendliche immer wieder, dass sie solche Informationen von ihren Eltern haben wollen und dass sie davon profitieren«, so die Autorin Peggy Orenstein.[2] Sie muss es wissen, hat sie doch Dutzende Mädchen und Jungen zum Thema Sex interviewt. »(Sie) erzählten mir oft, dass unsere Gespräche eine dramatische, anhaltende, manchmal therapeutische Wirkung hatten – und ich war eine völlig Fremde.«

Es ist von unschätzbarem Vorteil, schon kleinen Kindern ihre unverstellten Fragen über Körper und Sexualität zu beantworten; das vermittelt ihnen nicht nur, dass nichts, was ihre Neugier weckt, tabu ist, sondern es trainiert auch Erwachsene darin, diese Dinge möglichst unverkrampft zu besprechen. Kinder dürfen wissen, dass Sex etwas ist, was Erwachsene nicht nur tun, weil dabei Babys entstehen, sondern weil es Spaß macht – und dass mehr dazu gehört, als einen Penis in eine Vagina zu stecken. Ein befreundeter Vater eines Elfjährigen erklärte mir auf die Frage, ob er mit seinem Sohn über Homosexualität spreche, das interessiere den nicht. Auch wenn ich es für extrem unwahrscheinlich halte, dass ein Kind in diesem Alter noch nicht mit Darstellungen von Sex – im extremen Fall mit Pornografie – in Berührung gekommen ist, und es als gesichert gilt, dass sie sich mit etwa zehn Jahren sexuell von anderen angezogen fühlen:[3] Kinder interessieren sich, wenn nicht für Sex, schon ab etwa vier Jahren dafür, wer wen liebt. Ab diesem Alter also lässt sich mit ihnen über die verschiedenen Formen von Liebe sprechen und dass sie für jede*n anders funktioniert. Und sehr wohl lässt sich auch thematisieren, dass es Sex gibt und der einvernehmlich zwischen Menschen im ungefähr gleichen Alter stattfindet. »Gute Aufklärung ist altersgerecht, und medizinisch akkurat, sie macht deutlich, auf welchen Werten sie basiert, ist ehrlich und freudvoll«,[4] fasst es der Sexualpädagoge Al Vernacchio zusammen.

Einer Studie zufolge ist mehr als ein Drittel aller Kinder im Alter von elf bis zwölf Jahren schon einmal (oft unfreiwillig) in Kontakt mit Pornografie gekommen, in der Gruppe der 15- bis 16-Jährigen waren es dann schon mehr als zwei Drittel – eine Erfahrung, die sie neugierig macht, aber auch schockiert, verwirrt und angeekelt zurücklässt.[5] Die ersten sexuellen Erfahrungen haben Mädchen dann mit durchschnittlich 17,1 Jahren, während Jungen mit 17,4 Jahren unwesentlich älter sind.[6]

Jugendliche in dieser Phase mit ihren Fragen allein zu lassen, bedeutet, sie ungefiltert und unwidersprochen den Informationsquellen auszusetzen, die ihnen zugänglich sind: Neben dem wenigen, was in der Schule unter Aufklärung läuft und sich wiederum weitestgehend auf die Themen Schwangerschaft und sexuell übertragbare Krankheiten beschränkt, sind das meist gleichaltrige und ältere Jugendliche und das Internet –

keine unbedingt vertrauenswürdigen Anlaufstellen in diesen Fragen.

Es ist nachvollziehbar, dass sich viele Erwachsene lieber die Zunge abschneiden würden, als ein Aufklärungsgespräch zu führen. Der Gedanke, dass das eigene Kind, das scheinbar erst gestern noch nach Milch und Honig duftend im Bettchen vor einem lag, sich auf einmal für Sex interessiert und ihn vielleicht sogar schon hat, erfüllt die meisten mit Unbehagen. Zumal, das zeigt allein die Fülle der zu verhandelnden Themen, es sich bei »dem Gespräch« um mehrere Unterhaltungen handeln muss. Genau wie das Fahrradfahren oder das Erlernen von Tischmanieren ist Sexualerziehung nichts, was an einem einzigen Tag zu erledigen wäre. Es braucht vielmehr eine Vielzahl an gewohnheitsmäßigen, dem jeweiligen Alter der Kinder entsprechenden Unterhaltungen. Es gibt exzellente Bücher, die – auch für Erwachsene mit all ihren Fragen – eine gute Wissensgrundlage schaffen können. Gesprächsanlässe können Erzählungen von Freund*innen und Bekannten sein, Szenen in Filmen, Zeitungsartikel oder Nachrichten. Der beste Ort für solche Gespräche ist das Auto: Ausweichen ist nicht, anschauen muss man einander aber auch nicht unbedingt.

Wahrscheinlich ist das Wichtigste, was Eltern Mädchen über Sex vermitteln können, die Bedeutung des Erkundens, Bewusstmachens und Äußerns ihrer eigenen Wünsche, Bedürfnisse und nicht zuletzt: ihrer Grenzen. Der Psychologin Sandra Konrad fiel in ihren Gesprächen mit Frauen zwischen 17 und 25 ein bedeutsamer Unterschied auf »zwischen ihrem Selbstbild, sexuell selbstbestimmt und mächtig genug zu sein, um sexuelle Grenzverletzungen abzuwehren, und der gleichzeitigen oft unbewussten Unfähigkeit, diese Grenzen überhaupt wahrzunehmen.«[7] Im Verkennen des Unterschieds zwischen sexueller

Freiheit und sexueller Selbstbestimmung rühre das Ermächtigungsgefühl junger Frauen oft von der Erfahrung her, anderen durch sexuelle Gefälligkeiten Lust zu verschaffen, statt selbst körperlich oder emotional auf ihre Kosten zu kommen. »Ich glaube«, zitiert Peggy Orenstein eine 18-Jährige, »mir hat noch nie jemand gesagt, dass das Bild der starken Frau auch beim Sex Gültigkeit hat«.[8]

Wie wäre es, würden erwachsene Frauen, nur mal angenommen, den Mädchen in ihrem Leben das Versprechen abnehmen, sich frühzeitig mit den Mechanismen ihres eigenen Begehrens vertraut zu machen und niemals, wirklich niemals einen Orgasmus vorzutäuschen, sondern ihn von ihren Partner*innen einzufordern. Nicht, dass er das Wichtigste wäre oder das Ziel einer jeden sexuellen Begegnung sein sollte. Aber während bei gegengeschlechtlichem Sex 95 Prozent der Männer einen Höhepunkt erreichen, sind es bei den Frauen gerade 65 Prozent (viel mehr allerdings werden so tun, als wären sie gekommen, um dem Mann unangenehme Gefühle der Unzulänglichkeit zu ersparen) – während es beim Sex zwischen zwei Frauen 86 Prozent sind.[9]

Ebenso könnten erfahrenere Frauen jüngeren Frauen in Bezug auf ihre sexuellen Begegnungen so etwas wie einen persönlichen Kompass an die Hand geben: ein Gefühl für die An- oder Abwesenheit von Reue. Denn dann ist es keine moralische Frage, ob es richtig oder falsch ist, an einem Wochenende mit zwei verschiedenen Personen zu knutschen oder mit jemandem unverbindlichen Sex zu haben, sondern wie es sich am Montag anfühlt – unabhängig von der Bewertung anderer.

Es gilt als gesund und natürlich, wenn kleine Jungen an sich selbst herumspielen; die männliche Pubertät wird durch den ersten Samenerguss oder Selbstbefriedigung gekennzeichnet, also durch eine Lusterfahrung. Jungen lernen häufig, dass Sex etwas ist, das sie aktiv mit Frauen (und nicht etwa mit anderen Jungen) tun und auf das sie ein Anrecht haben, weil es genauso Teil ihrer Identität wie ihres Status ist. Mädchen dagegen wird häufig von klein auf signalisiert, dass alles »da unten« schmutzig und zum Schämen ist. Sex wird ihnen nicht als etwas nahegebracht, das sie selbst machen, sondern was vielmehr mit ihnen gemacht wird – weswegen es auch keine Rolle spielt, wenn sie Nein sagen. Die erste Monatsblutung und also die Möglichkeit einer Schwangerschaft markiert ihren Eintritt ins Erwachsenenalter – sie lernen, Sex zu fürchten. »Mädchen werden, lange bevor sie alt genug sind, konkret daran zu denken, dass sie Sex haben könnten, darauf konditioniert, ihn sich als etwas vorzustellen, das mit ihnen gemacht wird, und nicht als etwas, das sie selbst gern tun möchten«, so Laurie Penny.[10] Das Verhältnis junger Frauen zu Sex wird vom schmalen Grat zwischen »Jungfrau« und »Schlampe« bestimmt, also von der feinen Linie zwischen verfügbar aussehen, aber nicht verfügbar sein, auf der sie sich zu balancieren gezwungen sehen. Bestimmt vom Druck, allzeit sexy aussehen zu müssen, verbunden mit dem Wissen, dass ihr Äußeres immer auch als Rechtfertigung für Belästigungen und Übergriffe herangezogen werden kann.

Einvernehmlichkeit

Mädchen und Frauen können lernen, sexuelle Annäherungsversuche abzulehnen. Was man ihnen nicht beibringen kann, ist, wie sie es schaffen, nicht vergewaltigt zu werden. Diese Verantwortung liegt zu hundert Prozent auf der Seite von Jungen und späteren Männern – und damit auch auf der ihrer Eltern und Erziehungsberechtigten.

Die Schriftstellerin Laurie Halse Anderson hält seit mehr als zwei Jahrzehnten an US-amerikanischen Schulen Vorträge zum Thema Vergewaltigung. Im Jahr 1999 veröffentlichte sie den Bestseller »Sprich« über eine junge Frau, die Opfer eines sexuellen Übergriffs wird. Die Handlung beruht auf Andersons eigener Vergewaltigungserfahrung im Alter von 13 Jahren. »In Schulen im ganzen Land, in jeder erdenklichen demografischen Gruppe, erzählen mir Teenager seit 20 Jahren dasselbe über das Vergewaltigungsopfer in ›Sprich‹«,[11] so Halse Anderson. »Sie glauben nicht, dass sie tatsächlich vergewaltigt wurde. Sie argumentieren, dass sie Bier getrunken und mit ihrem Angreifer getanzt hat, und dass sie deshalb Sex wollte.« Die meisten der Jungen, denen die Autorin begegnet, können die vom Täter ausgehende Gewalt nachvollziehen. »Viele von ihnen waren offensichtlich schon einmal in der gleichen Situation.« Vergewaltiger – in 98 Prozent der Fälle ist der Täter männlich – seien in den Augen dieser Jungen diejenigen bösartigen Männer, die in Parks aus Büschen hervorspringen und Frauen in ihre Gewalt bringen – und nicht etwa sie oder irgendjemand, den sie kennen. In Wahrheit kennen die allermeisten Opfer ihren Vergewaltiger. Aber nicht nur das: Weil diese Jungen unter dem Eindruck stehen, ein Anrecht auf die Körper von Mädchen zu haben, kommen sie nicht auf die Idee, dass sie deren Einverständnis brauchen.

Aber auch Mädchen und Frauen erkennen sexuelle Gewalt häufig nicht als solche. Ende der 1980er-Jahre befragte die Psychologin Mary Koss mehr als 6.000 Studentinnen an 32 US-Colleges zu ihren Dating-Erfahrungen. Sie fand heraus, dass jede vierte Studentin schon einmal etwas erlebt hatte, das unter die Definition von Vergewaltigung fiel. Die Frauen beschrieben etwa, dass sie von einem Freund mit körperlicher Gewalt zum Sex gezwungen worden waren, oder dass sie sich während einer Verabredung dazu gedrängt gefühlt hatten, mit dem betreffenden Mann nach Hause zu gehen und mit ihm zu schlafen. »Die meisten dieser Frauen empfanden das als eine schlimme Erfahrung, als eine der schlimmsten ihres Lebens«, so Koss. »Nur bezeichneten sie es nicht als Vergewaltigung.«[12] Es war die Forscherin, die den Begriff »Date Rape« prägte, und damit beschrieb, was viele Frauen erleben: Sie werden nicht von irgendeinem vermummten Fremden, sondern von einem langjährigen Freund, einem Partner oder flüchtigen Bekannten zu sexuellen Handlungen gedrängt oder gezwungen. Koss war es auch, die die Zahl aufdeckte, die in Studien und Befragungen seither immer und immer wieder bestätigt wird: Eine von vier Frauen wurde schon vergewaltigt. Eine Zahl, und das ist vielleicht das Erschreckendste, die in den Jahrzehnten seither keineswegs kleiner geworden ist.

Wie wichtig es ist, Vergewaltigung als solche zu benennen, zeigt eine Studie von 2014, in der 32 Prozent der befragten Collegestudenten angaben, sie würden eine Frau *zum Sex zwingen*, wenn niemand je davon erführe und die Tat keinerlei Konsequenzen hätte. Die Zahl fiel auf (immer noch hohe) 13,6 Prozent, wenn sie gefragt wurden, ob sie unter denselben Umständen eine Frau *vergewaltigen* würden.[13] Es führt kein Weg daran vorbei, Heranwachsenden klarzumachen, dass erzwungene sexuelle Handlungen und Vergewaltigungen dasselbe sind und auch das unerlaubte Veröffentlichen von Fotos einer anderen Person Missbrauch und daher strafbar ist.

Es versteht sich von selbst, dass nicht alle Jungen übergriffig werden. »Aber jedes Mädchen, mit dem ich gesprochen habe, *jedes einzelne Mädchen*, ist – unabhängig von seiner sozialen oder ethnischen Herkunft oder sexuellen Orientierung, von Kleidungsstil und Aussehen – in der Schule schon belästigt worden«,[14] so Peggy Orenstein. 7,4 Prozent aller Mädchen werden allein bis zu ihrem 16. Lebensjahr missbraucht.[15] Oder wie Laurie Penny es formuliert: »Sexuelle Übergriffe sind die Sprache der Mädchenjahre«.[16]

Frauen werden von früher Kindheit an dazu erzogen, in Bezug auf männliche Gewalt wachsam und vorsichtig zu sein. Sie werden zu Selbstverteidigungskursen geschickt (ich selbst lernte im Alter von zehn Jahren, wie ich mich mit Judo vor körperlichen Angriffen schützen könnte), fordern sich untereinander auf, »auf sich aufzupassen« (von meiner Mutter, am Ende eines jeden Telefonates) und sich nach einer spätabendlichen Verabredung per SMS zu melden, wenn sie hoffentlich wohlbehalten zu Hause angekommen sind (ein Ritual unter diversen meiner Freundinnen). In Drogeriemärkten können sie Armbänder kaufen, mit denen sich im Club ein Drink darauf testen lässt, ob er mit der als »K.o.-Tropfen« bekannten Date-Rape-Droge GHB versetzt wurde.[17] All diese Maßnahmen bürden die Verantwortung für sexualisierte Gewalt den betroffenen Frauen auf und nicht denen, die sie verüben – ein klassisches Beispiel für Täter-Opfer-Umkehr und uraltes misogynes Muster. Niemand würde den Opfern eines Einbruchs suggerieren, sie trügen auch nur eine Mitschuld an der Tat. Frauen erleben das überall auf der Welt, jeden Tag.

Wie viele Erwachsene aber sprechen mit den Jungen in ihrem Leben über sexualisierte Gewalt, die ja immerhin nicht nur von ihnen ausgehen, sondern auch ihnen selbst zustoßen kann? An welcher Schule hören Heranwachsende, dass sie jemand anders zwar fragen können, ob er oder sie ihnen einen bläst, dass es aber Gewalt ist, wenn sie den Kopf der anderen Person festhalten, bis diese würgt. Wer sagt Jugendlichen gleich welchen Genders, dass das unverlangte Versenden von Dickpics und anderen Nacktbildern mit bis zu einem Jahr Freiheitsstrafe geahndet wird? Dass, wenn auf diesen Bildern eine geschlechtliche Handlung zu sehen ist, das Versenden als sexuelle Belästigung gilt? Wie vielen Jungen und Männern ist bewusst, dass so gut wie jede Frau in ihrem Umfeld schon sexuelle Belästigung und sexualisierte Gewalt erlebt hat?

»Jungen im Teenageralter hungern geradezu nach praktischen Informationen über Sex«, so die Schriftstellerin Halse Anderson. »Sie möchten die Regeln kennen.«[18] Regeln wie: Sexuelle Gewalt beginnt dort, wo zwischen den beteiligten Personen kein Einvernehmen oder Konsens herrscht. Sexuelle Gewalt ist ganz konkret strafbar. Zur Einvernehmlichkeit gehören immer zwei Seiten. Da ist das Einholen des Einvernehmens, zu dem erstens das explizite Fragen gehört, zweitens das Achten auf die Reaktion der anderen Person und im Zweifel, drittens, wiederholtes Nachfragen, ob das Gegenüber sich mit der getroffenen Entscheidung nach wie vor wohlfühlt. Auf der anderen Seite benötigt Einvernehmlichkeit das Geben des Einverständnisses, zu dem erstens Optionen gehören – wie die, in diesem Moment auch Nein sagen zu können, und die Fähigkeit zum Einverständnis, die man zweitens nur im Vollbesitz der eigenen geistigen und körperlichen Kräfte besitzt, nicht aber unter dem Einfluss von Alkohol und anderen Drogen, und drittens: die Fähigkeit, zu jedem Zeitpunkt über den Fortgang der Dinge bestimmen zu können und zu dürfen.

Nein ist ein ganzer Satz

Einvernehmlichkeit ist nichts, was erst Teenager anhand von Sex lernen. Schon im Kleinkindalter stellen sich Fragen wie: Wer darf mit dem Puzzle oder dem Plüschtier eines anderen Kindes spielen, wie lässt sich das Gegenüber um sein Einverständnis bitten und was passiert, wenn die andere Person mit Nein oder ausweichend antwortet?

Als ich im vergangenen Sommer mit August im Freibad war, stiefelte im flachen Wasser des Babybeckens ein Kind etwa in Augusts Alter mit einer Wasserpistole umher und spritzte andere recht wahllos nass. Irgendwann hatte es es auch auf mich abgesehen. Als ich ihm sagte, dass ich nicht nassgespritzt werden wolle, lachte es und machte ungerührt weiter. Noch nie hatte ich mich einem Vierjährigen so hilflos und zunehmend wütend gegenübergesehen – einem Kind, das offenbar bislang nicht gelernt hatte, dass andere Menschen Grenzen haben und dass diese zu respektieren sind. Wahrscheinlich, weil seine eigenen Grenzen beständig übertreten werden.

Schon Kinder können lernen, dass Nein ein vollständiger Satz ist, der keiner weiteren Begründung bedarf. Dass »Nein« nicht bedeutet: »Frag einfach so lange weiter, bis ich Ja sage«. Dass neben »Nein« und »Vielleicht« oder »Ich weiß nicht genau« auch Gestik, Mimik und Körpersprache in Betracht gezogen und berücksichtigt werden müssen. Dass ein einmal gegebenes Einverständnis nicht bedeutet, dass die gleiche Person ihre Meinung nicht jederzeit ändern kann und darf.

»Ich begreife Konsens gern als Raum«,[19] so Ravna Marin Siever und lenkt den Fokus damit auf die zeitliche Dimension und die Widerrufbarkeit des Vorgangs. Die Frage, ob die andere Person mag und möchte, ist in diesem Bild die Tür. Diese kann enthusiastisch geöffnet und in den Raum hineingesprungen, sie kann verschlossen bleiben oder zaghaft geöffnet werden. Die betreffende Person kann jederzeit ihre Meinung ändern und den Raum wieder verlassen, sie kann ihn später noch einmal betreten wollen, oder sich suchend in ihm umher bewegen, bis sie eine Meinung gefasst hat.

Zum Thema Konsens gehört auch das Wissen, dass überbehütete und überdurchschnittlich verwöhnte Kinder dazu neigen, selbstbezogener zu sein, weniger Mitgefühl für andere zu zeigen und öfter davon ausgehen, dass die herrschenden Regeln für sie nicht gelten. Kurz: Sie bewegen sich mit einer ungerechtfertigten Anspruchshaltung durch die Welt. Die kann sich durchaus auch darin äußern, dass sie der Meinung sind, Anspruch auf die Körper anderer Menschen zu haben.

Peggy Orenstein berichtet von einem Trainingsprogramm, das Mädchen helfen soll, Situationen, in denen sie zu sexuellen Handlungen überredet oder gedrängt werden, zu erkennen und sich zur Wehr zu setzen. »Ein Wort, das in diesem Zusammenhang oft verwendet wird, ist ›zickig‹ – der Generalvorwurf gegenüber Frauen, die nicht so wollen, wie man von ihnen will. Daher hätten die Mädchen eine Art Aha-Moment, wenn ihnen klar würde, dass ein Junge, der sie trotz ihrer ausbleibenden Zustimmung weiter unter Druck setzt, sie und ihre Grenzen nicht respektiert, und dass sie sich deshalb auch *keine Gedanken darüber machen müssen, ob sie seine Gefühle verletzen könnten.*«[20] Das lässt sich nicht oft genug betonen: Wem die Grenzen und Gefühle anderer egal sind, dessen Grenzen und Gefühle müssen auch nicht respektiert werden.

Zum Komplex Konsens gehört auch die Erkenntnis, dass es nicht reicht, Jungen dazu zu ermahnen, sich Mädchen gegenüber respektvoll zu verhalten. »Das ist«, so formuliert es Orenstein, »wie jemandem, der gerade Autofahren lernt, zu sagen, er solle keine alten Damen überfahren, und ihm dann die Schlüssel fürs Auto zu geben.«[21] Wie genau geht Autofahren? Was genau ist respektvolles Verhalten? Und warum gehört das Hinterherpfeifen auf der Straße, das ungefragte Anfassen und das Erzwingen von sexuellen Handlungen ebensowenig dazu wie das vermeintlich witzige Lächerlichmachen von Gefühlen, das Aburteilen von weiblichen Körpern und Verhalten, das Kategorisieren von Frauen in solche, die Respekt verdienen, und solche, die das nicht tun, das Angeben mit Eroberungen, und überhaupt: das Degradieren alles Weiblichen? Weil Mädchen und Frauen weder für den männlichen Blick leben noch dazu auf der Welt sind, um Männern zum Vergnügen zu dienen.

Der Autor Jordan Shapiro erinnert sich, wie verwirrend er es als Kind empfand, die misogynen Bemerkungen, den sogenannten »locker-room talk« oder »bro-ism«, der Männer in seinem Leben zu trennen von der Botschaft, die er über dieselben Männer erhalten hatte: dass er zu diesen meist ja freundlichen, mitfühlenden Männern aufschauen sollte. »Deshalb müssen sich feministische Väter dafür einsetzen, Bro-ism entgegenzutreten«, so Shapiro. »Nichts daran ist in Ordnung; es ist nie ›nur ein Witz‹.«[22] Diese Art zu reden vermittle jungen Menschen lediglich, dass frauenfeindliche oder auch homo- oder transphobe Äußerungen akzeptabel seien.

Plötzlich Feminist

Junge Väter von Mädchen erzählen manchmal mit nicht geringem Stolz davon, dass sie die Geburt ihrer Töchter zu Feministen gemacht habe. Auf einmal sähen sie sich von Sexismus,

Misogynie, von Diskriminierung und sexueller Gewalt gegen Frauen mitbetroffen. Es ist davon auszugehen, dass diese Männer selbst Mütter haben, Großmütter, Tanten, Schwestern und Freundinnen, dass sie vielleicht romantische Beziehungen zu Frauen geführt haben und ihre Töchter möglicherweise sogar gemeinsam mit Frauen auf die Welt gebracht haben. Es stellt sich also die Frage: Warum hat das so lange gedauert?

Oft geht mit dem Vaterwerden auch eine überprotektionistische Eifersucht einher: Die Tochter soll so lange wie möglich vor dem Einfluss übelmeinender junger Männer beschützt werden, notfalls mit körperlicher Gewalt. Davon abgesehen, dass so eine Haltung auf ein problematisches Selbstbild als Mann schließen lässt, liegt hier auch die Antwort auf die Frage, warum Männer ihren inneren Feministen erst mit der Geburt einer Tochter entdecken: Es geht ihnen nicht eigentlich um die Rechte von Frauen, sondern um den Schutz der Reinheit des eigenen Kindes. Das geht so weit, dass »Witze« kursieren, wie der, dass Menschen nicht durch Waffen stürben, sondern »durch die Väter schöner Töchter«. Dieses zutiefst patriarchale Denken macht ein Mädchen, ihren Körper und ihre Sexualität zur Trophäe und zum Eigentum des Vaters. Statt sie mit dem nötigen emotionalen Rüstzeug auszustatten, mit dem sie selbst bestmöglich darüber entscheiden kann, mit wem sie ihre Zeit verbringen will, und ihr zuzugestehen, dass sie dabei möglicherweise Fehler macht, wird ihre angebliche Unbeflecktheit und Unschuld wie ein Besitz eifersüchtig verteidigt. »Wenn Väter sich ihre Eifersucht und ihre Projektionen eingestehen würden – dass sie das erotische Leben ihrer Töchter ihrer eigenen Eitelkeit unterordnen, dass sie die Subjektivität ihrer Töchter ihrem Besitz unterordnen –, dann würden diese Töchter vielleicht weniger leiden, und wir würden uns alle von der Annahme verabschieden, dass sich die Entscheidungen von Frauen um die Eifersucht eines Mannes drehen müssen«,[23] so die Autorin Katherine Angel. Die einzigen Regeln, die Väter gegenüber jungen Männern für den Umgang mit ihren Töchtern ausgeben könnten, lauten: Sie und ihre Sexualität sind nicht mein Besitz. Es ist ihr Körper, sie macht die Regeln. Halte dich daran.

Von einvernehmlichem zu gutem Sex

Und so gehört zum Thema Einvernehmlichkeit auch, die Stereotype rund um Sexualität in Frage zu stellen. Solange die Vorstellung herrscht, heterosexueller Sex sei etwas, was die stets aktiven Männer immer wollen und zu dem die passiven Frauen den Zugang kontrollieren, werden Jungen unter dem Eindruck stehen, stets performen zu müssen und Probleme damit haben, Berührungen und Begegnungen, die gegen den Willen ihres Gegenübers stattfinden, als solche zu erkennen. Und solange wird nicht allen Mädchen klar sein, dass auch sie bei sexuellen Begegnungen das Einverständnis ihres Gegenübers einzuholen haben, immer.

Jedoch ist Einvernehmlichkeit lediglich die Voraussetzung für guten Sex und noch lange kein Garant für ihn. Dazu müssen Menschen in der Lage sein, ihre eigenen Bedürfnisse, Wünsche und ihr Begehren zu kennen und zu verbalisieren – oder auch ihre Unsicherheit und Unentschiedenheit zu äußern und zu verteidigen. Frauen werden jedoch noch immer dazu erzogen, das männliche Begehren über ihr eigenes zu stellen und die Befriedigung des Partners als Maßstab ihrer eigenen zu sehen. Wenn Männer von »gutem Sex« sprächen, merkte die Sexualpädagogin Debby Herbenick einmal an, bedeutete das für sie das Erreichen des Orgasmus, während Frauen das Ausbleiben von Schmerzen meinten – welche sie in 30 Prozent der Fälle von vaginalem Sex erlebten[24] – Schmerzen, die unter dem Begriff Dyspareunie gefasst werden. Die Autorin Lili Loofbourow hat mit einem Blick auf eine Meta-Datenbank für medizinische Veröffentlichungen festgestellt, dass es 393 klinische Studien zur Dyspareunie gibt, gegenüber 1.954 Studien zum Thema erektile Dysfunktion, also fünfmal mehr. Dabei handelt es sich bei erektiler Dysfunktion, also der Unfähigkeit, eine Erektion zu erreichen, um eine sicherlich unangenehme, aber gänzlich schmerzfreie Erscheinung.[25] Warum dieses Gefälle in der Forschung? Weil männliche Lust als ein Recht betrachtet wird und weiblicher Schmerz als etwas ganz Normales. Schließlich ist das oft das Erste, was Mädchen über Sex lernen: dass der vermeintliche Verlust ihrer sogenannten Jungfräulichkeit weh tun wird, sie da aber durchmüssen. Und schon ist die Richtung für alle kommenden sexuellen Begegnungen vorgezeichnet. Was direkt zu Gendernormen zurückführt, zur Vorstellung, dass Frauen Sex eigentlich nicht so wichtig bis unangenehm sei, sie aber paradoxerweise für ihn verantwortlich seien – für sein Stattfinden oder sein Ausbleiben. So wird Sex zum Recht der Männer und zur weiblichen Pflicht. »Ich habe mit vielen Männern gesprochen, denen das Konzept echter, aktiver, engagierter Einwilligung einfach nicht in den Kopf gehen will. Warum? Weil sie nicht glauben können, dass eine Frau tatsächlich so gern mit ihnen vögeln will«, so Laurie Penny.[26]

Das kann sich nur ändern, wenn Mädchen lernen, sich mit ihrer eigenen Lust auseinanderzusetzen, statt Sex lediglich als eine Performance für Männer zu begreifen. »Wenn es eine Sache gibt, von der ich mir wünsche, man hätte sie mir als junges Mädchen ins Gehirn gepresst«, so Florence Given, »dann die: dass mein Körper allein mir gehört – und nicht jemand anders, der*die mit ihm seine sexuellen Wünsche ausleben will.«[27]

Die Erwartung, Jungen und Männer seien stets begehrende Sexmaschinen, die mit ihrer unermüdlichen Libido eine Eroberung nach der anderen machen, lässt männliche Heranwachsende nicht nur glauben, dass Frauen zum Sex überredet werden müssen. Es lässt für sie die Gefahr des »Scheiterns« und damit der Erniedrigung ins Unermessliche wachsen. Für viele Frauen hingegen, so Katherine Angel, »ist es essenziell wichtig zu hören, dass sie es verdient haben, ihre eigene Sexualität ohne Druck zu erkunden; dass es möglicherweise Dinge gibt, die sie mögen und wollen, die sie aber von ihren Partner*innen nicht bekommen und die sie auch in den Bildern, denen wir kulturell routinemäßig begegnen, nicht wiederfinden; dass sie Nein sagen können, dass sie aussprechen können, was sie gerne möchten.«[28] Angel plädiert für eine Kultur, die sowohl die sexuelle Lust der Frauen als auch der Männer in all ihrer Komplexität akzeptiert und fördert – für einen Hedonismus, der allen zugänglich ist – unabhängig vom Geschlecht. Solange es aber nicht zur Erziehung von Mädchen gehört, dass sie die Erfüllung ihrer eigenen Bedürfnisse einfordern, wird sich am bedauerlichen Status quo nichts ändern.

Heterror

Noch schwieriger, als über Hetero-Sex zu sprechen, kann es für Eltern sein, über Homosexualität zu sprechen. Etwa wenn sie wegen ihrer eigenen sexuellen Präferenz den Eindruck haben, nicht genug über gleichgeschlechtlichen Sex zu wissen, oder weil sie fürchten, ihrem Kind drohe ob seiner sexuellen Orientierung Ungemach – wenn ihnen nicht sogar die Vorstellung, insbesondere ihr Sohn könnte schwul sein, zutiefst unangenehm ist. »Die Abwehr der Homosexualität«, so der Sozialpsychologe Rolf Pohl, »verkörpert die mit den unbewussten Weiblichkeitsvorstellungen elementar verbundene Angst vor dem Verlust der Autonomie, Selbst- und Fremdkontrolle.«[29] Weil Schwule in dem Zusammenhang als verweiblichte Männer wahrgenommen werden, zeigt sich in Homophobie auch nichts anderes als Misogynie.

Wenn Eltern in Ländern mit rechtlichem Schutz gegen die Diskriminierung Homosexueller – unabhängig von ihren eigenen sexuellen Präferenzen – äußern, sie hätten lieber, dass ihr Kind hetero- statt homosexuell wird, gehen sie häufig davon aus, dass queeres Leben vor allem freudlos, beschwerlich, tragisch und gefährlich ist. »Dieses Narrativ«, so die Gender-Professorin Jane Ward über die Heterosexualität als soziale Norm, »verstärkt die Heteronormativität nicht nur dadurch, dass es die tiefgreifenden Formen queerer Freude verschleiert, die neben queerem Leid auftreten und es oft kompensieren. Es impliziert auch, heterosexuelles Leben sei frei von Gewalt und Leid.«

In ihrer Analyse der Heterokultur aus queerer und feministischer Sicht öffnet sie den Blick auf eine Kultur, die angetrieben ist von der Vorstellung, Frauen und Männer bräuchten für ihr Lebensglück romantische Beziehungen. Beziehungen, in denen Hetero-Männer dann mangels anderer enger Vertrauter darauf angewiesen sind, dass Frauen ihnen beste Freundin, Liebhaberin, Karriereberaterin, Stylistin, Sekretärin, emotionale Cheerleaderin und Mutter sind. In dieser Kultur begehren Männer Frauen zwar, haben aber gleichzeitig häufig nichts als Verachtung für sie übrig. Die 2017 im »New Yorker« erschienene Kurzgeschichte »Cat Person« von Kristen Roupenian illustrierte dieses Nebeneinander von Begehren und Verachtung gepaart mit der weiblichen Angst vor dem Neinsagen so gut, dass viele (vor allem) Leserinnen die Dynamik dahinter schmerzlich wiedererkannten: Die 20-jährige Margot lernt den einige Jahre älteren Robert kennen, sie haben ein Date und gehen anschließend trotz Margots Widerwillen zu Robert nach Hause. Sie schlafen miteinander, weil Margot das einfacher erscheint, als Robert zurückzuweisen. Margot beendet die kurze Beziehung schließlich per Textnachricht. Später begegnen sich die beiden in einer Bar wieder und Robert beginnt, Margot eine ganze Kaskade an Nachrichten zu schreiben. Nachdem seine anfangs freundlichen Worte keinen Widerhall finden, nennt er Margot irgendwann, als sie nicht antwortet: »Hure«. Sein Werben schlägt blitzartig in offene Feindseligkeit um. Margot bleibt stumm.

Auch ein beachtlicher Teil des Inventars heterosexuellen Lebens basiert auf diesem Nebeneinander von Zu- und Abneigung: die Vorstellung, dass die Ehe für Männer eine Art lebenslanges Gefängnis unter der Aufsicht undankbarer, nerviger, unattraktiver Ehefrauen bedeutet; die bitteren Witze darüber, dass Männer Frauen sexuell nicht befriedigen können; oder die durch zahlreiche Selbsthilfe-Bücher aufrechterhaltende Idee, dass Frauen bestimmte vermeintlich weibliche Verhaltensmuster abstellen und die männliche Psyche lesen lernen müssten, um Männer für eine Beziehung zu gewinnen.

Instagram-Accounts wie @cringe.hetero und @hets_explain_yourselves widmen sich dem Sammeln und Ausstellen solcher Ausweise einer Kultur, die von Feindseligkeit und gegenseitigem Misstrauen geprägt zu sein scheint und die unter den Begriffen »Heteropessimismus« oder »Heterror« gefasst wird.[30]

Sie äußert sich in Schildern vor Läden, auf denen für einen Kindergarten für Ehemänner geworben wird, in den sie während des Shoppings abgegeben werden können, oder Aufklebern fürs Autoheck mit dem Schriftzug: »Ich muss nichts googeln, meine Frau weiß alles«.

Kinder werden früh auf Heteronormativität (und die oft damit einhergehende Mononormativität – also die Annahme, Monogamie sei die natürlichste, moralisch korrekteste und damit überlegene Art des menschlichen Zusammenlebens –) geeicht, etwa wenn ihnen beständig vermittelt wird, es wäre das Lebensziel eines jeden Menschen, irgendwann gegengeschlechtlich verpartnert zu sein, oder »eine Familie gründen« sei gleichbedeutend mit »biologische Kinder bekommen«. Immer dann, wenn zankenden Mädchen und Jungen mit dem Spruch »Was sich liebt, das neckt sich« ein fragwürdiges Beziehungsverhalten eingeimpft wird. Oder dann, wenn Erwachsene in einem Jungen und einem Mädchen, die sich zu verstehen scheinen oder gar befreundet sind, ein zukünftiges Paar sehen. Aus dieser Romantisierung spricht lediglich die Unfähigkeit, in zwei Menschen unterschiedlichen Geschlechts etwas anderes zu sehen als potenzielle Partner*innen, etwa schlicht zwei Menschen, die einander Freund*innen sein können.

In einem Kindertheater, in das ich eine Zeitlang mit August ging, gehörte es zum Standardprogramm, dass der Zauberer, der vor der Vorstellung auftrat, ein kleines Mädchen auf die Bühne holte und ihm ein paar Fragen stellte. »Wie heißt du?«, »Wie alt bist du?« und: »Bist du schon verheiratet?«. Während viele Erwachsene im Publikum lachten, fragte ich mich, warum zur Hölle jemand einer Vierjährigen und allen anderen Anwesenden signalisiert, dass es normal oder erstrebenswert sei, in diesem Alter über die Ehe auch nur nachzudenken.

Würde er einem gleichaltrigen Jungen dieselbe Frage stellen, oder wird nur von Mädchen erwartet, dass sie ihr Leben lang darauf hinfiebern, sich einem anderen Menschen (und ich unterstelle, dass damit gemeint ist: einem Mann) zu versprechen?

Das Muster zieht sich durch. Vor ein paar Jahren war ich bei der Jugendweihe einer meiner jüngeren Verwandten, wie sie im Osten Deutschlands immer noch als nicht-konfessionelle Alternative zur Konfirmation oder Firmung gefeiert wird. Alle Gäste waren gebeten, der 14-Jährigen einen Wunsch auf eine Karte zu schreiben. Jemand schrieb, der nächste große Schritt, nach dem Eintritt ins Erwachsenenleben, wäre ja dann ihre Hochzeit. Ihr Abitur, eine abgeschlossene Ausbildung, ein Studium, vielleicht ein Auslandssemester – das alles verblasst offenbar gegen die wahre Bestimmung einer Frau: die (gegengeschlechtliche) Ehe. Ihr Platz ist an der Seite eines Mannes.

Aus Wards Sicht ist Queerness in diesem Zusammenhang nicht so sehr eine sexuelle Orientierung, sondern eine utopische Sehnsucht, »das Gefühl, von einer queereren Zukunft angezogen zu sein, einer, die noch unvorstellbar ist«.[31] Einer Zukunft, die mehr Freude und Freiheit für alle bereithält, unabhängig von ihrer sexuellen Orientierung.

Die Option Bi

Der heteronormative Tunnelblick, mit dem die meisten gegengeschlechtlich interessierten Menschen ihre eigene Heterosexualität als Goldstandard menschlichen Seins betrachten, blendet nicht nur die Freuden der Homosexualität aus, sondern auch eine andere Variante sexueller Identität: Bisexualität. Dabei bezeichneten sich in einer britischen Studie aus dem Jahr 2019 ganze 16 Prozent aller 18 bis 24 Jahre alten Befragten als bisexuell.[32]

In einer Welt, in der Heterosexualität als die unhinterfragte Normalität gilt und Homosexualität bestenfalls seit Kurzem als ebenso valide Möglichkeit menschlicher Lebensgestaltung anerkannt ist, sind Bisexuelle häufig unsichtbar, werden nicht ernst genommen und sehen sich einer Reihe von Vorurteilen ausgesetzt. Etwa dem, Bisexuelle könnten sich nicht entscheiden, sie hätten ihre sexuelle Identität noch nicht gefunden, sie machten sich etwas vor oder seien hypersexuell und seien vor allem interessiert an Dreiern. Die Unsichtbarkeit hat mehrere Ursachen: Anders als homo- oder heterosexuelle Eltern, deren sexuelle Orientierung offensichtlich ist, entscheiden sich zum Beispiel viele bisexuelle Eltern aus Scham dafür, sich ihren Kindern gegenüber nicht zu outen – insbesondere die Väter unter ihnen.[33] Eine Umfrage unter 1151 erwachsenen Angestellten, die sich als queer bezeichnen, ergab, dass sich 40 Prozent der bisexuellen Mitarbeiter*innen keinen ihrer Kolleg*innen gegenüber geoutet hatten.[34] Hier trifft das Tabu, das Bisexualität umgibt, auf (internalisierte) Biphobie.

Bisexuelle, die eine monogame Beziehung eingehen, werden häufig nicht mehr als bisexuell gelesen und verschwinden damit geradezu aus dem von vornherein nicht besonders großen Sichtfeld. Dazu kommt, dass Bisexualität nicht mit eindeutigen visuellen Markern einhergeht und Bisexuelle in den Medien nur selten dargestellt werden. Während die meisten Figuren in Filmen standardmäßig heterosexuell gezeichnet sind und eine ganze Reihe allgemein bekannter Codes für männliche wie weibliche Homosexualität existieren, gibt es solche Kennzeichen, die Bisexualität signalisieren, schlicht nicht. Nichtsdestotrotz tauchen vor allem in US-amerikanischen Serien inzwischen Bi-Charaktere auf – allerdings sind sie meist weiblich. »In Filmen wird sexuelle Anziehung – wenn sie nicht offensichtlich ist – häufig in den kurzen Pausen zwischen den Dialogen dargestellt«, so die Queer-Historikerin Julia Shaw. »Ein kurzer Blick, ein Lächeln, eine flüchtige Berührung. Genauso ließe sich auch eine bisexuelle Figur anlegen, wenn wir denn gewillt sind, sie so zu lesen.«[35]

Wie weit verbreitet Biphobie ist, zeigen Zahlen, die verdeutlichen, wie häufig Bisexuelle im Vergleich zu Heterosexuellen oder auch anderen sexuellen Minderheiten von Gewalt betroffen sind. So haben einer Studie zufolge 61 Prozent der befragten bisexuellen Frauen gegenüber 44 Prozent der lesbischen und 35 Prozent der heterosexuellen Frauen Erfahrungen mit sexueller und physischer Gewalt und/oder Stalking durch einen Partner. Bei den Männern sind es 37 Prozent der bisexuellen gegenüber 29 Prozent der heterosexuellen und 26 Prozent der homosexuellen Männer.[36]

Und so kommt es, dass Bisexualität meist weder in der Schule noch in Aufklärungsmaterialien auftaucht. Umso wichtiger, dass Eltern die Möglichkeit in Erwägung ziehen, ihr Kind könnte neben heterosexuell oder homosexuell auch bisexuell sein – und diese Möglichkeit auch Kindern gegenüber in den Raum stellen. Immerhin kann sich einem jungen Menschen auch hier eine Reihe positiver Aspekte bieten, so Julia Shaw: »Die Freiheit, zu lieben, ohne dass biologisches Geschlecht oder Gender eine Rolle spielten, Freiheit von sozialen Labels und Genderrollen, die Freiheit, unterschiedliche Beziehungsformen zu erforschen und sich auf Experimente wie die einvernehmliche Nicht-Monogamie einzulassen, und die Freiheit der sexuellen Ausdrucksfähigkeit«.[37]

Das Recht, nicht schwanger zu sein

Gegengeschlechtlicher Sex geht bekanntlich häufig mit der Möglichkeit einer Schwangerschaft einher, und manchmal ist diese nicht gewollt. Die Tatsache, dass sich kaum Männer für das universelle Recht auf Abtreibung einsetzen, zeigt, dass ungewollte Schwangerschaften als das Problem von Frauen betrachtet werden.

Entwicklungen wie jüngst in den USA, wo das unter dem Namen »Roe vs. Wade« seit den 1970er-Jahren verfassungsmäßig geltende landesweite Grundrecht auf Abtreibung in zahlreichen Staaten abgeschafft oder stark eingeschränkt wurde, sodass es in manchen Fällen nicht einmal mehr im Fall einer durch Vergewaltigung oder Inzest zustande gekommenen Schwangerschaft oder bei Lebensgefahr der schwangeren Person gilt, zeigen, dass einmal erkämpfte feministische Errungenschaften jederzeit kassiert werden können. Weil es Ultra-Konservativen nur vordergründig um die nicht geborenen Babys geht (andernfalls wäre ihnen das Wohlergehen derer, die diese Babys auf die Welt bringen sollen, nicht dermaßen gleichgültig), sondern um die Kontrolle von Frauen, steht zu erwarten, dass dort als Nächstes die medikamentöse Abtreibung, die sogenannte »Pille danach« und selbst das Recht auf den Zugang zu Verhütungsmitteln eingeschränkt werden. Das würfe Frauen zurück in die 1950er-Jahre, mit der Wahl zwischen sexueller Abstinenz, dem ständigen Risiko, schwanger zu werden, illegalen oder selbst durchgeführten Abbruchversuchen wie Treppenstürzen oder das Herbeiführen einer Fehlgeburt mit Stricknadeln, wie sie am Ende des Zweiten Weltkriegs allein in Deutschland jährlich 10.000 Frauen das Leben kosteten.[38]

Lediglich 39 Prozent der Weltbevölkerung leben in Ländern,

in denen Schwangerschaftsabbrüche innerhalb einer bestimmten Zeit oder ohne zeitliche Begrenzung gesetzlich erlaubt sind,[39] und auch in Europa gibt es mit Malta und Andorra Staaten, in denen ein Schwangerschaftsabbruch selbst bei Lebensgefahr für die Mutter oder nach einer Vergewaltigung illegal ist. In Polen und Liechtenstein ist die Situation kaum besser.[40] In all diesen Ländern sind Gesetzgeber*innen der Meinung, »dass dein Menschsein und deine Autonomie an Bedingungen geknüpft ist, dass du, wenn du von einer anderen Person geschwängert wurdest, unter welchen Umständen auch immer, rechtlich und moralisch verpflichtet bist, dich der Schwangerschaft, der Entbindung und aller Wahrscheinlichkeit nach zwei oder mehr Jahrzehnten der Pflege zu unterziehen, ungeachtet der dauerhaften und möglicherweise verheerenden Folgen für deinen Körper, dein Herz, deinen Verstand, deine Familie, deine Fähigkeit, Essen auf den Tisch zu bringen, deine Pläne, deine Ambitionen, dein Leben«, wie es die Autorin Jia Tolentino formulierte.[41] Der Backlash, der das Recht auf Abtreibung durch einen Zwang zur Schwangerschaft ersetzt, erinnert unmissverständlich daran, wem Körper mit Uterus und das, was nur sie hervorzubringen vermögen, gehören: dem Staat, der so seinen Nachschub an Bürger*innen und Arbeitskräften sichert. Könnten Männer schwanger werden, würden Abbrüche vermutlich an jeder Ecke durchgeführt, bedingungs- und kostenlos. Frauen aber verletzen mit einem Schwangerschaftsabbruch die traditionelle Gendernorm als Gebende. Sie weigern sich, ihr eigenes Leben über das einer noch nicht existierenden Person zu stellen. Abtreibung ist dann auch eines der Felder, in dem sich Sexismus und Misogynie überschneiden: Während Sexismus Geschlechtsunterschiede naturalisiert, Frauen also »natürlicherweise« die Rolle der Umsorgenden zuschreibt, dient das misogyne Abtreibungsverbot dazu, Frauen, die sich dieser Rolle verweigern, zu bestrafen.

Noch 2019 plante der damalige deutsche Gesundheitsminister Jens Spahn eine fünf Millionen Euro teure und in den Augen von Expert*innen auf dem Gebiet vollkommen überflüssige Studie zu den psychischen Folgen von Schwangerschaftsabbrüchen in Auftrag zu geben.[42] Es handelte sich um denselben Politiker, der ein paar Jahre zuvor vor der rezeptfreien Erhältlichkeit der sogenannten Pille danach gewarnt hatte, das Notfallmedikament sei »kein Smartie«[43]. Er degradierte damit Frauen, wenn sie sich für die (einmalige) Einnahme von Hormonpräparaten entscheiden, die ihnen vom selben Gesundheitssystem seit frühester Jugend jahrelang bereitwillig verschrieben werden, zu sorg- und verantwortungslosen Kindern.

Der Blick in die Geschichte zeigt, wie die Hoheit über ihre Körper von Schwangeren über die Jahrhunderte hinweg auf andere überging, je weiter die Technologie fortschritt. Die längste Zeit galt eine Frau erst dann als schwanger, wenn sie Kindsbewegungen spürte. Man verließ sich auf ihr Zeugnis und überließ ihr es, für den Abbruch ungewollter Schwangerschaften zu sorgen. Erst als die Wissenschaft in der Mitte des 19. Jahrhunderts hinter die biologischen Mechanismen einer Schwangerschaft kam – das Zusammenspiel von Samen- und Eizelle, die Entwicklung eines Fötus – ging diese Autorität auf andere Menschen über: Ärzte und Mediziner, kurz Männer. Verstärkt wurde diese Tendenz durch den in den 1950er-Jahren entwickelten Ultraschall, der in jüngerer Zeit eine Steigerung in die dritte und schließlich vierte Dimension erfuhr. Das sogenannte Babyfernsehen, bei dem die Mimik und die Bewegungen des Babys in Echtzeit sichtbar gemacht werden, erlaubt heute einen Live-Blick ins Innere des schwangeren Körpers.

In einigen US-Bundesstaaten ist ein Abbruch derzeit nur bis zur sechsten Schwangerschaftswoche legal – also zu einem Zeitpunkt, zu dem viele Schwangere noch nichts von ihrem Zustand ahnen. Die Begründung für das Gesetz lautet, der Embryo verfüge dann bereits über einen Herzschlag. Tatsächlich handelt es sich bei dem, was im Ultraschall als Herzschlag interpretiert wird, um elektrische Impulse, die das gerade einmal anderthalb Zentimeter messende Zellgebilde ohne entwickeltes Herz aussendet.[44] Und so gilt ein Fötus insbesondere unter Evangelikalen und anderen »Lebensschützer*innen« seit Kurzem als Person; ein Leben beginnt in dieser Vorstellung in dem Moment, in dem eine Eizelle befruchtet wird.

Ein Staat, der Schwangerschaften einen höheren Wert zugesteht als dem Leben derjenigen, die diese Schwangerschaften austragen – und der daher mitunter droht, Abtreibungen mit der Todesstrafe zu ahnden,[45] Schwangere also lediglich als Zuchtgefäß für künftige Menschen betrachtet –, wird sich all der ihm zur Verfügung stehenden Mittel bedienen, um Schwangerschaftsabbrüche zu verhindern. Er wird etwa Zyklus-Apps überwachen und die Online-Suchverläufe nach Abbruchmethoden durchsuchen. Im US-Bundesstaat Nebraska etwa ließ sich die Polizei nach dem Ende von Roe vs. Wade von dem Konzern Meta die Chat-Verläufe zwischen einem schwangeren Teenager und seiner Mutter auf Facebook aushändigen, die angeklagt waren, einen illegalen Abbruch vorgenommen zu haben.[46] In der Frage der Abtreibung zeigt sich die Entmenschlichung von Frauen in ihrer ganzen Härte: »Zu schwängernde Menschen stellen eine eigene untermenschliche Klasse dar«, so die Essayistin Charlotte Shane, »eine Ressource, die aufgrund des Wertes dessen, was extrahiert werden kann, beherrscht werden muss.«[47]

Auch wenn in Deutschland die Zeichen zuletzt auf Liberalisierung standen: Schwangerschaftsabbrüche sind hier grundsätzlich eine Straftat und bleiben lediglich straffrei, wenn sie unter bestimmten Bedingungen stattfinden. Anfeindungen, Einschüchterungen und Bedrohungen durch religiöse Fundamentalist*innen und sogenannte Lebensschützer*innen haben zur Folge, dass die Zahl der Ärzt*innen, die Abbrüche durchführen, beständig sinkt, und Frauen besonders in ländlichen Gebieten oft Hunderte Kilometer fahren, Einkommensverluste hinnehmen und die Kinderbetreuung regeln müssen, um einen im dreistelligen Bereich kostenpflichtigen Abbruch vornehmen lassen zu können. Laut des Statistischen Bundesamts ist die Zahl der Arztpraxen und Kliniken, die Schwangerschaftsabbrüche durchführen, zwischen 2003 und 2018 um 40 Prozent von 2.000 auf 1.200 Stellen zurückgegangen.[48] Das hat auch damit zu tun, dass das Thema Abtreibung an vielen Universitäten kaum gelehrt wird und angehende Gynäkolog*innen, wenn sie Schwangerschaftsabbrüche aus ethischen Gründen persönlich ablehnen, nicht lernen müssen, wie sie durchgeführt werden. Frauenärzt*innen in Deutschland müssen also nicht einmal bei einem Abbruch zugegen gewesen sein, um praktizieren zu können – wohlgemerkt bei einem der am häufigsten durchgeführten gynäkologischen Eingriffe überhaupt.[49] Dabei herrschen genau wie in der Gesamtbevölkerung auch bei Medizinstudent*innen Vorurteile in Bezug auf die physischen und psychischen Folgen von Abtreibungen, etwa die Vorstellung, dass sie häufig Unfruchtbarkeit oder lebenslange Traumata nach sich ziehen.

Es ist stark davon auszugehen, dass die nahezu 95.000 Frauen, die sich in Deutschland im Jahr 2021 für einen Schwangerschaftsabbruch entschieden, unter der Beteiligung von

Sperma schwanger wurden. Sperma von cis Männern, die unter Umständen ihr Leben mit jenen Frauen verbringen, die sowohl das körperliche, psychische und ökonomische Risiko einer Schwangerschaft als auch das eines Abbruchs tragen (wobei eine Schwangerschaft ungleich gefährlicher ist als ein Schwangerschaftsabbruch. Jeden Tag sterben weltweit 800 Menschen aufgrund ihrer Schwangerschaft[50]). Viele von diesen Männern profitieren genauso von der Freiheit, die ihnen ein liberales Abtreibungsgesetz verschafft. Es kann also nur in ihrem Interesse sein, ebenfalls für reproduktive Freiheit zu kämpfen – und damit für Sex, den sie zum Vergnügen haben und eben in den seltensten Fällen zur Fortpflanzung.

Wem die Menschlichkeit von Frauen kein hinreichender Grund ist, für deren reproduktive Rechte zu kämpfen, dem liefert die Wissenschaft ein paar weitere Argumente: Die Frage, ob Abbrüche legal sind oder nicht, beeinflusst die Kindersterblichkeit und die Kriminalität in dem betreffenden Land. Frauen in den USA, denen eine Abtreibung verweigert wurde, leiden unter schlechterer Gesundheit und höheren Armutsquoten, außerdem nehmen sie in den folgenden fünf Jahren mehr Sozialhilfen in Anspruch.[51] In Staaten mit strengeren Abtreibungsgesetzen haben Säuglinge aufgrund der psychischen Probleme ihrer Mütter und deren schlechterer finanzieller Situation ein um zehn Prozent erhöhtes Risiko, innerhalb des ersten Lebensjahres zu sterben.[52] Überleben sie, werden sie als Jugendliche oder junge Erwachsene häufiger kriminell. Zahlen, die zwischen 1991 und 2014 in den USA erhoben wurden, zeigen, dass legale Abtreibungen die Eigentumskriminalität um 33 Prozent und die Gewaltkriminalität sogar um 47 Prozent reduzieren.[53] Von der Möglichkeit auf legale Schwangerschaftsabbrüche profitieren alle.

Lernen Kinder früh, was körperliche Autonomie und Einvernehmlichkeit bedeuten, ist es nur ein kleiner Schritt dahin, mit ihnen auch das Recht auf Schwangerschaftsabbruch zu thematisieren, etwa wenn es im Freund*innen- oder Familienkreis oder in den Nachrichten aufkommt. Wenn Kinder verinnerlicht haben, dass jede Person ein unveräußerliches Recht hat zu entscheiden, was sie mit ihrem Körper tut, gehört dazu selbstverständlich auch die Frage, ob jemand schwanger sein möchte oder nicht. Ältere Kinder sind empfänglich für Unterhaltungen darüber, dass das Verbot von Abbrüchen auf Misogynie beruht und Frauen überall auf der Welt diese Prozeduren trotz aller Restriktionen durchführen, nur eben unter unsicheren bis tödlichen Bedingungen. Es ist möglich, aus welchen Gründen auch immer gegen Schwangerschaftsabbrüche am eigenen Körper zu sein, und dennoch für das Recht anderer auf einen Abbruch zu kämpfen – als Partner*in, Politiker*in, Ärzt*in, Freund*in, Elternteil, Wähler*in. Wenn Heranwachsende lernen, welche große Tragweite die Entscheidung für Nachwuchs hat, und dass in Deutschland eine von sechs Personen mit Uterus mindestens einmal im Leben ungewollt schwanger wird,[54] ist es vielleicht sogar möglich, dass Eltern ihnen von ihren eigenen Abbrüchen (und genauso von ihren Früh-, Fehl- und Totgeburten) erzählen – und so zur Normalisierung der Vorstellung beitragen, dass längst nicht aus jeder Schwangerschaft neues Leben entsteht.

MEDIEN

Männer sehen Frauen an. Frauen beobachten sich selbst als diejenigen, die angesehen werden.

John Berger, »Sehen. Das Bild der Welt in der Bilderwelt«

Mit Geschichten verleihen wir der Welt um uns herum Sinn. Kindern wird dadurch früh signalisiert, wessen Leben und Erleben relevant ist, welche Gefühle und Handlungen angemessen sind – und welche nicht so sehr.

Ich habe mal nachgezählt: Von allen Büchern, die August besitzt und die er in unterschiedlicher Frequenz vorgelesen bekommt, verfügen fast 80 Prozent über männliche Hauptfiguren. Bei 12 Prozent dreht sich die Handlung um gendergemischte Gruppen (wobei weibliche Figuren auch da meist in der Unterzahl sind), fünf Prozent der Hauptfiguren sind geschlechtlich unbestimmte Tiere wie Eichhörnchen oder Häschen (Studien zeigen jedoch, dass geschlechtsneutrale Tiere schon von kleinen Kindern als männlich gelesen werden[1]) Nur drei Prozent der Kinderbücher in unserem Haushalt stellen Protagonistinnen in den Mittelpunkt ihrer Handlung. August beschäftigt sich also ständig damit, was Petzi, Willi Wiberg oder die Wilden Kerle tun, und so gut wie nie mit dem, was Peppa Wutz oder Pippi Langstrumpf erleben. Dabei ist es erwiesen, dass Jungen sich auch mit weiblichen Heldinnen identifizieren und keineswegs männliche Protagonisten brauchen.[2] (Und hat sich eigentlich mal jemand die Frage gestellt, wie Mädchen mit dem Dauerfeuer an Geschichten über Jungs klarkommen?)

Die große Überzahl männlicher Helden ist längst nicht auf Bücher beschränkt. Es zeigt sich genauso in Kinderfernsehsendungen und -filmen sowie in Geschichten mit einer jugendlichen und erwachsenen Zielgruppe. Es durchzieht die gesamte kulturelle Produktion. »Ich merke es nicht und denke nicht darüber nach«, so der Autor Tobias Haberl, »aber die Wahrheit ist, dass ich mich den ganzen Tag mit Ideen, Meinungen und Fantasien von Männern beschäftige. Ich höre Musik von Männern, lese Bücher und schaue Filme von Männern über Männer, die gesamte Popkultur quillt über vor Männern, die etwas wollen und am Ende triumphieren oder sich bemitleiden, ja sogar die romantischen Rückenfiguren der Gemälde, die ich im Museum anschmachte: Wanderer, Gefährten, ein Mönch am Meer … Männer«.[3] Als Haberl mit 17 Jahren zum ersten Mal den Film »Thelma & Louise« sieht, stört ihn irgendetwas und hindert ihn daran, in die Handlung einzutauchen. Erst viele Jahre später versteht er, warum: Die beiden Hauptfiguren, die am Ende jubelnd mit dem Cabrio über die Klippe rasen, sind Frauen. Und eben keine Männer.

Handelnde Männer, helfende Frauen

So kommt es, dass die Erfahrungen, die Jungen und Männer machen, als menschlich und damit verallgemeinerbar gelten, während alles, was Mädchen und Frauen zustößt, die Ausnahme von der Norm ist – irgendwie speziell, und damit irrelevant und uninteressant. Männer handeln, Frauen kommen auch vor.

Und selbst wenn sie handeln, pflanzen die Mädchen- und Frauenfiguren in Kinderbüchern ihrer Zielgruppe häufig ein überkommenes Rollenbild ein. Wenn der mit seiner Tierjungsbande um die Welt segelnde Bär Petzi von seinen Abenteuerreisen heimkehrt, besteht die einzige Aufgabe seiner Mutter darin, ihm sein Lieblingsgericht Pfannkuchen zu backen. In den »Hulk«-Comics verwandelt sich ein Nuklearphysiker beim kleinsten Anflug von Wut in ein rasendes Monster, das auf jede Krisensituation mit körperlicher Gewalt reagiert. Lillebror, der niedliche kleine Freund des unerträglich selbstverliebten Karlsson vom Dach, hat wunderliche Ansichten. Als seiner überarbeiteten Mutter eine Kur verschrieben wird, ist der kleine Macho dagegen: »Ich will, dass du jeden Tag in der Küche stehst, wenn ich von der Schule nach Hause komme, und deine Schürze anhast und Zimtbrötchen machst. Du denkst immer nur an dich!« Die Mutter lacht milde. Nun sind diese und viele andere Kinderbuchklassiker Jahrzehnte alt und wirken deswegen entsprechend aus der Zeit gefallen. Aber auch ein Kind des 21. Jahrhunderts, wie Conni in den gleichnamigen Bilderbüchern, verbreitet kein viel fortschrittlicheres Frauenbild. Als ihre Mutter sich mal den Fuß verletzt und nicht aufstehen kann, hilft Conni im Haushalt, während der Vater weiterhin zur Arbeit geht. Auch sonst bekleiden die Männer bei Conni Chefpositionen, während Frauen als Erzieherinnen und Arzthelferinnen arbeiten. In den Hörspielen »Die drei !!!«, einer sich an Mädchen richtenden Version der »Drei ???«, befassen sich die 13-jährigen Detektivinnen mit Hochzeiten, Gewichtsabnahme, den Followerzahlen einer Schmink-Influencerin und – irre, aber wahr – mit Botox.

Eine datenjournalistische Untersuchung 50.000 deutschsprachiger Titel aus dem Katalog der Bibliothek für Jugendbuchforschung an der Universität Frankfurt am Main ergab, dass männliche Protagonisten in Kinderbüchern fast dreimal so häufig mit den Schlagworten »Abenteuer« verknüpft sind wie die weiblichen. »Jungen machen in Büchern tendenziell häufiger außergewöhnliche, spannende, auch gefährliche Erfahrungen. Die Erlebniswelt der Mädchen dagegen – auch das zeigt die Schlagwortanalyse – kreist häufiger um Themen wie Tiere, Schule und Familie und verlässt damit die bekannte Alltagswelt weniger.«[4] Kinder bekommen hier ganz klar vorgeführt, was von ihnen erwartet wird und was nicht. »Wenn immer süße Prinzessinnen oder tollkühne Helden abgebildet sind, hat das einen subjektivierenden Effekt auf die Kinder«, so Lars Burghardt, der an der Universität Bamberg zu Geschlechterrollen in Kinderbüchern forscht. »Das ist dann in Ordnung, wenn sich Kinder ohnehin damit identifizieren können – aber wenn ein Mädchen nicht die süße Prinzessin sein, sondern Abenteuer erleben möchte, wirkt das einschränkend.«[5]

Aber auch die Frage, wer Kinder in die Welt der Bücher einführt und diese bevölkert, spielt eine Rolle. Meist sind es Mütter, Omas, Erzieherinnen und Lehrerinnen, die Kindern vorlesen, und sowohl Bibliotheken als auch Buchhandlungen werden mehrheitlich von Frauen geleitet. »Eine derart weiblich codierte Lese- und Medienkultur kann bei Jungen den Eindruck erwecken, dass sich Literalität mit Weiblichkeit verknüpft – was eine eher ungünstige Annahme für den Aufbau einer männlichen Geschlechtsidentität, spätestens im Jugendalter, darstellt«, so die Germanistin Ina Brendel-Perpina.[6] Sprich: Jungen, die Lesen als etwas rein »Weibliches« kennenlernen, laufen Gefahr, es irgendwann als für sich unerwünscht abzulehnen.

Nicht nur entscheidet also *was* Kindern vorgelesen wird über ihr Rollenverständnis, sondern auch *wer* es ihnen vorliest über ihre Sprachentwicklung und Lesekompetenz – und damit das gesamte Leben.

Auf eine Formel gebracht, braucht es also mehr Männer, die Kindern Geschichten von klugen, selbstständig handelnden Mädchen und zarten, sanften, fürsorglichen Jungen vorlesen. Weil die gegenwärtige Welt ohnehin überwiegend um Jungen, Männer und ihre Geschichten kreist, kann man sie beim Vorlesen von Kinderbüchern getrost mal an den Rand stellen und Mädchen brillieren lassen. Indem man das Bücherregal zensiert und wenn nötig auch die Geschichten darin. Auch Kriterien wie die, ob Mädchen schlau und aktiv dargestellt werden oder nur als schmückendes Beiwerk und *love interest* dienen, ob Jungen auch in kümmernden Rollen gezeigt werden und Kinder aller Gender, Hautfarben, mit diversen körperlichen Fähigkeiten und kulturellen Hintergründen miteinander befreundet sind, können die Entscheidung darüber beeinflussen, ob ein Buch Eingang in die kindliche Bibliothek findet oder besser nicht. Tragischerweise aber liest 39 Prozent der ein- bis achtjährigen Kinder selten oder nie auch nur irgendjemand vor – ein Problem für sich.[7]

Die Bremsen der Gleichberechtigung

Die Sozialpsychologin Tannis MacBeth beobachtete anhand eines Dorfes im kanadischen British Columbia, das bis ins Jahr 1973 keinen Fernsehempfang hatte, das erste Mal den weitreichenden Effekt dieses Mediums auf eine Gruppe von Menschen. Die Forscherin befragte die Einwohner*innen des Ortes, den sie aus Gründen der Diskretion »Notel« (für »No Television«) nannte, nach ihrer Einschätzung, welches Spielzeug sie für Mädchen und Jungen und welche Berufe sie für Männer und Frauen als passend empfanden. Dann verglich MacBeth diese Daten mit denen der Einwohner*innen eines benachbarten Dorfes, das zu diesem Zeitpunkt bereits seit 15 Jahren über Fernsehen verfügte. Während die Kinder in Notel zu Beginn weniger stereotype Einstellungen in Bezug auf Genderrollen zeigten als die Kinder des Nachbardorfes, hatte sich das zwei Jahre nach Einführung des Fernsehens geändert. Nicht nur das: »Die Kinder waren aggressiver geworden«, fasst die Wissenschaftsjournalistin Jessica Nordell die Befunde zusammen, »und ihr Grad an Stereotypisierung war gestiegen: Er entsprach nun in etwa dem von Kindern, die jahrelang ferngesehen hatten. Die Darstellung der Geschlechter im Fernsehen hatte den Blick der Kinder darauf verengt, welche Berufe für Männer oder Frauen und welche Tätigkeiten für Jungen oder Mädchen geeignet waren – Premierminister zu sein war nur etwas für Männer, berichteten sie. Abwaschen war nur etwas für Mädchen«.[8]

Was vor 50 Jahren das lineare Fernsehen war, sind heute Plattformen wie YouTube, Instagram und TikTok: Hauptmedien jugendlicher Freizeitgestaltung und Motor des Rückschritts. Eine Befragung von 1.000 jungen Menschen in Deutschland im Alter zwischen 14 und 32 Jahren ergab, dass deren Ansichten über die Rollenverteilung zwischen Mann und Frau konventioneller und stereotyper ist, je intensiver sie soziale Medien nutzen.[9] Das liegt daran, dass diese Mädchen und Frauen sich meist in als typisch weiblich geltenden Themenfeldern und Tätigkeiten wie Mode, Kosmetik und Dekoration zeigen, während Jungen und Männer vor allem im Zusammenhang mit Themen wie Gaming, Politik und Gesellschaft zu sehen sind. So finden 32 Prozent der jungen Frauen und 52 Prozent der jungen Männer, die täglich soziale Medien nutzen, das Lohngefälle zwischen den Gendern sei gerechtfertigt – gegenüber 17 Prozent der Frauen und 29 Prozent der Männer, die Social Media nicht täglich nutzen. 35 Prozent der Frauen und 57 Prozent der Männer mit intensivem Social-Media-Gebrauch sind der Ansicht, dass Hausarbeit Sache der Frauen sei – gegenüber auch nicht eben geringen 31 Prozent bei der weiblichen und 47 Prozent der männlichen Kontrollgruppe. Die Jugendlichen nähmen die Geschlechterstereotypen zwar wahr, fühlten sich in zwei Dritteln der Fälle aber nicht davon gestört. Das Fazit der Untersuchung: Die sozialen Medien bremsen die Gleichberechtigung aus.

Und sie formen das Selbstbild vor allem von weiblichen Jugendlichen. Eine Untersuchung von 200 Teenagern im Alter zwischen 13 und 21 Jahren ergab, dass die Zeit, die sie auf Social-Media-Plattformen verbringen, in direktem Zusammenhang zum Maß der Unzufriedenheit mit dem eigenen Aussehen steht.[10] Teens, die mindestens 18 Wochenstunden mit sozialen Medien verbringen, zeigen sich doppelt so unglücklich mit ihrer Erscheinung wie solche, die lediglich acht Stunden wöchentlich Instagram-Feeds und TikTok-Reels anschauen. Schuld seien laut der Forscher Filter, mit denen unrealistische Schönheitsnormen propagiert werden, und Algorithmen, die jungen Mädchen vor allem Diät- und Fitness-Content zeigen.

Dabei verdeckt der Fokus auf Instagram und TikTok, dass diese nur das auf die Spitze treiben, was auch Filme, das Fernsehen und die Werbung seit ihrer Erfindung unablässig propagieren. Seit jeher gilt: Frauen sind in allererster Linie Körper und erst dann Menschen, nicht Subjekte, sondern Objekte, geschaffen durch und für den *male gaze*, den heterosexuell geprägten männlichen Blick. Doch während Objektifizierung früher als etwas galt, dem sich Frauen verweigerten, gilt die auf den Mann ausgerichtete Selbstobjektifizierung vielen als Gipfel der Selbstbestimmung – zu besichtigen etwa in Formaten wie »Germany's Next Topmodel«. »Junge Frauen wachsen heute in einer von Pornographie durchtränkten, auf Bilder fokussierten, kommerzialisierten Kultur auf, in der ›Selbstbestimmung‹ nur Illusion ist, schneller Konsum die emotionale Verbundenheit ersetzt, ›heiß‹ als höchste Maxime gilt, Berühmtheit die ultimative Errungenschaft ist und eine Frau am schnellsten vorankommt, wenn sie sich ihres eigenen Körpers bedient, bevor es ein anderer tut«,[11] fast Peggy Orenstein die Lage zusammen.

Ein Zeugnis dessen, wie diese sexualisierten Medienbilder das Verhalten schon von kleinen Mädchen formen, begegnete mir vor ein paar Jahren bei einer Freundin. Deren gerade fünfjährige Tochter rekelte sich bei meinem Besuch auf dem Boden und spielte »sexy«. Nicht, weil sie irgendetwas von dem Konzept dahinter ahnte, sondern weil sie in ihrem kurzen Leben offenbar genug Bilder von Frauen in genau solchen Posen gesehen hatte.

Und Studien zeigen, wie wenig es braucht, um das Selbstbild zu formen: Selbst zwei 30-sekündige sexualisierende Werbeclips, eingebettet in einen vierminütigen Film, untergraben Körperbild und Selbstbewusstsein junger Frauen und lassen sie sich selbst als Objekt betrachten.[12]

Auch auf das Frauenbild von Jungen wirken sich die medialen Bilder von Frauen selbstverständlich aus. Nicht nur, dass Darstellungen einer immerwährenden weiblichen Verfügbarkeit Jungen signalisieren, Frauen seien auf der Welt, um ihnen zu gefallen. Testpersonen, die zusammengeschnittene Szenen aus Filmen zu sehen bekamen, in denen Männer Frauen dominierten und sie zu ihrer eigenen sexuellen Befriedigung benutzten, waren anschließend doppelt so häufig wie eine Cartoon-schauende Kontrollgruppe der Meinung, die gezeigten Frauen hätten ihren eigenen Missbrauch genossen.[13]

Die gute Nachricht ist: Statt zu Zeiten, in denen eine Handvoll Fernsehsender das Nachmittags- und Abendprogramm bestritten, herrscht heute dank YouTube, Streamingdiensten, DVDs und Podcasts eine schier unendliche Auswahl an Sendungen, aus denen sich unter besonderer Beachtung von Rollenmodellen ein gendersensibles Medienprogramm für Kinder zusammenstellen lässt. Die schlechte Nachricht: Je größer die Kinder, desto schlechter funktioniert so ein elterlicher Abschirm- und Medienkontrolldienst. Zumal bei einer Sorte Filme, die dank der Mobiltelefone in ihren Hosentaschen heute fast unweigerlich Teil des Erwachsenwerdens Jugendlicher zu sein scheint – und zwar sowohl als Konsument*innen wie als Produzent*innen.

Porno

»Ich habe in meinen Interviews keinen Jungen gefragt, *ob* er schon einmal Pornos geschaut hat. Das hätte meine Glaubwürdigkeit zur Hölle gejagt«, so Peggy Orenstein in »Boys & Sex«, »weil sie es selbstverständlich alle – jeder einzelne – schon getan hatten.«[14] Meist sei der erste Kontakt ohne eigenes Zutun zustande gekommen, etwa über einen älteren Bruder oder Freunde, im Alter von neun oder zehn Jahren. Selbst danach gesucht hätten die meisten dann irgendwann zwischen der sechsten und achten Klasse. Für Deutschland zeigt eine Studie, dass der Erstkontakt mit sexuell explizitem Material bei Jungen mit durchschnittlich 14,2 und bei Mädchen mit 14,8 Jahren stattfindet, in der Hälfte der Fälle unbeabsichtigt.[15] Nicht zu vergessen: Längst haben Jugendliche nicht nur Zugriff auf explizites Material, sondern können es ohne technische Hürden selbst herstellen und verbreiten.

Studien zu den Effekten von Pornografie auf junge Menschen sind aus ethischen und praktischen Gründen schwer durchzuführen. Dennoch scheint ihr Konsum für heranwachsende Männer wie Frauen diverse Folgen zu haben: Er steht im Zusammenhang mit einer früheren sexuellen Aktivität, einer größeren Zahl an Partner*innen und ungewollten Schwangerschaften. Der Konsum von Pornos führt zur positiveren Einschätzung sexueller Aggression und einer negativeren Einschätzung von Frauen, während die sexuellen Praktiken, denen diese Jugendlichen nachgehen, dazu tendieren, riskanter zu sein. Während bei Mädchen ein früherer Konsum zu verstärkter sexueller Unterordnung zu führen scheint, steht er bei Jungen im Zusammenhang mit sexueller Dominanz – also eine Spiegelung des genderspezifischen Verhaltens, das in den allermeisten Filmen zur Aufführung kommt. Genderunabhängig zeigen sich Pornokonsument*innen im späteren Jugendalter anfälliger für Vergewaltigungsmythen wie dem, dass Opfer die Tat durch ihren eigenen Alkoholkonsum oder ihr Outfit provozieren.[16]

Mehr als genug Gründe also, mit Kindern ohne Anklage und Beschämung über das zu sprechen, was sie dort zu sehen bekommen – insbesondere mit Jungen. Dabei reicht es nicht, sie darauf aufmerksam zu machen, dass der Sex im echten Leben mit dem in Pornos in etwa so viel zu tun hat wie Autofahren mit Formel-eins-Rennen. Es muss in diesen Gesprächen auch darum gehen, wie Männer und Frauen in Pornos dargestellt werden – aggressiv, oft gewalttätig und stets bereit zur Penetration die einen, unterwürfig, willig und gedemütigt die anderen – und wie unvereinbar das mit einem gleichberechtigten Genderverhältnis und oft genug mit der menschlichen Behandlung von Sexarbeiter*innen ist. Auch wenn dieses Wissen vielleicht nur wenige Jugendliche vom Pornoschauen abhalten wird, schafft es doch einen kritischen Kontext.

Ein anderes Argument für die Vorsicht vor Pornobildern: Einer Studie zufolge fühlen sich junge Männer angesichts unrealistischer Penisgrößen und Performances sexuell umso inkompetenter und erleben häufiger sexuelle Probleme, je mehr Pornos sie schauen. Auch die Zufriedenheit ihrer Partner*innen sinkt. Was junge Frauen angeht, kamen dieselben Forscher zu gegensätzlichen Ergebnissen: So berichteten Nutzerinnen von Pornografie von größerer sexueller Kompetenz und weniger Problemen, während ihre Partner*innen eine erhöhte Zufriedenheit zeigten. Die Forscher fassen ihre paradoxen Erkenntnisse folgendermaßen zusammen: »Es scheint, dass Pornos – die von einer von Männern dominierten Industrie hergestellt werden und sich in der Regel an ein von Männern dominiertes Publikum wenden – für junge Frauen, die sie nutzen, mit größerer Wahrscheinlichkeit einen echten sexuellen Nutzen haben als für junge Männer.«[17]

Medialer Abschirmdienst

Aber Pornografie zeigt häufig auch nur eine Überhöhung dessen, was Werbe-, Film- und Fernsehbilder darstellen: die Frau als umfassend durchsexualisierte Figur, dazu geschaffen, dem männlichen Blick zu gefallen. »Kein Reality-TV, kein ›Euphoria‹, keine romantischen Komödien, in denen das Mädchen sich danach sehnt, als Objekt benutzt zu werden, und am Ende triumphierend lächelt, wenn es endlich als Objekt benutzt wird, keine Disney-/Nickelodeon-/Was-auch-immer-Sitcoms über ein konventionell hübsches Mädchen und ihre weniger konventionell hübsche Freundin«,[18] umreißt die Autorin Meg Conley die Fernsehrichtlinien für ihre zwei älteren Töchter. Was den Gebrauch bestimmter Social-Media-Apps angeht, lautet der Rat des Psychologie-Professors Jonathan Haidt in der Frage, wie der Einfluss der von Algorithmen, Trollen und Verschwörungsmythen beherrschten Plattformen nicht nur auf das Selbst- und Körperbild sowie die Depressionsraten Jugendlicher, sondern auch auf den gesamtgesellschaftlichen Zusammenhalt eingedämmt werden kann: »Die wichtigste Änderung, die wir vornehmen können, um die schädlichen Auswirkungen sozialer Medien auf Kinder zu verringern, ist, den Zugang zu ihnen hinauszuzögern, bis sie durch die Pubertät hindurch sind«.[19]

Ein bisschen weniger weltfremd als eine solche weitgehende Prohibition ist die Strategie, die Mediennutzung je nach Alter der Heranwachsenden zu begrenzen, und problematische Darstellungen mit ihnen zu besprechen. Anders als der Versuch, Kinder in der heimischen Einflusssphäre vor sexistischen, misogynen, homo-, transphoben und rassistischen Bildern, Songtexten und Narrativen zu beschützen, stärkt das Hinweisen auf diese Muster und ihre Diskussion die Medienkompetenz der Kinder – und ihren Ungerechtigkeitsradar. So sehr etwa das Wort »schwul« zum gängigen Vokabular im Hip-Hop und auf Schulhöfen gehört, so selten ist Jugendlichen oft klar, dass dieser Ausdruck als Beleidigung eine ganze Gruppe von Menschen abwertet und nicht nur allein denjenigen, dem da mit dem Vorwurf der Schwäche und Weichheit seine Männlichkeit und Würde abgesprochen werden soll – was schlimm genug wäre. Als mein Bruder diese Beleidigung in seiner Grundschulzeit einmal gegenüber einem Mitschüler gebrauchte, schrieb seine Klassenlehrerin unserer Mutter ins »Muttiheft«, wie der Kommunikationskanal zwischen Lehrpersonal und Eltern (Väter waren jedoch offenbar nicht mitgemeint) damals offiziell hieß: »Solche Worte benutzen wir nicht«. Doch warum es sich um einen unakzeptablen Ausdruck handelte, begründete die Lehrerin nicht und trug damit rein gar nichts zur kindlichen Einsicht bei. Auch lohnt es sich zu thematisieren, warum mit halbnackten Frauen für alles Mögliche geworben wird, während spärlich bekleidete Männer nur höchst selten zu sehen sind, und warum eigentlich die Mordopfer in Krimis und Thrillern so häufig schöne, junge Frauen (und insbesondere trans Frauen) sind.[20]

Unbedingt sollten Eltern darüber sprechen, dass die Bilder, denen Kinder in der Werbung oder auf Social-Media-Plattformen begegnen, oft stark bearbeitet sind und nicht der Wirklichkeit entsprechen, und darüber, ob sich Heranwachsende davon unter Druck gesetzt fühlen. Der YouTube-Kanal von Lorry Hill[21] etwa zeigt, welchen kosmetischen Operationen – Facelifts, Entfernung des Wangenfetts, Einsetzen von Wangenknochen- und Kinn-Implantaten – sich bekannte Hollywood-Schauspieler*innen und Popstars unterziehen, um so auszusehen, wie der Markt das von ihnen verlangt. Hills Analysen demonstrieren, dass das herrschende Schönheitsideal nicht nur vollkommen unrealistisch, sondern allein unter großen gesundheitlichen Gefahren und dem Einsatz enormer Geldsummen zu erreichen ist.

Es versteht sich von selbst, dass Erwachsene ihren eigenen

Sprachgebrauch kritisch prüfen. Ich hatte jahrelang ein auf Frauen gemünztes Schimpfwort für Männer (und ausschließlich diese) reserviert, die mich zum Beispiel im Straßenverkehr bedrängten oder beleidigten – bis ich mir eingestehen musste, dass die Herabsetzung eines Mannes durch die Gleichsetzung mit einem weiblichen Geschlechtsorgan auch nichts anderes ist als frauenfeindlich. Genauso wenig hilfreich ist es, Menschen mit einem fragilen Ego einer geringen Penisgröße zu bezichtigen, setzt das Männlichkeit doch immer nur wieder gleich mit einer bestimmen Art und Weise der körperlichen Ausstattung. »Arschgeige« dagegen ist ein schönes Schimpfwort, dass allerhöchstens Musikinstrumente diskriminiert.

Für das Aufspüren guter wie schlechter Medienprodukte empfiehlt sich zum Beispiel die Website werbemelder.in. Hier versammelt der Verein Pinkstinks Beispiele für Werbekampagnen, anhand derer sich das erwachsene und das kindliche Sensorium für stereotype und sexistische Darstellungen trainieren lassen. Angesichts der Tatsache, dass im Jahr 2021 noch immer zwei Drittel aller Protagonist*innen in den 100 erfolgreichsten Hollywood-Filmen männlich waren,[22] empfiehlt sich der Bechdel-Test. Das Verfahren bewertet die Qualität von Spielfilmen danach, ob erstens: mindestens zwei namentlich bestimmte Frauen darin vorkommen, die zweitens: miteinander sprechen, und zwar drittens: über etwas anderes als einen Mann. Auf bechdeltest.com ist eine ständig wachsende Liste von (vor allem US-amerikanischen) Filmen verzeichnet, die den Test bestehen – wobei dann immer noch nichts darüber gesagt ist, welchen Tätigkeiten die Frauen im betreffenden Film nachgehen oder ob sie auch nur wieder üblichen Schönheitsstandards entsprechen. Im Fall von Sexszenen in Serien, Filmen, Büchern und Songs sind die Website TheClitTest.com und der dazugehörige, mittlerweile nicht mehr aktualisierte Instagram-Account @clit.test gute Ressourcen für filmische Darstellungen, die weibliches Begehren in den Mittelpunkt stellen.

Staatlicherseits kann zumindest der beständigen Sexualisierung in der Werbung etwas entgegengesetzt werden: In Norwegen herrscht seit 1978 ein Verbot geschlechtsdiskriminierender Werbung, ein Auto kann also nicht einfach ohne Weiteres mit einem halb nackten, kopflosen Frauenkörper beworben werden – Gleiches gilt für Irland, Schweden, Dänemark, Finnland, Kroatien, Griechenland, Portugal und Spanien.[23] Im Sommer 2022 führte wiederum Norwegen die Pflicht ein, retuschierte Fotos in den Medien – und das gilt auch für Bilder, die Influencer von sich in Umlauf bringen – mit einem ausreichend großen Siegel zu versehen, das deutlich macht: Hier wurden Gesichter und Körperformen geschönt.[24]

Je ausgeprägter das kritische Bewusstsein von Kindern und Jugendlichen, desto größer die Chancen, dass Mädchen, Jungen und alle anderen bestimmte Stereotype als solche erkennen – dass sie auch Männer als vielschichtige Menschen und Frauen als etwas anderes denn bloße Objekte des männlichen Willens wahrnehmen. Oder wie es die 24-jährige Helene in der Comedy-Serie »Oh Hell!«[25] der siebenjährigen Madleen einbläut: »Der Feind sagt: ›*I want you sexy*‹«.

GEWALT

Niemand ist den Frauen gegenüber aggressiver oder herablassender als ein Mann, der seiner Männlichkeit nicht ganz sicher ist.

Simone de Beauvoir

Jemand macht vor Publikum einen Witz über eine ebenfalls anwesende Frau. Deren Ehemann geht auf den Beleidiger los, verpasst ihm eine Ohrfeige und fordert ihn brüllend auf, den Namen seiner Ehefrau, Jada Pinkett Smith, nicht zu beschmutzen. Was bei der Oscar-Verleihung im Jahr 2022 in Hollywood zwischen dem Comedian Chris Rock und dem Schauspieler Will Smith geschah, wurde von nicht wenigen in etwa so kommentiert: »Wie romantisch! Ich wünschte, mein Partner würde mich in einer ähnlichen Situation so verteidigen.« Was genau soll an Gewalt romantisch sein? Galt sie »im Namen der Ehre« nicht eben noch als vormodernes Konzept? Oder stimmt das nur für den Blick der europäischen Mehrheitsgesellschaft auf migrantische Communitys, nicht aber auf glamouröse Hollywood-Stars?

Ein Mann deklariert einen Gewaltausbruch zum Zeichen seiner Liebe. Jemand hat beschmutzt, was ihm gehört: seine Frau. Also verteidigt er seinen Besitz durch Zuschlagen. Wer das romantisiert, erklärt männliche Aggression, Dominanzstreben, die Anspruchshaltung gegenüber meist weiblichen Körpern zum regulären Bestandteil der Identität der halben Bevölkerung.

Schon die Tatsache, dass bei von Männern ausgehender Gewalt moralisch unterschieden wird, wem sie gilt, sollte stutzig machen. Männer, die andere Männer schlagen, um ihre (über den Umweg über eine Frau verlorene) Ehre wiederherzustellen, gelten als romantisch. Männer, die Frauen schlagen, gelten als verdammenswert. Dabei ist beides Ausdruck des Patriarchats: Frauen gelten als schwach und schutzbedürftig (daher ist die Mahnung an Jungen, sich gegenüber Mädchen und Frauen als Gentleman zu verhalten, auch nur wohlmeinender Sexismus. Jeder Mensch hat aufgrund seines Menschseins und nicht wegen seiner vermeintlichen Fragilität die Höflichkeit anderer verdient). Sie unterstehen immer einem Mann – zunächst dem Vater, nach der Übergabe vor dem Traualter dann ihrem Ehemann, der sie vor dem Zugriff durch Geschlechtsgenossen zu verteidigen hat.

In dieser Logik kann es von der gewalttätigen »Verteidigung« der »eigenen Frau« dann nur noch ein kleiner Schritt sein, bis ein Mann »seine« Frau selbst schlägt, weil sie ihn und seine Ehre beleidigt oder ihn gedemütigt hat – etwa, weil sie es wagt, sich von ihm zu trennen und sich auf diese Weise seinem Zugriff zu entziehen. Dann schlägt wohlwollender Sexismus, der die Frau eben noch beschützt hat, um in seine feindselige Ausprägung, der die gleiche Frau dann zum Opfer fällt.

Es ist einfach, ein netter Mensch zu sein, wenn einem nichts als Freundlichkeit entgegengebracht wird. Aber wie feministisch ein Junge, und später ein Mann, wirklich ist, zeigt sich in Situationen, in denen eine Frau etwas tut, was ihm missfällt, wenn sie sich ihm entgegenstellt oder ihm Grenzen setzt.

Femizide, also Tötungsdelikte an Frauen oder Mädchen aufgrund ihres Geschlechts, werden jedes Jahr in bestürzend hoher Zahl von Männern aller Gesellschaftsschichten verübt, überall auf der Welt. Allein in Deutschland stirbt alle drei Tage eine Frau durch die Hand eines Mannes, der vorgibt, sie zu lieben.[1] Eine Twitter-Userin brachte einmal die Doppelmoral auf den Punkt, mit der vielen Single-Frauen nicht zuletzt von ihren wohlmeinenden Familien begegnet wird: »Ihr wollt einen Ehemann für mich finden? Also die Person, die mich statistisch gesehen am wahrscheinlichsten ermorden wird?«[2]

Allein die Zahl dieser Taten macht deutlich: Es handelt sich nicht um bedauerliche Einzelfälle, nicht um »Beziehungstaten«, »Familiendramen«, oder »Mord aus Leidenschaft«, sondern um ein System. Männer bringen Frauen besonders häufig genau in dem Moment um, in dem diese sich von ihnen trennen. »Der Begriff ›patriarchale Gewalt‹ ist sinnvoll«, so die Philosophin bell hooks, »weil er im Gegensatz zum geläufigen Ausdruck ›häusliche Gewalt‹ konstant daran erinnert, dass die Gewalt zu Hause mit Sexismus und sexistischem Denken, mit männlicher Dominanz, verknüpft ist«.[3] Es handelt sich eben nicht um eine Privatangelegenheit der betreffenden zwei Personen. Die Wurzel dieses Übels ist der tiefsitzende Frauenhass dieser Männer in einer Kultur, die Frauen (ebenso wie queere und insbesondere trans Personen) als Menschen zweiter Klasse erscheinen lässt – übrigens auch vielen Frauen selbst. In einer Welt, in der (heterosexuelle) Männlichkeit definiert wird als alles, was nicht weiblich ist, und in der »Mädchen« ein Schimpfwort ist, lernen Jungen alles abzulehnen, was sie mit Weiblichkeit assoziieren. »In allen männlich dominierten Kulturen und Gesellschaften existiert ein individuelles und kollektives *Feindbild Frau*«, so der Sozialpsychologe Rolf Pohl, »in dem sich eine von Lust, Angst,

Neid und Hass gekennzeichnete Einstellung des Mannes zu Frauen und zu allem, was unbewusst mit Weiblichkeit in Verbindung gebracht wird, verdichtet. Die möglichen destruktiven Folgen dieser Einstellung zeigen sich unverhüllt an den nahezu universell verbreiteten Erscheinungsformen allgemeiner und insbesondere sexueller Gewalt gegen Frauen und Mädchen in ihrer rohesten Gestalt.«[4] Zu der Gemengelage aus Lust, Angst, Neid und Hass komme es laut Pohl, weil Männern seit Jahrtausenden und bis hinein in die Gegenwart von klein auf signalisiert wird, sie seien das überlegene Geschlecht. Gleichzeitig hängen sie auf Gedeih und Verderb von Frauen ab. Diese sind es, die sie auf die Welt gebracht haben und die sie immer noch schwerpunktmäßig aufziehen, sie sind es, mit denen viele der Bi- und Heterosexuellen unter ihnen später ihr Leben verbringen – oder eben nicht. Daraus entstehe eine »Zwangslage zwischen Autonomiewunsch und Abhängigkeitsangst«, eine Ohnmacht, aus der sie nur die Abwertung der Frau rettet. Ein Mann, der also in der Illusion seiner eigenen Selbstherrlichkeit und völligen Autonomie lebt, wird allein durch die Anwesenheit der Frauen, auf die er angewiesen ist, Lügen gestraft. Männer hassen Frauen, damit sie sich selbst nicht hassen müssen.

Die Philosophin Kate Manne plädiert hingegen dafür, Frauenhass nicht von denen her zu denken, von denen er ausgeht, sondern von denen her, die sich mit ihm konfrontiert sehen. Das verschiebt den Fokus von individuellen, psychologisch begründeten Ursachen für die Taten Einzelner auf »die Beiträge, die sie zu einem misogynen gesellschaftlichen Milieu leisten – also inwieweit sie Frauen gemäß patriarchalischem Recht und Ordnung kontrollieren und bestrafen«.[5] Darum gehe es nämlich bei der Misogynie: Als *ungebührlich* geltende, »schlechte« oder widerspenstige Frauen sollen zurück auf ihre Plätze als

Gebende verwiesen werden, um die herrschende (männliche) Ordnung aufrechtzuerhalten.

Noch älter als der Irrglaube, Männer seien, anders als andere Menschen, selbstgenügsame, autonome Wesen, ist das Konzept der männlichen Ehre. Seine Geschichte lässt sich bis ins Mittelalter zurückverfolgen und ist seit jeher an Gewalt bis zum Tod gebunden. Ursprünglich bedeutete es die Ehrfurcht vor Gott, bei den Germanen fußte es auf persönlicher Fähigkeit und Tüchtigkeit, kriegerischer Tapferkeit und Treue – verbunden mit der bedingungslosen Bereitschaft, für die Wahrung und Wiederherstellung der Ehre das eigene Leben einzusetzen. Unter Adligen in Europa geriet es ab dem 16. Jahrhundert zur Mode, sich zur Wiederherstellung der durch einen öffentlichen Angriff beschädigten Ehre zu duellieren und damit zum Ausdruck zu bringen, dass eben diese Ehre höher geschätzt wurde als das eigene Leben. »Die Institution des Duells darf im Sinne frühneuzeitlicher Ehrauffassung als Börse für Ehrkapital angesehen werden«, so die Kulturanthropologin Dagmar Burkhart.[6] »Dies galt v. a. hinsichtlich der Geschlechtsehre der Frauen (Ehefrauen, Töchter oder Schwestern), deren sexuelle Unbescholtenheit – bei Unverheirateten Virginität, bei Verheirateten eheliche Treue – konstitutiv für die Ehre der Männer war.« Die weibliche Ehre knüpfte sich bis in die 1960er-Jahre an den Körper der Frau und war Teil ihrer Identität – etwas, das sich bis heute in der Vorstellung erhalten hat, der Wert eines Mädchens habe irgendetwas damit zu tun, ob sie bereits penetrativen Sex hatte – und mit wem. Die männliche Ehre war hingegen stets unberührt von sexueller »Verunreinigung«.

Sowohl der Anspruch auf den Zugriff auf weibliche Körper als auch die Vorstellung männlicher Autonomie erfahren im 21. Jahrhundert durch die im Internet herrschenden Kommunikationsbedingungen bisweilen eine Steigerung bis zum Massenmord. 2014 brachte der damals 22-jährige Elliot Rodger in einem Amoklauf in Santa Barbara sechs Menschen um. Vier Jahre später massakrierte der damals 25-jährige Alek Minassian in Toronto zehn Menschen. 2019 tötete der 28-jährige Rechtsextremist Stephan Balliet beim Versuch, in einer Synagoge in Halle an der Saale einen Massenmord zu verüben, zwei Menschen. Alle drei Täter werden den sogenannten Incels zugerechnet, »unfreiwillig zölibatär« lebende junge Männer, die sich in Internetforen in ihrem Hass auf Frauen radikalisieren, die ihnen angeblich den Sex verweigern. In ihrem Anspruchsdenken gehen sie davon aus, dass Frauen Männern Zeit, Liebe und körperliche Zuneigung schuldig sind. Wird ihnen das verweigert, ist das für Incels ein Grund für Bestrafung. Auf die Idee, dass die Ablehnung etwas mit ihrem Verhalten zu tun haben könnte, kommen sie nicht. Das allerdings gilt längst nicht nur für junge Männer mit maßlos übersteigertem Anspruchsdenken und krankhaftem Frauenhass.

»Die meisten Menschen würden die Ansichten der Incels als extrem und die von ihnen propagierten Lösungen als gewalttätig und widerlich bezeichnen, aber die Grundprämisse – dass Frauen Männern Sex schuldig sind und Männer das Recht haben, ihn sich zu nehmen – ist tief in der Gesellschaft verwurzelt«,[7] erinnert Laurie Penny an die herrschende Moral.

... und bist du nicht willig

Vor ein paar Jahren, die MeToo-Bewegung befand sich gerade auf ihrem Höhepunkt, träumte ich eines Nachts davon, vergewaltigt worden zu sein. Noch im Traum war mir klar, dass es keinen Zweck hätte, die Tat anzuzeigen. Man würde mir nicht glauben, sondern mit dem Finger auf mich zeigen und mich fragen, was ich eigentlich dazu beigetragen hätte, dass mir so etwas zustößt. Man würde mich beleidigen und mich bedrohen. Der Traum zeigte mir vor allem, wie umfassend ich die Regeln der Vergewaltigungskultur verinnerlicht hatte, also jene im Allgemeinen falschen, aber genauso weit verbreiteten wie hartnäckigen Überzeugungen, im Rahmen derer sexuelle Übergriffe von Männern auf Frauen geleugnet und gerechtfertigt werden – und die zur Folge haben, dass zwischen 92 und 95 Prozent aller Vergewaltigungen in Deutschland nicht angezeigt werden und nur 13 Prozent aller angezeigten Vergewaltigungen eine Verurteilung nach sich ziehen.[8] Die Dunkelziffer liegt bei etwa 400.000 Vergewaltigungen im Jahr.

Als im Herbst 2017 die Anschuldigungen zahlreicher Frauen gegen den Hollywood-Filmproduzenten Harvey Weinstein bekannt geworden waren und die MeToo-Bewegung ins Rollen gebracht hatten, öffnete das auch in meinem Freund*innenkreis den Raum für das Mitteilen von Missbrauchserfahrungen. Menschen aller Gender trauten sich auf einmal, ihre Geschichten von zudringlichen Arbeitskollegen, bei Videotelefonaten masturbierenden Vorgesetzten und sie betatschenden Fremden beim Ausgehen zu erzählen. Nach Jahren der zutiefst verschämten Verschwiegenheit hatte es diese weltweite Bewegung gebraucht, damit sie sich sicher genug fühlten, über ihre Erlebnisse zu sprechen.

Als umso prägnanter habe ich einen Vorfall in Erinnerung, bei dem ein Mann Opfer sexueller Belästigung durch eine Frau wurde. Das Ganze trug sich bei einer Veranstaltung an einem Theaterhaus zu, an der ich beteiligt war. Am Tag der Aufführung berichtete einer der Tontechniker, dass eine der Schauspielerinnen ihn am Vortag mehrmals begrapscht hatte. Er erzählte mir und mehreren anderen Anwesenden davon und machte deutlich, als wie unangenehm er die Situation empfunden hatte. Mehrerlei war daran bemerkenswert: Er wusste, dass nicht er, sondern die Frau die volle Verantwortung für den Übergriff trug, und zögerte daher nicht, andere ins Vertrauen zu ziehen. Er schämte sich nicht eine Sekunde für das Geschehene; es kratzte offenbar nicht an seinem Selbstbild (oder seiner Männlichkeit) zuzugeben, dass er sich nicht hatte zur Wehr setzen können, sondern ihrem Zugriff hilflos ausgeliefert war. Was auch immer ihn zu dieser Haltung befähigt hat, das ist es, was schon Kinder brauchen: Das unerschütterliche Wissen, als Opfer niemals verantwortlich zu sein für das Unrecht, das ihnen durch sexuelle Gewalt angetan wird, sowie die Weigerung, sich davon beschämen zu lassen. Weil Schweigen immer nur die Täter und ihr Fehlverhalten schützt.

Davon abgesehen braucht es schlicht eine Kultur, die Opfern glaubt und sie schützt. Besonders Jungen müssen lernen, sexuelle Gewalt bei sich und anderen zu erkennen und sich deutlich vernehmbar zu äußern, wenn sie sie bei anderen Jungen und Männern wahrnehmen – egal, ob sie die betroffene Frau kennen oder nicht. »Wenn Männer die Welt für ihre Lieben sicherer machen wollen, müssen sie für die Menschlichkeit der Frauen allgemein sensibilisiert werden und nicht nur für die der Frauen ihrer Familie«,[9] so der Autor JJ Bola. Dazu gehört es auch, sich mit der Welt vertraut zu machen, in der viele Frauen leben. Als eine neulich auf Twitter davon erzählte, dass sie und ihre Freundinnen sich vor einem Date mit einem Unbekannten Bilder des betreffenden Mannes zuschickten, »damit er angeklagt werden kann, falls er mich umbringt«, bevor sie sich bester Laune einen schönen Abend wünschen,[10] löste das eine Welle an Reaktionen aus. Andere Frauen berichteten von ähnlichen Sicherheitsmaßnahmen, die seit ihrer Jugend zu ihrem regulären Dating-Verhalten gehören. Viele Männer zeigten sich fassungs-, vor allem aber ahnungslos.

Nun sind Gewaltverbrechen an Frauen durch die Hand von Unbekannten sehr viel seltener als etwa die von Partnern und Ehemännern, aber es stimmt, was die Schriftstellerin Margaret Atwood einmal sagte: »Männer haben Angst, dass Frauen sie auslachen. Frauen haben Angst, dass Männer sie töten.« Aber es stimmt auch, was ein trans Mann angesichts der vielen Erfahrungsberichte auf Twitter schrieb: dass das Traurigste, was er seit seiner Transition erlebt, ist, wie Frauen auf ihn reagieren, die ihn nicht kennen – dass sie den Eindruck haben, in Gegenwart von Männern selten sie selbst sein zu können – und das etwas sei, das nur Männer ändern könnten. Dazu gehört zum Beispiel, nachts die Straßenseite zu wechseln, um einer vor ihm laufenden Frau nicht das Gefühl zu geben, sie werde verfolgt. Dazu gehört, Männer, die Frauen in der Öffentlichkeit belästigen oder bedrängen, auf ihr Verhalten anzusprechen, oder als Männer untereinander über die Gefahr zu sprechen, die einige Angehörige ihres Genders für andere Menschen im Alltag darstellen. »Gewalt, die von Männern ausgeht, ist eines der wenigen Themen, das viel mehr Mansplaining braucht«, so die Publizistin Teresa Bücker.[11] Stattdessen schützen sich mächtige Männer hier oft genug gegenseitig. Als der brasilianische Fußballspieler Neymar 2019 von einer Frau der Vergewaltigung beschuldigt wurde, sprang ihm der rechtsradikale damalige Präsident Brasiliens, Jair Bolsonaro, bei und zeigte sich von Neymars Unschuld überzeugt. Drei Jahre später kündigte der Fußballer an, sein erstes Tor in der Weltmeisterschaft in Katar Bolsonaro zu widmen, der »in der schwierigsten Zeit« seines Lebens für ihn dagewesen sei. Hier zeigte sich ein weiteres Mal, dass Frauen nicht nur unter Sexismus und Misogynie leiden, sondern häufig genug an der Solidarität von Männern zueinander. Eine Solidarität, die sie sich gegenseitig schützen, unterstützen und einander Vorteile einräumen und Macht verleihen lässt.

Krieg und Militär

Als Russland im Februar 2022 in völkerrechtswidriger Weise die Ukraine angriff, wurde in Deutschland der Ruf nach dem Mann als stolzem, tapferem Krieger laut. Der Autor Tobias Haberl rief angesichts von Männern, »die gepunktete Socken tragen und mit dem Kinderwagen joggen gehen« nach körperlicher Kraft und emotionaler Härte, ohne die man in anderen Ländern schnell im Krankenhaus läge[12]. Der Chefredakteur der Welt, Ulf Poschardt, schrieb in Bezug auf die Debatte um trans Menschen: »Die Freiheit wird nicht am Tampon-Behälter in der Männer-Toilette verteidigt«.[13] Die Stoßrichtung dieser Beiträge war immer die gleiche: Gendersternchen zersetzten die Kriegsmoral, der Feminismus sei schuld daran, dass wir so schwach geworden seien, er konterkariere die natürliche Rolle des Mannes als Kämpfer. Um sich aber gegen Putin zu verteidigen, brauche es echte Krieger. Hier wurde das Leid der Menschen in der Ukraine dazu missbraucht, überholte Männlichkeitsbilder zurückzufordern. (Eine solche Argumentation verdreht jedoch die Tatsachen: Es sind genau diese Männer, die mit ihrem Geltungsdrang Kriege anzetteln und die den Rest der Welt mit ihrem Autoritarismus überziehen wollen.) Die Rufe nach mehr Wehrhaftigkeit illustrierten geradezu bilderbuchhaft, was der Sozialpsychologe Rolf Pohl beschreibt: »Durch die beabsichtigte Sanierung der als beschädigt erlebten und von ständiger Angst bedrohten eigenen Identität soll zugleich die männliche Hegemonialität und die aus den Fugen geratene Gender-Ordnung wiederhergestellt werden, denn Kriegsverhältnisse sind grundsätzlich immer auch mit der herrschenden Regelung der Geschlechterverhältnisse verbunden.«[14]

Männlichkeit und Kampf sind schon immer so eng miteinander verknüpft, dass Soldaten nahezu weltweit als Inkarnation von Männlichkeit gelten, das Militär als zentral für die Konstruktion männlicher Identität und der Wehrdienst als Weg, sich seiner eigenen Virilität zu versichern. Deshalb auch nennt sich ein Make-up-Label für Männer »War Paint« – Kriegsbemalung. Damit etwas so weiblich Konnotiertes wie dekorative Kosmetik nicht die fragile Männlichkeit bedroht, muss es maximal männlich und in diesem Fall also militärisch markiert werden. »Männlichkeit ist der Kern jeder Kultur, der Kern der Männlichkeit aber ist der Soldat, der Krieger, und daher gelten Krieg und Militär als jene Orte, wo ein Mann noch ein Mann sein kann und darf und wo er die Gelegenheit erhält, seine beschädigte Männlichkeit zu reparieren – ohne Frauen, außer in Gedanken, Phantasien und sexistischen Zoten, gegebenenfalls aber, wenn es Kriegstaktik und Libidoökonomie ›erfordern‹, offen gegen sie«,[15] kommentiert Pohl den Umstand, dass Kriege immer auch Vergewaltigungen nach sich ziehen. Erst der sexuelle Sieg über die Frauen vervollständigt den militärischen Sieg, daher gehören Vergewaltigungen als Anreiz, Lohn oder Strafe schon immer zum Arsenal des Militärs. Erst seit 2001 allerdings werden systematische Vergewaltigungen als Kriegsverbrechen geahndet. »Krieg«, so Pohl, ist eine Kommunikation zwischen Männern – das wird bei Massenvergewaltigungen gleichsam ›mit aller Gewalt‹ deutlich –, die immer wieder auf dem Körper der von ihnen de-humanisierten Frauen, im Kampf und in der Sexualität, ausgetragen wird.«[16]

bell hooks weist in diesem Zusammenhang auf die Bedeutung unterdrückter Wut in Jungen als eine Art »nationales Produkt« hin. »Diese Wut wird benötigt, wenn Jungen zu Männern werden sollen, die bereit sind, um die Welt zu reisen und Kriege zu führen, ohne jemals zu fordern, gar zu erwarten, dass andere Wege zur Konfliktlösung gefunden werden.«[17] Diese Wut kam in den ersten Kriegsmonaten zum Vorschein, als sich auf einmal so viele Freiwillige wie nie bei der Bundeswehr meldeten[18] oder sich gleich der ukrainischen Fremdenlegion anschlossen, um zu kämpfen.[19] Der US-amerikanische Soziologe Michael Kimmel ist davon überzeugt, dass es auch jungen Männern, die sich gewalttätigen extremistischen Bewegungen wie dem sogenannten Islamischen Staat oder Neonazi-Vereinigungen anschließen, weniger um politische Ideologien als um Männlichkeit geht.[20] Sie hätten schulische Probleme, ihren Arbeitsplatz verloren oder eine Scheidung hinter sich – Ereignisse, die in ihnen ein Gefühl der »Entmannung« ausgelöst hätten – und schrieben die Schuld dafür anderen zu, etwa Immigranten oder anderen Minderheiten. Der Anschluss an eine extremistische Organisation versorgt sie mit dem Gefühl, etwas Sinnvolles zu tun, und ihre Männlichkeit wiederhergestellt zu haben.

Dabei ist es entscheidend für das männliche Selbstverständnis, dass Frauen keinen (gleichwertigen) Zugang zu diesen Gemeinschaften haben. »Männerorte sind oft Orte, an denen sich Männer wechselseitig der Normalität und Angemessenheit der eigenen Weltsicht und Vormachtstellung vergewissern«,[21] so die Soziologin Franziska Schutzbach. Das gilt für das Militär genauso wie für Fußballplätze.

Die meisten Männer werden nie in ihrem Leben gewalttätig. Aber die meisten werden von klein auf darauf programmiert, zu glauben, dass sie es irgendwann werden müssen – um zu beweisen, dass sie sich wehren können. 40 Prozent der US-amerikanischen Jungen sind der Meinung, bei Wut sei es normal, sich gewalttätig zu verhalten, 44 Prozent glauben, sie müssten bereit sein, jemanden zu schlagen, der sie provoziere.[22] Ich kann nicht mehr nachvollziehen, wo ich mal las, dass Jungen sich möglicherweise aber auch deswegen prügeln, weil sie darin irgendwann die einzige ihnen verbleibende Möglichkeit sehen, unsexuelle körperliche Nähe zu anderen zu erleben. Aber Eltern von zwei oder mehr Söhnen, denen ich von der These erzählte, bestätigten sie intuitiv. Die Vorstellung, dass viele der Schlägereien auf Schulhöfen, in Nachtclubs und vor Fußballstadien eigentlich dem Drang entspringen, einander fest in den Arm zu nehmen, ist so rührend wie tragisch.

Ein Bekannter, mit dem ich über sein Verhältnis zu seinem Sohn sprach, erzählte mir, wie der in der ersten Klasse von einem anderen Kind gemobbt wurde. »Für mich als jemand, der gelernt hatte, dass Gewalt das Mittel der Konfliktlösung ist, war das schwer«, so der Vater. Der andere Junge akzeptiert nichts außer körperlicher Dominanz.« Als keine der deeskalierenden Strategien half, die der Vater seinem Sohn mit auf den Weg gegeben hatte, riet er ihm, dem anderen Jungen bei dessen nächstem Übergriff auf die Nase zu hauen, den Rest würde er, der Vater, mit den Eltern des anderen klären. »Eine Mutter«, so bell hooks, und das gilt genauso auch für einen Vater, »die womöglich niemals gewalttätig ist, aber ihren Kindern, vor allem ihren Söhnen, beibringt, dass Gewalt ein akzeptables Mittel zur Ausübung sozialer Kontrolle ist, verbündet sich mit der patriarchalen Gewalt«.[23] Das Kind jedoch hatte in diesem Fall seine eigene Strategie, sich gegen seine Zurichtung zum

Mann zu wehren, und man kann ihm dazu nur gratulieren: »Er hat sich totgelacht«, erzählt mein Bekannter. »Das war für ihn ganz klar ein Witz. Er würde niemals jemandem ins Gesicht schlagen. Da habe ich gemerkt, dass er mit meinen Mitteln nicht weiterkommt.« Des Mobbers nahm sich dann die Schulpsychologin an. Hinter aggressivem und gewalttätigem Verhalten steckt so gut wie immer Vernachlässigung, und an der ist niemals das Kind schuld.[24]

Das Themenfeld Gewalt steht in direktem Zusammenhang mit dem Beschneiden und Ignorieren von Gefühlen. Werden Kinder beschämt, etwa durch Eltern, die ihnen so ihren Schmerz, ihre Tränen und vermeintliche Schwäche austreiben wollen, bleibt diese erlittene Demütigung als seelischer Stachel erhalten und kann destruktiv wirken. »Auf individueller Ebene kann das zu Gewalt gegen Fremde oder die eigene Familie, den eigenen Partner führen«,[25] so die forensische Psychiaterin Nahlah Saimeh.

Es sei dieses schmerzhafte Abspalten der eigenen Emotionalität, die Männern erst erlaube, körperliche Gewalt auszuüben, sei es gegen Frauen und Kinder oder in kriegerischen Auseinandersetzungen. »Das geht nur, indem die innere Lebendigkeit, das Mitfühlen abgeschnitten worden sind«, so die Psychologin Irmgard Hülsemann.[26] Im Zweifel bleibt nur Wut übrig; sie allein führt zurück ins Reich der Gefühle und dient als Tarnung für Angst oder Versagen. Und Wut entlädt sich eben oft in Gewalt. Eine britische Studie kam zu dem Ergebnis, dass die Gefahr häuslicher Gewalt an Spieltagen der FIFA um 38 Prozent anstieg, wenn die englische Nationalmannschaft verlor.[27]

Das ändert nichts daran, dass männliche Jugendliche, egal wie sensibel und pazifistisch sie erzogen wurden, allein aufgrund ihres Genders Gefahr laufen, in Schlägereien verwickelt zu werden. Der Autor Nils Pickert beschreibt eine Situation, die ihm in seiner Jugend des Öfteren widerfahren ist: Er läuft eine Straße entlang, und ihm kommt eine Gruppe von mehreren etwa gleichaltrigen Jungs entgegen. Ihm ist klar, dass er möglichst unbeeindruckt weiterlaufen oder die anderen provokant ansprechen, einer körperlichen Auseinandersetzung aber kaum entgehen kann. Die anderen wollen sich mit ihm schlagen, und sie werden es tun. »Meine Anwesenheit als heranwachsender Mann ist Provokation genug. Sie provoziert dazu, mit der eigenen Männlichkeit vor ausgewähltem Publikum mein Mannsein zu dominieren und es dabei für lächerlich beziehungsweise inexistent zu befinden.«[28] Die Gewalt dient den anderen in diesem Szenario ihrer sozialen Positionierung. Schlagen zu müssen ist ein Imperativ, dem sich Jungen und Männer nicht unterwerfen sollten, aber, schließt Pickert: »Auf die Gefahr hin, mir damit nicht nur Freunde zu machen, gehe ich davon aus, dass Schlagen nicht immer vermeidbar ist und es Situationen gibt, in denen Gewalt eine Option ist.« Dem würde ich entgegensetzen, dass es oft eine Möglichkeit ist, sich der Situation zu entziehen – und sei es durch Weglaufen. Aber solange Gewaltfreiheit nicht zur Männlichkeitserziehung aller Kinder dazugehört, wird es Fälle geben, in denen Notwehr vonnöten ist. Bis dahin hilft es vielleicht nur, Heranwachsende zu erziehen, die – um wiederum bell hooks zu zitieren – »mit Zärtlichkeit, mit Durchsetzungsvermögen und mit Aggression handeln können, so Aggression nötig ist«.[29]

Die beste Gewaltprävention ist schlicht und einfach ein liebevolles Elternhaus. »Schlagende Eltern«, so der Kriminologe Christian Pfeiffer, »vermitteln ihren Kindern zwei klare Botschaften. Erstens: Strafe muss sein. Zweitens: der Stärkere darf und soll sich mit Gewalt durchsetzen.«[30] Dazu komme, dass, wer mit Schlägen aufwachse, ein buchstäblich angeschlagenes Selbstbewusstsein ausbilde. Von Misstrauen und Angst geprägt, fühlen sie sich durch »fremde« oder »anders« aussehende Menschen eher bedroht – ein Nährboden für Rassismus. So werden nicht nur autoritäre und gewalttätige Menschen herangezogen, sondern auch rassistische, homo- und transfeindliche.

Zumindest in Deutschland ist der Militärdienst derzeit nicht verpflichtend, Männer und Frauen sind also in der Lage, selbst zu entscheiden, ob sie ihn leisten wollen. Aber das kreiert eigene Probleme: »Solange das Militär als männliche Institution wahrgenommen wird, zieht es die an, die am ehesten Gefahr laufen, das Verhalten an den Tag zu legen, das wir allgemein als toxische Männlichkeit bezeichnen«, so der Autor Jack Urwin. Mehr noch gilt die Regel, dass die Mitglieder gesellschaftlicher Strukturen weniger dazu bereit sind, die Grenzen anderer zu respektieren, je weniger Empathie und vor allem Eigenempathie in dieser Struktur zulässig sind.

Bei Eintritt in die Armee geben die Soldat*innen ihren Körper und die Entscheidung über ihn ebenso wie ihre Grundrechte ab und stellen sie in den Dienst der Streitkräfte. Fälle von Demütigung und Folter wie die durch US-Militärs an Gefangenen des Irakkriegs, wie sie 2004 ans Licht kamen, verwundern daher genauso wenig wie die Tatsache, dass in kriegerischen Auseinandersetzungen Vergewaltigungen verlässlich als Waffe eingesetzt werden. Die Gewalt ist dem Militär – das ja darauf abzielt, Menschen zu formen, die bei Bedarf nicht nur auf Befehl töten, sondern auch ihren eigenen Tod in Kauf nehmen – auch außerhalb von Kriegshandlungen immer schon eingeschrieben.

Ich stelle mir manchmal vor, welche gesellschaftliche Kraft es hätte, würden besonders Kinder, die als Jungen sozialisiert werden, mit einem Verständnis dafür aufwachsen, dass das rechtmäßige Ziel von Gewalt und Feindseligkeit nicht Frauen und queere Menschen sind, sondern diejenigen, die die Strukturen aufrechterhalten und die sie dazu bringen, Frauen und Queers zu fürchten und hassen. Mit anderen Worten: Wenn alle Kinder zu Feminist*innen erzogen würden. Zu Menschen, die Gewalt nicht mit Liebe verwechseln.

FREIHEIT

Die Utopie (…) verlangt nicht nur die Veränderung der gegenwärtigen Welt im Sinne der heute Lebenden, sondern zugleich die Veränderung der heute Lebenden im Sinne der zukünftigen Welt.

Bini Adamczak, »Beziehungsweise Revolution«

Am Ende ihres Buches über den weltweit herrschenden Frauenhass, das sie mit der Analyse beschließt, wie in Kinderbüchern wesentliche misogyne Dynamiken verbreitet werden, schreibt die Philosophin Kate Manne: »Ich wünschte, ich könnte eine hoffnungsvollere Botschaft vermitteln«.[1]

Ich verstehe sie. Selbst wenn man anerkennt, dass es in Sachen Gendergerechtigkeit in den vergangenen Jahren und Jahrzehnten Fortschritte gab, geht es im Großen und Ganzen nur in schmerzhaft behäbigem Tempo voran – so langsam, dass es manchmal unmöglich ist zu sagen, ob wir uns nicht viel eher rückwärts bewegen. Die Zahl der Länder nimmt zu, an deren Spitze sich autoritäre Führer*innen auf »natürlich« gesetzte Ordnungen wie die der Geschlechter berufen. Auch ein im Jahr 2022 geborener Junge hat eine um 4,84 Jahre kürzere Lebenserwartung als ein gleichaltriges Mädchen. All die Gender-Lücken in Bereichen wie Care-Arbeit, Verdienst und Rente halten sich hartnäckig.

Und dann sind da Momente wie dieser: ein tätowiertes »Boys Do Cry« auf dem Oberarm eines Anfang 20-Jährigen. Ein Mann im Zug, der bell hooks' »Der Wille zur Veränderung« liest. Die Nachrichten berichten davon, dass in Thüringen derzeit drei Mal mehr Männer in der Kinderbetreuung arbeiten als noch vor zehn Jahren[2] oder in Südafrika Männer, angeführt vom König der Zulu, auf die Straße gehen, um gegen Gewalt gegen Frauen zu demonstrieren.[3] Die aktuelle Bundesregierung hat angekündigt, sowohl Geld in die Erforschung der bislang wenig beachteten gynäkologischen Krankheit Endometriose zu investieren als auch Gewalt gegen Frauen härter zu bestrafen. In einem Dutzend europäischer Länder gilt mittlerweile ein Sexualstrafrecht, das auf klarem Konsens beruht: Beim Sex heißt nur Ja auch wirklich Ja.

Wie ich versucht habe zu zeigen, ist selbst das Leben der privilegiertesten Menschen auf der Welt – mehrheitlich *weiße* Bewohner*innen der bundesdeutschen Mittelschichtsgegenwart – von genderbasierter Ungleichheit bestimmt. Womit noch nichts über die Situation von Menschen in vielen anderen Regionen gesagt ist und nichts über diejenigen, die aufgrund ihrer sexuellen und geschlechtlichen Identität, ihrer Herkunft, aufgrund von Rassifizierung, Religion, Klasse, Armut oder Behindertwerden von mehreren Formen der Unterdrückung betroffen sind. Wem es um mehr Gerechtigkeit zwischen denen geht, die wir als Mädchen und Jungen, Frauen und Männer verstehen, wer der Meinung ist, es gäbe keine richtige oder falsche Art und Weise, weiblich, männlich oder nicht-binär zu sein, kann andere herrschende Hierarchien nicht ausblenden; sie sind allesamt miteinander verbunden. Der Bürgerrechtlerin Fannie Lou

Hamer wird die Losung zugeschrieben, dass niemand frei ist, solange nicht alle frei sind.

Die Politikwissenschaftlerin Erica Chenoweth hat 323 gewaltlose Erhebungen und Proteste zwischen 1900 und 2006 untersucht. Dabei stellte sie fest, dass alle Bewegungen, die mindestens dreieinhalb Prozent der Gesamtbevölkerung mobilisieren konnten, einen Regimewechsel bewirkten.[4]

Feministische Erziehung ist für mich so ein Protest – gegen ein Regime, das Menschen seit Hunderten von Jahren einzwängt, kleinhält und beschneidet. Wenn also nur dreieinhalb Prozent der Kinder, die heute geboren werden* im Laufe ihres Heranwachsens alle Möglichkeiten bekämen, herauszufinden, wer, was und wie sie als Mädchen und Junge, Mann oder Frau, irgendwer dazwischen oder nichts von alldem sein wollen, wenn sie alle hart und zart, laut und lustig, stark und schwach, krawallig und sensibel, fürsorglich und hilfsbedürftig sein könnten und außerhalb von Rollenkorsetts zu den vielschichtigen, widersprüchlichen, komplizierten, echten Menschen werden dürften, die sie sein wollen – und wenn vor allem die, die sich als Jungen verstehen, lernten, ihre Privilegien so zu nutzen, dass alle etwas davon haben – dann wäre diese für alle befreiende Revolution nicht nur möglich, sondern unvermeidlich.

---

* Im Jahr 2021 kamen in Deutschland 795.492 Kinder auf die Welt. Dreieinhalb Prozent davon sind 27.842 Kinder – etwa so viele, wie das brandenburgische Teltow oder das nordhessische Baunatal Einwohner haben – also eine recht überschaubare Gruppe.

ANMERKUNGEN

Vorwort

1 Zur Unterscheidung zwischen Sexismus und Misogynie schreibt die Philosophin Kate Manne, Sexismus tendiere dazu, zwischen Männern und Frauen zu unterscheiden, indem er zuweilen entgegen den derzeit geltenden wissenschaftlichen Belegen auf Geschlechtsunterschieden beharre, während Misogynie zwischen guten und *schlechten* Frauen unterscheide. Sexismus trage einen Laborkittel, während Misogynie auf Hexenjagd gehe (vgl.: Down Girl. Die Logik der Misogynie. Berlin 2019, S. 145f).

2 Decker, Oliver et al.: Autoritäre Dynamiken in unsicheren Zeiten. Neue Herausforderungen – alte Reaktionen? Leipziger Autoritarismus Studie 2022. Gießen 2022, S. 253, https://www.boell.de/sites/default/files/2022-11/decker-kiess-heller-braehler-2022-leipziger-autoritarismus-studie-autoritaere-dynamiken-in-unsicheren-zeiten_0.pdf, abgerufen am 22.11.2022.

3 Klaar, Helene im Interview mit Gabriela Herpell: »Im Gesetz steht von Liebe kein Wort«, SZ-Magazin 6/2016, 15. Februar 2016, https://sz-magazin.sueddeutsche.de/liebe-und-partnerschaft/im-gesetz-steht-von-liebe-kein-wort-82190, abgerufen am 05.12.2022.

4 Vgl.: Sanyal, Mithu M.: Vergewaltigung. Aspekte eines Verbrechens. Hamburg 2016, S. 123.

5 Vgl.: Renz-Polster, Herbert: Erziehung prägt Gesinnung. Wie der weltweite Rechtsruck entstehen konnte – und wie wir ihn aufhalten können. München 2019.

Geschlecht

1 Canon, Gabrielle: California couple whose gender-reveal party sparked a wildfire charged with 30 crimes, in: Guardian, 21.07.2021, https://www.theguardian.com/us-news/2021/jul/21/couple-gender-reveal-party-wildfire-charged, abgerufen am 30.08.2022.

2 Ebd.

3 Hutchinson, Bill: Grandmother killed by inadvertently made ›pipe bomb‹ at gender-reveal party: Sheriff, in: ABC News, https://abcnews.go.com/US/gender-reveal-party-turns-tragic-iowa-woman-killed/story?id=66567086, abgerufen am 16.11.2022.

4 Newport, Frank: Slight Preference for Having Boy Children Persists in U.S., Gallup, 05.07.2018, https://news.gallup.com/poll/236513/slight-preference-having-boy-children-persists.aspx, abgerufen am 30.10.2022.

5 Brosig, Burkhard et al.: Geschlechtspräferenz für das ungeborene Kind: Ergebnisse aus einer Repräsentativerhebung in Deutschland, in: Gender, kulturelle Identität und Psychotherapie, hrsg. von Mechthild Neises und Gerhard Schmid-Ott, Lengerich 2007, S. 84-96.

6 UNFPA (Hrsg): State of World Population 2020, S. 59, unter: https://www.unfpa.org/sites/default/files/pub-pdf/UNFPA_PUB_2020_EN_State_of_World_Population.pdf, abgerufen am 30.10.2022.

7 Siever, Ravna Marin: Was wird es denn? Ein Kind! Wie geschlechtsoffene Erziehung gelingt. Weinheim 2022, S. 73.

8 Vaid-Menon, Alok: Beyond the Gender Binary. New York 2020, S. 29 (eig. Übersetzung).

9 Vgl.: Seibt, Beate und Förster, Jens: Stereotype threat and performance. How self-stereotypes influence processing by inducing regulatory foci. Journal for Personality and Social Psychology, Psychol. Band 87(1), Juli 2004, S. 38-56. https://pubmed.ncbi.nlm.nih.gov/15250791/, abgerufen am 05.12.2022.

10 Earp, Brian D. et al.: Gender Bias in Pediatric Pain Assessment. Journal of Pediatric Psychology. 1.05.2019, 1;44(4), S. 403-414, https://pubmed.ncbi.nlm.nih.gov/30615163/, abgerufen am 3.11.2022.

11 Condry, John und Condry, Sandra: Sex Differences, A Study of the Eye of the Beholder, in: Child Development, Vol. 47, No. 3 (Sep.

1976), S. 812-819, https://www.jstor.org/stable/1128199, abgerufen am 03.11.2022.

12 Spears Brown, Christia: Parenting beyond pink & blue. How to raise your kids free from gender stereotypes. New York 2014, S. 31 (eig. Übersetzung).

13 Kruse, Berit et al.: Hotpants für Mädchen, Shorts für Jungs, Süddeutsche Zeitung, 22.07.2022, unter: https://www.sueddeutsche.de/projekte/artikel/gesellschaft/gegenderte-kindermode-rosa-hotpants-blaue-shorts-e701993/?reduced=true, abgerufen am 20.10.2022.

14 Schüler werden achtmal häufiger aufgerufen als Schülerinnen, die aber häufiger korrigiert – das heißt, auf ihre Fehler hingewiesen – werden. Vgl: Sadker, David et al.: Still failing at fairness: how gender bias cheats girls and boys in school and what we can do about it. Gender and Education, Ausgabe 22, 2009, S. 105). Daraus resultiert eine verzerrte Selbstsicht: Mädchen neigen dazu, ihre Leistungen zu unter-, Jungen dazu, sie zu überschätzen. Bei Misserfolgen suchen Mädchen die Fehler häufig bei sich selbst, während Jungen sie bei anderen ausmachen. Vgl: Helbig, Marcel: Die Krise der Jungen ist ein Mythos. Tagesspiegel, 04.04.2013, https://www.tagesspiegel.de/wissen/die-krise-der-jungen-ist-ein-mythos-4610266.html, abgerufen am 11.11.2022.

15 73 Prozent der Abhängigen, mehr als 90 Prozent der rechten Gewalttäter und fast 94 Prozent der Häftlinge in Deutschland sind Männer, vgl.: Heesen, Boris von: Was Männer kosten. Der hohe Preis des Patriarchats. München 2022.

16 Thyen, Ute et al.: Epidemiology and Initial Management of Ambiguous Genitalia at Birth in Germany, in: Hormone Research 66, H. 4, 2006, S. 195–203.

17 Vgl.: https://de.wikipedia.org/wiki/Zwitterparagraf

18 Money, John, und Ehrhardt, Anke: Männlich – Weiblich. Die Entstehung der Geschlechtsunterschiede. Hamburg 1975, S. 171.

19 Rydlink, Katherine im Interview mit Kurt Seikowski: »Die Kinder sollen sich selbst für ein Geschlecht entscheiden können«, Der Spiegel, 26.03.2021, https://www.spiegel.de/gesundheit/diagnose/op-verbot-fuer-intergeschlechtliche-kinder-die-kinder-sollen-sich-selbst-fuer-ein-geschlecht-entscheiden-koennen-a-6dab8f85-9630-44f4-b043-925e2f9dfdf5, abgerufen am 16.11.2022.

20 Miller, Susan: Model Hanne Gaby Odiele reveals she is intersex, USA Today, 23.01.2017, https://eu.usatoday.com/story/news/nation/2017/01/23/model-hanne-gaby-odiele-reveals-she-intersex/96622908/, abgerufen am 16.11.2022.

21 Schweizer, Katinka und Rosen, Ursula: Wie wir über diverse Körper, Identitäten und Varianten der Geschlechtsentwicklung sprechen können – Intergeschlechtlichkeit in Familie und Gesellschaft, in: Pro Familia Medizin, Ausgabe Nr. 3/2019, S. 12, https://www.profamilia.de/fileadmin/dateien/fachpersonal/familienplanungsrundbrief/pro_familia_medizin_3-2019.pdf, abgerufen am 10.10.2022.

22 Die Deutsche Gesellschaft für Transidentität und Intersexualität (dgti) geht, angelehnt an für die USA vorliegende Schätzungen, von einem Anteil von trans* Menschen an der Gesamtbevölkerung von 0,6 Prozent aus, vgl.: https://dgti.org/2021/08/12/zahlenspiele/

23 Hümpel, Rieke et al.: Wie ARD und ZDF unsere Kinder indoktrinieren https://www.welt.de/debatte/kommentare/plus239113451/Oeffentlich-rechtlicher-Rundfunk-Wie-ARD-und-ZDF-unsere-Kinder-indoktrinieren.html, abgerufen am 03.09.2022.

24 Toomey, Russell B. et al.: Transgender Adolescent Suicide Behavior, in: Pediatrics. Band 142, Ausgabe 4, Oktober 2018, https://publications.aap.org/pediatrics/article/142/4/e20174218/76767/Transgender-Adolescent-Suicide-Behavior, abgerufen 03.09.2022.

25 Bundesministerium für Familie, Senioren, Frauen und Jugend: Queer-Beauftragter Lehmann setzt sich für Offensive gegen Queer-Feindlichkeit ein, https://www.bmfsfj.de/bmfsfj/aktuelles/presse/pressemitteilungen/queer-beauftragter-lehmann-setzt-sich-fuer-offensive-gegen-queer-feindlichkeit-ein-197580, abgerufen am 03.09.2022.

26 Butler, Judith: Die Macht der Geschlechternormen und die Grenzen des Menschlichen. Frankfurt am Main 2011, S. 61 f.

27 o. A.: Polizei stellt nach Attacke auf trans Frau mehrere Tatverdächtige, Die Zeit, 13.09.2022, https://www.zeit.de/gesellschaft/zeitgeschehen/2022-09/bremen-trans-frau-angriff-polizei-verdaechtige, abgerufen am 16.11.2022.

28 Faye, S. 28 (Kursivierungen im Original).

29 Russell, Stephen T. et al.: Chosen Name Use Is Linked to Reduced Depressive Symptoms, Suicidal Ideation, and Suicidal Behavior Among Transgender Youth, in: Adolescent health brief, Band 63,

Ausgabe 4, S. 503-505, 01.10.2018, https://www.jahonline.org/article/S1054-139X(18)30085-5/fulltext, abgerufen am 11.11.2022.

30 Siever, S. 234.

31 Siever, S. 254.

32 Gould, Lois: The Story of X, https://waylandbrown.files.wordpress.com/2011/03/x-story.pdf, abgerufen am 05.12.2022.

33 Rechenbach, Louisa: They, https://aeon.co/videos/the-joys-and-complications-of-raising-a-baby-without-gender-in-a-binary-world, abgerufen am 16.11.2022.

34 Streitbörger, Wolfgang: Lernen, mit Mehrdeutigkeit zu leben, Deutschlandfunk Kultur, 30.12.2019, https://www.deutschlandfunkkultur.de/ambiguitaetstoleranz-lernen-mit-mehrdeutigkeit-zu-leben-100.html, abgerufen am 16.11.2022.

35 Cheema, Saba-Nur und Mendel, Meron: Der Koran kennt viele Geschlechter, in: FAZ, 02.07.2022, https://www.faz.net/aktuell/feuilleton/debatten/transgender-im-islam-und-im-judentum-18143767.html?, abgerufen am 16.11.2022.

36 Faye, Shon: Die Transgenderfrage. Ein Aufruf zu mehr Gerechtigkeit. Berlin 2022. S. 16.

37 Oyewumi, Oyeronke: The Invention of Women. Making an African Sense of Western Gender Discourses. Minneapolis 1997.

38 Vgl.: Laqueur, Thomas: Auf den Leib geschrieben. Die Inszenierung der Geschlechter von der Antike bis Freud. Frankfurt 1992.

39 Vgl.: Criado Perez, Caroline: Unsichtbare Frauen: Wie eine von Daten beherrschte Welt die Hälfte der Bevölkerung ignoriert. Berlin 2020 und Endler, Rebecca: Das Patriarchat der Dinge. Warum die Welt Frauen nicht passt. Köln 2021.

40 Jerger, Ilona: Mythos Testosteron, in: Psychologie heute, 07.04.2021, https://www.psychologie-heute.de/gesellschaft/artikel-detailansicht/41101-mythos-testosteron.html, abgerufen am 16.11.2022.

41 Hornscheidt, Lann und Oppenländer, Lio: Exit Gender. Gender loslassen und strukturelle Gewalt benennen: eigene Wahrnehmung und soziale Realität verändern. Berlin 2019. S. 197 ff.

42 Vaid-Menon, S. 23 (eig. Übersetzung).

Gefühle

1 Koch-Priewe, Barbara et al.: Jungen – Sorgenkinder oder Sieger? Ergebnisse einer quantitativen Studie und ihre pädagogischen Implikationen. Wiesbaden 2009, S. 76.

2 Deutsche Ophtalmologische Gesellschaft: Frauen und Männer weinen anders, https://www.dog.org/wp-content/uploads/2009/11/PM-Weinen.pdf, abgerufen am 18.10.2022.

3 hooks, bell: Der Wille zur Veränderung. Männer, Männlichkeit und Liebe. München 2022, S. 56.

4 Orenstein, Peggy: Boys & Sex. Young Men on Hooks-ups, Love, Porn, Consent and Navigating the New Masculinity. New York 2020, S. 14 f. (eig. Übersetzung).

5 Adichie, Chimamanda Ngozi: Mehr Feminismus! Ein Manifest und vier Stories. Frankfurt am Main 2016, S. 20.

6 Vgl.: https://lexikon.stangl.eu/1495/alexithymie

7 Chu, Judy Y.: When Boys become Boys. Development, Relationships, and Masculinity. New York 2014, S. 200 (eig. Übersetzung).

8 Hanske, Paul-Philipp: Heul doch, Mann!, SZ-Magazin, 17.10.2019, https://sz-magazin.sueddeutsche.de/leben-und-gesellschaft/wieso-weinen-maenner-nicht-87895?, abgerufen am 16.11.2022.

9 von Heesen, Boris: Was Männer kosten. Der hohe Preis des Patriarchats. München 2022.

10 Statistisches Bundesamt: Lebenserwartung in Deutschland nahezu unverändert, 09.07.2021, https://www.destatis.de/DE/Presse/Pressemitteilungen/2021/07/PD21_331_12621.html, abgerufen am 18.10.2022.

11 o. A.: Dänemarks Eriksen nach Zusammenbruch bei Bewusstsein, Spiegel Online, 12.06.2021, https://www.spiegel.de/sport/fussball/fussball-em-2021-christian-eriksen-zusammengebrochen-spiel-zwischen-daenemark-und-finnland-unterbrochen-a-d2e4b3e3-0f6a-49d4-9694-237673b54277, abgerufen am 28.11.2022.

12 o. A.: Tränen bei Salah und Carvajal: ZDF-Experte Oliver Kahn spottet über weinende Spieler, Focus Online, 27.05.2018, https://www.focus.de/sport/fussball/champions-league-traenen-bei-salah-und-carvajal-zdf-experte-oliver-kahn-spottet-ueber-weinende-spieler_id_8990169.html, abgerufen am 28.11.2022.

13 Bola, JJ: Sei kein Mann. Warum Männlichkeit ein Albtraum für Jungen ist. München 2020, S. 55.
14 Reby, D., Levréro et al.: Sex stereotypes influence adults' perception of babies' cries. BMC Psychol 4, 19 (2016), https://doi.org/10.1186/s40359-016-0123-6, abgerufen am 18.10.2022.
15 Kaiser, Astrid: Junge, Junge – Anders denken bei der Jungenerziehung, in: Staatsinstitut für Frühpädagogik und Medienkompetenz, Familienhandbuch, https://www.familienhandbuch.de/babys-kinder/bildungsbereiche/entwicklung/JungeJungeandersdenken.php, abgerufen am 17.10.2022.
16 Schutzbach, Franziska: Die Erschöpfung der Frauen. Wider die weibliche Verfügbarkeit. München 2021, S. 212.
17 Gilligan, Carol und Snider, Naomi: Why Does Patriarchy Persist? Cambridge 2018, S. 75 (eig. Übersetzung).
18 Condry, https://doi.org/10.2307/1128199, abgerufen am 18.10.2022.
19 Hoeder, Ciani-Sophia: Wut und Böse. München 2021, S. 51 f.
20 Kinkaid, Jamaica: Girl, in New Yorker, 19.06.1978, https://www.newyorker.com/magazine/1978/06/26/girl, abgerufen am 18.10.2022.
21 Berufsverband der Kinder- und Jugendärzte: Dauer und Intensität des Stimmungstiefs geben Hinweise, 08.10.2008, https://www.kinderaerzte-im-netz.de/news-archiv/meldung/article/jugendliche-depression-dauer-und-intensitaet-des-stimmungstiefs-geben-hinweise/, abgerufen am 18.10.2022.
22 Lorde, Audre: The Uses of Anger, Women's Studies Quarterly 9:3 (Herbst 1981), https://academicworks.cuny.edu/cgi/viewcontent.cgi?article=1654&context=wsq, abgerufen am 16.11.2022.
23 Hoeder, S. 137.
24 Freiwald, Bent: Warum Gianni, 17, für seine Mutter kämpft, Krautreporter, 03.05.2022, https://krautreporter.de/4378-warum-gianni-17-fur-seine-mutter-kampft?, abgerufen am 20.10.2022.
25 Given, Florence: Frauen schulden dir gar nichts. Köln 2022, S. 26.
26 Orth-Gomér, K. et al.: Lack of social support and incidence of coronary heart disease in middle-aged Swedish men, in: Psychosomatic Medicine, January 1993, Volume 55, Ausgabe 1, S. 37-43, https://journals.lww.com/psychosomaticmedicine/Abstract/1993/01000/Lack_of_social_support_and_incidence_of_coronary.7.aspx, abgerufen am 24.10.2022.

27 Way, Niobe: Deep Secrets. Boys' Friendships and the Crisis of Connection, Cambridge 2011. S. 264 (eig. Übersetzung).
28 Vgl.: https://www.dcfp.org.uk/child-abuse/radicalisation-and-extremism/
29 Vgl.: Urwin, Jack: Boys Don't Cry. Identität, Gefühl und Männlichkeit. Hamburg 2017, S. 8.

Arbeit

1 Katz, Phyllis A.: Raising Feminists, in: Psychology of Women Quarterly, Band 20, Ausgabe 3, September 1996, S. 323-340, https://journals.sagepub.com/doi/10.1111/j.1471-6402.1996.tb00303.x, abgerufen am 03.11.2022.
2 Moorstedt, Tobias: Wir guten schlechten Väter. Warum Männer sich erfolgreich gegen Familienarbeit wehren – und warum wir das dringend ändern müssen. Köln 2022, S. 92.
3 Oxfam: Not all gaps are created equal. The true value of care work, 14.01.2020, https://www.oxfam.org/en/not-all-gaps-are-created-equal-true-value-care-work, abgerufen am 16.11.2022.
4 Vgl.: Donath, Orna: Regretting Motherhood. Wenn Mütter bereuen. München 2016.
5 Wagner, Christian: Wenn Frauen bereuen, Mutter geworden zu sein. Deutschlandfunk Kultur, 16.04.2015, https://www.deutschlandfunkkultur.de/regrettingmotherhood-wenn-frauen-bereuen-mutter-geworden-zu-100.html, abgerufen am 03.11.2022.
6 Schulte-Markwort, Michael im Interview mit WDR 5: Neugier genügt: Warum junge Mädchen resignieren, 10.10.2022, https://www1.wdr.de/mediathek/audio/wdr5/wdr5-neugier-genuegt-freiflaeche/audio-warum-junge-maedchen-resignieren-100.html, abgerufen am 21.11.2022.
7 Vgl.: Rich, Adrienne: Of Women Born. Motherhood as Experience and Institution. New York 1995.
8 Süfke, Björn: Männer. Erfindet. Euch. Neu. Was es heute heißt, ein Mann zu sein. München 2016, S. 122.
9 o. A.: »Der Erzieher« in: Freund, Ausgabe 1/2021, S. 27.

10 Abé, Nikola: Schwänzchen und Döschen, in: Der Spiegel, 32/2011, S. 46, https://magazin.spiegel.de/EpubDelivery/spiegel/pdf/79805357, abgerufen am 08.11.2022.

11 Smith, Saphora: Iceland's answer to gender equality: Compensate for differences between boys, girls, NBC News, 04.10.2018, https://www.nbcnews.com/news/world/iceland-s-answer-gender-equality-compensate-differences-between-boys-girls-n912606, abgerufen am 19.11.2021.

12 Silverstein, Olga und Rashbaum, Beth: The Courage to Raise Good Men. You Don't have to sever the bond with your son to help them become a man. New York 1994, S. 125 f.

13 Silverstein legt sogar nahe, dass ein Großteil des als typisch pubertär geltenden abweisenden Verhaltens junger Männer auf die initiale Zurückweisung von Seiten der Mutter zurückgeht. Sie ist es, die sich aus der bis dahin engen Beziehung zu ihrem Sohn zurückzieht, worauf er nicht anders als verletzt und mit Rückzug reagieren kann, vgl. Silverstein, S. 142.

14 Silverstein, S. 126.

15 https://twitter.com/JTLonsdale/status/1453399478254379008

16 Moorstedt, S. 55.

17 Ebd. S. 190.

18 Statista: Vollzeit- und Teilzeitquote von erwerbstätigen Männern und Frauen mit minderjährigen Kindern im Haushalt im Jahr 2019, 24.01.2022, https://de.statista.com/statistik/daten/studie/38796/umfrage/teilzeitquote-von-maennern-und-frauen-mit-kindern/, abgerufen am 18.10.2022.

19 Nobel, Carmen: Children Benefit from Having a Working Mom, Harvard Business School, 15.05.2015, https://www.hbs.edu/news/articles/Pages/mcginn-working-mom.aspx, abgerufen am 14.10.2022.

20 BMFSFJ: Väterreport. Vater sein in Deutschland heute 2021, https://www.bmfsfj.de/resource/blob/186176/81ff4612aee448c-7529f775e60a66023/vaeterreport-update-2021-data.pdf, S. 14.

21 Lindner, Christian im Interview mit Mark Schieritz: »Unsterblichkeit bedeutet: Man muss im Leben keine Prioritäten mehr setzen«, Die Zeit, 22.10.2022, https://www.zeit.de/2022/43/christian-lindner-bundesfinanzminister-fdp, abgerufen am 31.10.2022.

22 Vgl.: Koch, R. M.: Wenn Frauen mehr als ihre Männer verdienen,

in: Keuschnigg, C., Kogler, M. (Hrsg.): Die Wirtschaft im Wandel. Springer Gabler, Wiesbaden 2021. https://link.springer.com/chapter/10.1007/978-3-658-31735-5_26, abgerufen am 05.12.2022.

23 Väterreport, S. 30.

24 Ebd. S. 32.

25 Garrelts, Nantke: Ungleiche Verteilung von Care-Arbeit: Weg vom 24/7 Bereitschaftsdienst für Frauen – so kann es gelingen, Tagesspiegel, 12.02.2022, https://plus.tagesspiegel.de/gesellschaft/familie/ungerechte-verteilung-von-sorgearbeit-frauen-haben-247-bereitschaftsdienst-389317.html, abgerufen am 16.11.2022.

26 Bundesministerium für Familie, Senioren, Frauen und Jugend: Zweiter Gleichstellungsbericht der Bundesregierung 2019, S. 11, https://www.bmfsfj.de/resource/blob/122398/87c1b52c4e84d5e2e5c3bdfd6c16291a/zweiter-gleichstellungsbericht-der-bundesregierung-eine-zusammenfassung-data.pdf, abgerufen am 2.11.2022.

27 Statistisches Bundesamt: Gender Pay Gap 2021, https://www.destatis.de/DE/Presse/Pressemitteilungen/2022/03/PD22_088_621.html, abgerufen am 02.11.2022.

28 OECD: Gleichstellung der Geschlechter. Zeit zu handeln, https://www.oecd.org/gender/ClosingTheGenderGap-Germany.pdf, abgerufen am 02.11.2022.

29 Bundesministerium für Familie, Senioren, Frauen und Jugend: Väterreport, 2018, S. 6, https://www.bmfsfj.de/resource/blob/127268/2098ed4343ad836b2f0534146ce59028/vaeterreport-2018-data.pdf, abgerufen am 16.11.2022.

30 Blakemore, Owen et al.: The influence of gender and parental attitudes on preschool children's interest in babies: Observations in natural settings, in: Sex Roles: A Journal of Research, 38 (1-2) 1998, 73–94. https://psycnet.apa.org/record/1998-01194-004, abgerufen am 16.11.2022.

31 Lux, Ulrike und Walper, Sabine: A systemic perspective on children's emotional insecurity in relation to father: links to parenting, interparental conflict and children's social well-being, in: Attachment and Human Development. Jahrgang 21, 2009, S. 1-18.

32 Daniel L. Carlson et al.: The Gendered Division of Housework and Couples' Sexual Relationships. A Reexamination, in: Journal of

Marriage and Family, 25.05.2016, https://onlinelibrary.wiley.com/doi/10.1111/jomf.12313, abgerufen am 17.10.2022.

33 Park, Bernadette und Banchefsky, Sarah: Leveraging the Social Role of Dad to Change Gender Stereotypes of Men, in: Personality and Social Psychology Bulletin, Band 44, Ausgabe 3, 26.04.2018, https://journals.sagepub.com/doi/10.1177/0146167218768794, abgerufen am 03.11.2022.

34 Vgl.: https://www.instagram.com/p/Ci9ydoqsi79/

35 Körner, Torsten: In der Männer-Republik. Wie Frauen die Politik eroberten. Köln 2021, S. 113.

36 Hoch, Jenny: Wenn 150-Prozent-Mamis die Väter verdrängen, Süddeutsche Zeitung, 14.10.2016, https://www.sueddeutsche.de/leben/familie-und-partnerschaft-maternal-gatekeeping-ich-mach-das-schon-1.3202540, abgerufen am 16.11.2022.

37 Petersen, Helen: What to Actually Do About an Unequal Partnership, https://annehelen.substack.com/p/what-to-actually-do-about-an-unequal, abgerufen am 23.09.2022.

38 Schutzbach, Franziska: Die Erschöpfung der Frauen, S. 176öb.

39 Petersen, abgerufen am 23.09.2022.

40 Kaiser, Astrid: »Junge, Junge« – Anders denken bei der Jungenerziehung, https://www.familienhandbuch.de/babys-kinder/bildungsbereiche/entwicklung/JungeJungeandersdenken.php, abgerufen am 16.11.2022.

41 Jha, Somora: How to Raise a Feminist Son. Motherhood, Masculinity, and the Making of my Family. Seattle 2021, S. 9 (eig. Übersetzung).

42 Petersen: What to Actually Do About an Unequal Partnership, https://annehelen.substack.com/p/what-to-actually-do-about-an-unequal.

43 Ebd.

44 Langlois, J. H. und Downs, A. C.: Mothers, fathers, and peers as socialization agents of sex-typed play behaviors in young children, in: Child Development, 51(4) 1980, S. 1237–1247, https://doi.org/10.2307/1129566, abgerufen am 16.11.2022.

45 Barker, Gary et al.: The Man Box: A Study on Being a Young Man in the US, UK, and Mexico, 2017, https://www.equimundo.org/wp-content/uploads/2017/03/TheManBox-Full-EN-Final-29.03.2017-POST-PRINT.v3-web.pdf, abgerufen am 16.10.2022.

46 Eliot, Lise: Pink Brain, Blue Brain. How Small Differences Grow into

Troublesome Gaps – and What We Can Do About It. New York 2010, S. 121.

47 Schnerring, Almut und Verlan, Sascha: Die Rosa-Hellblau-Falle. Für eine Kindheit ohne Rollenklischees. München 2014, S. 52.

48 Hoover, Carole K.: T wie Testosteron. Alles über das Hormon, das uns beherrscht, trennt und verbindet. Berlin 2022, S. 144.

49 Spears Brown, S. 105.

50 Speck, Sarah und Maiwald, Kai-Olaf: Paradoxien der Gleichheit, in: Handbuch Feministische Perspektiven auf Elternschaft. Hrsg. von Lisa Yashodhara Haller und Alicia Schlender. Opladen 2022, S. 123.

51 Speck, Sarah: Die Rückkehr der Prinzen und Prinzessinnen, FAZ, 18. 10. 2018, https://www.faz.net/aktuell/gesellschaft/menschen/die-rueckkehr-der-prinzen-und-prinzessinnen-15843012.html, abgerufen am 03. 11. 2022.

52 Schnerring und Verlan, S. 45.

53 Spears Brown, S. 12 (eig. Übersetzung).

54 Helbig: Die Krise der Jungen ist ein Mythos.

55 Chang, A. et al.: Gender Biases in Early Number Exposure to Preschool-Aged Children, in: Journal of Language and Social Psychology, 30(4) 2011, S. 440–450. https://doi.org/10.1177/0261927X11416207, abgerufen am 16.11.2022.

56 Bhanot, R. und Jovanovic, J.: Do Parents' Academic Gender Stereotypes Influence Whether They Intrude on their Children's Homework?, in: Sex Roles 52, 2005, S. 597–607, https://doi.org/10.1007/s11199-005-3728-4, abgerufen am 16. 11. 2022.

57 Kahloon, Idrees: What's the matter with Men? The New Yorker, 30. 01. 2023, https://www.newyorker.com/magazine/2023/01/30/whats-the-matter-with-men?, abgerufen am 30. 01. 2023.

58 Bigler, R. S.: The role of classification skill in moderating environmental influences on children's gender stereotyping: A study of the functional use of gender in the classroom, in: Child Development, 66(4), 1995, S. 1072–1087, https://doi.org/10.2307/1131799, abgerufen am 16.11.2022.

59 Spears Brown, S. 121.

Körper

1 Obwohl die in der asiatischen Medizin eine lange Tradition haben, sind sie nicht nur absolut überflüssig, sondern können auch wirklich gefährlich sein, vgl.: https://www.papermag.com/vagina-steaming-dont-2639725042.html?rebelltitem=12#rebelltitem12
2 Ngozi Adichi, S. 25.
3 Cencin, Alessandra: »Les différentes versions de la ›découverte‹ du clitoris par Helen O'Connell (1998–2005)«, in: Genre, sexualité & société. Hors-série n°3, 2018, http://journals.openedition.org/gss/4403, abgerufen am 16.10.2022.
4 Gross, Rachel E.: Half the World Has a Clitoris. Why Don't Doctors Study It?, New York Times, 17.10.2022, https://www.nytimes.com/2022/10/17/health/clitoris-sex-doctors-surgery.html?, abgerufen am 18.10.2022.
5 Schick, Vanessa R. et al.: Genital Appearance Dissatisfaction: Implications for Women's Genital Image Self-Consciousness, Sexual Esteem, Sexual Satisfaction, and Sexual Risk, in: Psychology of women quarterly Ausgabe 34/3 2010, S. 394-404, https://pubmed.ncbi.nlm.nih.gov/20824180/, abgerufen am 17.10.2022.
6 Vgl.: https://www.gwi-boell.de/de/2018/11/09/viva-la-vulvalippen
7 Ebd.
8 Mac, Gabriel: The End of Straight. GQ, 29.07.2019, https://www.gq.com/story/the-end-of-straight, abgerufen am 21.11.2022 (eig. Übersetzung).
9 o. A.: Cornell International Survey on Street Harassement, 01.06.2015, https://www.ilr.cornell.edu/worker-institute/blog/research-and-publications/ilr-and-hollaback-release-largest-analysis-street-harassment-date, abgerufen am 31.10.2022.
10 Wolf, Naomi: The Beauty Myth. New York 1991, S. 27.
11 Given, S. 78.
12 Siehe: https://www.instagram.com/p/Cfq4wBkshEr/?hl=de
13 Vgl.: https://www.kosmetikverband.de/presse/pressemitteilungen/detail/kosmetikprodukte-frauen-sind-wahre-powershopper. 540 Euro im Jahr summieren sich über 50 Jahre gerechnet auf 27.000 Euro allein für Kosmetik.
14 Grippo, Karen P. und Hill, Melanie S.: Self-objectification, habitual

body monitoring, and body dissatisfaction on older European and American women. Exploring age and feminism as moderators, in: Body Image 5 (2008), S. 173-182.

15 Schutzbach, S. 142.

16 Görgen, Vera: Ein Bild von einem Mann, Die Zeit, 17. 01. 2023, https://www.zeit.de/zeit-magazin/2023-01/bodyshaming-koerperbild-maenner-muskeln-social-media/komplettansicht, abgerufen am 30. 01. 2023.

17 Hawgood, Alex: What Is ›Bigorexia‹?, New York Times, 05. 03. 2022, https://www.nytimes.com/2022/03/05/style/teen-bodybuilding-bigorexia-tiktok.html?, abgerufen am 18. 10. 2022.

18 Fotoserie »Let's Take Back Our Space: Female and Male Body Language as a Result of Patriarchal Structures« (1977), in: Masculinities. Liberation Through Photography, hrsg. von Alona Pardo, München 2020, S. 270 ff.

19 Hawgood: What Is ›Bigorexia‹?

20 Future Market Insights: Protein Powder Market Outlook (2022-2032), Juni 2022, https://www.futuremarketinsights.com/reports/protein-powder-market, abgerufen am 17. 10. 2022.

21 Kaiser, Astrid: Wie attraktiv ist sie doch! Fallen des Vaterstolzes, in: Staatsinstitut für Frühpädagogik und Medienkompetenz, Familienhandbuch, https://www.familienhandbuch.de/familie-leben/familienformen/muetter-vaeter/wieattraktivistsiedochfallendesvaterstolzes.php, abgerufen am 17. 11. 2022.

22 Bund für Umwelt und Naturschutz Deutschland: Fleischatlas 2021. Daten und Fakten über Tiere als Nahrungsmittel, Januar 2021, https://www.boell.de/sites/default/files/2021-01/Fleischatlas2021_0.pdf, abgerufen am 08. 11. 2022.

23 Zit. nach: Adams, Carol J.: The Sexual Politics of Meat. A Feminist-Vegetarian Critical Theory. New York 2000, S. 38 f., https://www.sas.upenn.edu/~cavitch/pdf-library/Adams_Sexual.pdf, abgerufen am 08. 11. 2022.

24 Vgl. Bourdieu, Pierre: Die feinen Unterschiede. Kritik der gesellschaftlichen Urteilskraft. Frankfurt 1987, S. 305.

25 Adams, abgerufen am 8. 11. 2022.

26 Taylor, Astra und Sunaura Taylor: Our Animals, Ourselves. Lux

Magazine, Ausgabe 3, November 2022, https://lux-magazine.com/article/our-animals-ourselves/, abgerufen am 08.11.2022.

27 Sanday, Peggy Reeves: Female Power and Male Dominance. On the Origins of Sexual Inequality. Cambridge 1981.

28 Jha, Somora, S. 161 (eig. Übersetzung).

29 Schnerring und Verlan, S. 125.

30 Engel, Sarah Heidi: »Eltern sollten ihre Kinder nicht für ihren Körper loben«. Zeit online vom 25.08.2022, https://www.zeit.de/zeit-magazin/2022-08/koerperbildstoerungen-essverhalten-sport-kinder-erziehung, abgerufen am 08.09.2022.

31 Menninghaus, Winfried im Interview mit Eva Fritsch: ›Frauen stehen schon evolutionsbedingt unter Druck«, Jetzt-Magazin, 03.01.2017, https://www.jetzt.de/feminismus/warum-koerperbehaarung-bei-frauen-immer-noch-ein-tabu-ist, abgerufen am 20.10.2022.

32 Vgl.: https://twitter.com/myeshachou/status/1505361321096843264. Wobei angemerkt sei, dass die Nasen-OP mutmaßlich nur einer von mehreren schönheitschirurgischen Eingriffen war, die Hadid in ihrer Jugend hat durchführen lassen, zu denen sie sich aber nicht öffentlich äußert.

33 Vgl.: Hill, Maisie: Superpower Periode, Wie Sie Ihren Zyklus richtig verstehen und seinen Rhythmus für sich nutzen. Kirchzarten bei Freiburg 2019, S. 118.

34 Vgl.: https://www.frauenaerzte-im-netz.de/erkrankungen/praemenstruelles-syndrom-pms/

35 Technische Krankenkasse: Immer weniger Frauen nehmen die Antibabypille, 13.10.2022, https://www.tk.de/presse/themen/arzneimittel/weniger-verhuetung-mit-antibabypille-2116292, abgerufen am 18.10.2022.

36 Laut einer Marktforschungsstudie war der weltweite Umsatz mit hormonellen Verhütungsmitteln im Jahr 2020 15,03 Milliarden US-Dollar schwer; bis 2030 wird ein Wachstum auf 20,67 Milliarden US-Dollar erwartet, vgl.: https://www.alliedmarketresearch.com/hormonal-contraceptive-market

37 Und gerade die »sanften, niedrig dosierten« und von »wenigen Nebenwirkungen begleiteten« Pillen der dritten und vierten Generation, die ausgerechnet jungen Menschen verschrieben werden, tragen auf-

grund ihrer Zusammensetzung ein gegenüber älteren Präparaten bis zu dreimal höheres Thrombose- und Embolierisiko.

38 Skovlund, Charlotte Wessel et al.: Association of Hormonal Contraception with Depression. Journal of the American Medical Association Psychiatry, Ausgabe 73(11), November 2016, S. 1154-1162, https://pubmed.ncbi.nlm.nih.gov/27680324/, abgerufen am 17.11.2022.

39 Haas, Lucian: Der Geruch der Freundschaft: Ähnlichkeit im Körpergeruch verbindet, https://www.deutschlandfunk.de/der-geruch-der-freundschaft-aehnlichkeit-im-koerpergeruch-verbindet-dlf-30610524-100.html, abgerufen am 18.10.2022.

40 Kray, Sabine: Freiheit von der Pille. Eine Unabhängigkeitserklärung. Hamburg 2017, S. 37.

41 Krüger, Cora: »Jetzt mach mal, Mann«, Süddeutsche Zeitung, 30.04/01.05.2020, S. 48.

42 Waldersee, Victoria: A third of men would take a ›male pill‹, 08.01.2019, https://yougov.co.uk/topics/health/articles-reports/2019/01/08/third-men-would-take-male-pill, abgerufen am 18.10.2022.

43 Hill, S. 83.

44 Kray, S. 84.

Sex

1 Geschätzt ein Prozent der Bevölkerung identifizieren sich als asexuell, sie fühlen sich also nicht sexuell zu anderen hingezogen, beziehungsweise sie verspüren kein Verlangen nach sexueller Interaktion, vgl.: https://aktivista.net/links/asexualitaet-nicht-nur-bei-amoeben-flyer-text/, abgerufen am 06.12.2022.

2 Orenstein, S. 221 (eig. Übersetzung).

3 Vgl.: Orenstein: Girls & Sex. Was es bedeutet, in der Gesellschaft von heute erwachsen zu werden. München 2017, S. 183.

4 Burgese, Tyler: »Sexuality education is a form of social justice education«, 14.09.2022, https://annehelen.substack.com/p/sexuality-education-is-a-form-of, abgerufen am 06.10.2022.

5 o. A.: Online Pornography: Young people's experiences of seeing online porn and the impact it has on them. Middlesex Uni-

versity,15. 06. 2016, https://www.mdx.ac.uk/__data/assets/pdf_file/0017/223280/Online-Pornography-and-Young-People-CYP-Version.pdf, abgerufen am 17. 11. 2022.

6 Buckstegen, Nikolas: Von der großen Liebe bis zu Sex mit Robotern, 06. 10. 2016, https://yougov.de/news/2017/10/06/von-der-grossen-liebe-bis-zu-sex-mit-robotern/, abgerufen am 17. 11. 2022.

7 Konrad, Sandra: Das beherrschte Geschlecht. München 2018, S. 134.

8 Orenstein, Peggy: Girls & Sex, S. 78 f.

9 Frederick, D. A. et al.: Differences in Orgasm Frequency Among Gay, Lesbian, Bisexual, and Heterosexual Men and Women in a U. S. National Sample, in: Arch Sex Behav 47/2018, S. 273–288, https://doi.org/10.1007/s10508-017-0939-z, abgerufen am 02. 11. 2022.

10 Penny, Laurie: Sexuelle Revolution. Rechter Backlash und feministische Zukunft. Hamburg 2022, S. 77.

11 Halse Anderson, Laurie: I've Talked With Teenage Boys About Sexual Assault for 20 Years. This Is What They Still Don't Know, Time, 15. 01. 2019, https://time.com/5503804/ive-talked-with-teenage-boys-about-sexual-assault-for-20-years-this-is-what-they-still-dont-know/, abgerufen am 17. 11. 2022.

12 Joffe-Walt, Chana: My Lying Eyes, in: This American Life, Folge 770, 06. 05. 2022, https://www.thisamericanlife.org/770/transcript, abgerufen am 29. 09. 2022 (eig. Übersetzung).

13 Bekiempis, Victoria: When Campus Rapists Don't Think They're Rapists, Newsweek, 09. 01. 2015, https://www.newsweek.com/campus-rapists-and-semantics-297463, abgerufen am 14. 10. 2022.

14 Orenstein: Girls & Sex, S. 26. Kursivierungen von der Autorin.

15 Kriminologisches Forschungsinstitut Niedersachsen e.V.: Repräsentativbefragung Sexueller Missbrauch 2011, Forschungsbericht Nr. 118, S. 22, https://kfn.de/wp-content/uploads/Forschungsberichte/FB_118.pdf, abgerufen am 29. 09. 2022.

16 Penny, S. 56.

17 Weßling, Kathrin: Warum ein Armband gegen K.o.-Tropfen eine nette Idee ist – aber das falsche Signal sendet, Spiegel Online, 23. 04. 2019, https://www.spiegel.de/panorama/k-o-tropfen-armband-bei-dm-nette-idee-aber-warum-liegt-die-verantwortung-wieder-bei-frauen-a-3e23377f-b55d-47b6-8dc2-7ec6623d8ea7, abgerufen am 29. 09. 2022.

18 Halse Anderson: o. a. O.

19 Siever, S. 114.

20 Orenstein: Girls & Sex, S. 242. Kursivierungen von der Autorin.

21 Ebd., S. 177.

22 Shapiro, Jordan: Father Figure: How to Be a Feminist Dad. New York 2022, S. 166 (eig. Übersetzung).

23 Angel, Katherine: Daddy Issues. Love and Hate in the Time of Patriarchy. London 2019, S. 60 (eig. Übersetzung).

24 Loofbourow, Lili: The female price of male pleasure, in: The Week, 25. 01. 2018, https://theweek.com/articles/749978/female-price-male-pleasure, abgerufen am 17. 11. 2022.

25 Ebd.

26 Penny, S. 78.

27 Given, S. 163.

28 Angel, Katherine: Morgen wird Sex wieder gut. Frauen und Begehren. München 2022, S. 132.

29 Pohl, S. 328.

30 Vgl.: https://theconversation.com/what-is-heteropessimism-and-why-do-men-and-women-suffer-from-it-182288

31 Ward, Jane: The Tragedy of Heterosexuality, New York 2020, S. 142 (eig. Übersetzung).

32 o. A.: One in five young people identify as gay, lesbian or bisexual, YouGov, 03. 07. 2019, https://yougov.co.uk/topics/society/articles-reports/2019/07/03/one-five-young-people-identify-gay-lesbian-or-bise, abgerufen am 30. 09. 2022.

33 Haus, R.: Making visible the invisible: Bisexual parents ponder coming out to their kids, in: Sexualities, 24(3) 2021, S. 341–369, https://doi.org/10.1177/1363460720939046, abgerufen am 17.11.2022.

34 Arena, D. F., Jr. und Jones, K. P.: To »B« or not to »B«: Assessing the disclosure dilemma of bisexual individuals at work, in: Journal of Vocational Behavior, 103 (Part A), 2017, S. 86–98. https://doi.org/10.1016/j.jvb.2017.08.009, abgerufen am 17.11.2022.

35 Shaw, Julia: Bi. Vielfältige Liebe entdecken. München 2022, S. 170.

36 Walters, Mikel L. et al.: National Center for Injury Prevention and Control of the Centers for Disease Control and Prevention (Hrsg.): National Intimate Partner and Sexual Violence Survey (NISVS). 2010 Findings on Victimization by Sexual Orientation. Januar 2013, S. 2,

https://www.cdc.gov/ViolencePrevention/pdf/NISVS_SOfindings.pdf, abgerufen am 17.11.2022.

37 Shaw, S. 269.

38 Konrad, S. 112.

39 o. A.: Zahl der Schwangerschaftsabbrüche weltweit, https://de.globometer.com/geburt-schwangerschaftabbruch.php, abgerufen am 16.10.2022.

40 Center for Reproductive Right: European Abortion Laws. A Comparative Overview, https://reproductiverights.org/wp-content/uploads/2022/06/15381_CRR_Europe_V8.pdf, abgerufen am 16.10.2022.

41 Tolentino, Jia: We're Not Going Back to the Time Before Roe. We're Going Somewhere Worse. New York Magazine, 24.06.2022, https://www.newyorker.com/magazine/2022/07/04/we-are-not-going-back-to-the-time-before-roe-we-are-going-somewhere-worse?, abgerufen am 16.10.2022.

42 Hecht, Patricia und Riese, Dinah: Spahn plant Studie zu Abtreibungen, taz, 31.01.2019, https://taz.de/Nach-Reformvorschlag-fuer-Paragraf-219a/!5566994/, abgerufen am 02.11.2022. Mittlerweile wurde das Studiendesign dahingehend verändert, dass sie nach ihrem Abschluss zur Verbesserung der Versorgungslage ungewollt Schwangerer beitragen kann.

43 Jens Spahn auf Twitter, 13.01.2013: »Man muss es wohl immer wieder sagen: Das sind keine Smarties«, twitter.com/jensspahn

44 Vgl.: Tolentino, Jia: Is Abortion Sacred? New Yorker, 16.07.2022, https://www.newyorker.com/culture/essay/is-abortion-sacred, abgerufen am 31.10.2022 und Noor, Poppy: What a pregnancy actually looks like before 10 weeks – in pictures, The Guardian, 19.10.2022, https://www.theguardian.com/world/2022/oct/18/pregnancy-weeks-abortion-tissue, abgerufen am 17.11.2022.

45 Dias, Elizabeth: Inside the Extreme Effort to Punish Women for Abortion, New York Times, 01.07.2022, https://www.nytimes.com/2022/07/01/us/abortion-abolitionists.html, abgerufen am 02.11.2022.

46 Hirsch, Aubrey: Disrupting Reproductive Freedom. What Tech Companies Are and Are Not Doing to Support Bodily Autonomy, The Audacity, 03.10.2022, https://audacity.substack.com/p/disrupting-abortion-rights, abgerufen am 16.10.2022.

47 Shane, Charlotte: The Right to Not Be Pregnant. Harper's Magazine, Oktober 2022, https://harpers.org/archive/2022/10/the-right-to-not-be-pregnant-asserting-an-essential-right/, abgerufen am 02.11.2022.
48 o. A.: Immer weniger Ärzte führen Abtreibungen durch, Rundfunk Berlin-Brandenburg, 23.08.2018, https://www.rbb-online.de/kontraste/themen/lunapharm-skandal—durchsuchungen-in-deutschland-und-der-schweiz1.html, abgerufen am 16.10.2022.
49 Horsthemke, Sina: Tabuthema Abtreibung, Spektrum, 05.09.2022, https://www.spektrum.de/news/schwangerschaftsabbruch-im-medizinstudium-tabuthema-abtreibung/2054778, abgerufen am 31.01.2023.
50 Tolentino, Jia: Is Abortion Sacred? New Yorker, 16.07.2022, https://www.newyorker.com/culture/essay/is-abortion-sacred, abgerufen am 31.10.2022.
51 Miller, Sarah et al.: What Happens after an Abortion Denial? A Review of Results from the Turnaway Study, in: AEA Papers and Proceedings 110, S. 226-230, http://www-personal.umich.edu/~mille/TurnawayPP.pdf, abgerufen am 28.11.2022.
52 Pabayo, Roman et al.: Laws Restricting Access to Abortion Services and Infant Mortality Risk in the United States, in: Int J Environ Res Public Health. 26.05.2020; 17(11): 3773, https://mdpi-res.com/d_attachment/ijerph/ijerph-17-03773/article_deploy/ijerph-17-03773-v2.pdf?version=1590936333, abgerufen am 16.10.2022.
53 Donohue, John J. und Levitt, Steven: The Impact of Legalized Abortion on Crime over the Last Two Decades, American Law and Economics Review, 2020, https://www.nber.org/system/files/working_papers/w8004/w8004.pdf, abgerufen am 16.10.2022.
54 frauen leben 3: Familienplanung von 20- bis 44-jährigen Frauen – Schwerpunkt: ungewollte Schwangerschaften und Schwangerschaftskonflikte – erste Befragungsrunde, hrsg. von der Bundeszentrale für gesundheitliche Aufklärung (BZgA). Köln 2014, https://www.forschung.sexualaufklaerung.de/projekt/frauen-leben-3-familienplanung-von-20-bis-44-jaehrigen-frauen-schwerpunkt-ungewollte-schwangersc/ergebnisse/(zuletzt abgerufen am 22.01.2023.

Medien

1 Lambdin, J. R. et al.: The Animal = Male Hypothesis: Children's and Adults' Beliefs About the Sex of Non–Sex-Specific Stuffed Animals, in: Sex Roles 48/2003, S. 471–482, https://doi.org/10.1023/A:1023567010708, abgerufen am 31.10.2022.

2 Internationales Zentralinstitut für das Jugend- und Bildungsfernsehen (IZI): Girls and Boys and Television. The Role of Gender, Ausgabe 21/2008, unter: https://www.br-online.de/jugend/izi/english/publication/televizion/21_2008_E/editorial.pdf, abgerufen am 08.11.2022.

3 Haberl, Tobias: Der gekränkte Mann. Verteidigung eines Auslaufmodells, München 2022.

4 Brunner, Katharina et al.: Blaue Bücher, rosa Bücher, Süddeutsche Zeitung, 11.01.2019, https://www.sueddeutsche.de/projekte/artikel/kultur/gender-wie-gleichberechtigt-sind-kinderbuecher-e970817/, abgerufen am 17.11.2022.

5 Ebd.

6 Neugebauer, Christine: Gendersensibles Lesen. Staatsinstitut für Schulqualität und Bildungsforschung, https://www.lesen.bayern.de/gendersensibleslesen/, abgerufen am 10.11.2022.

7 Vgl.: https://www.bundesregierung.de/breg-de/suche/vorlesemonitor2022-2140442

8 Nordell, Jessica: The End of Bias, S. 60.

9 Brandao, Anabela et al.: Rollenbilder in den Sozialen Medien und ihre Auswirkungen auf die Gleichberechtigung. Plan International Deutschland (Hrsg.) 2019, https://www.plan.de/presse/rollenbilder-in-den-sozialen-medien.html, abgerufen am 15.10.2022.

10 Parents Together: New findings from teen survey shows beauty filters harm teens' self-esteem, https://parentstogetheraction.org/wp-content/uploads/2021/09/ParentsTogether_Social-Media-Beauty-Filters-Survey-Results_09-29-21.pdf, abgerufen am 18.10.2022.

11 Orenstein: Girls & Sex, S. 29.

12 Davies, P. et al.: Consuming Images: How Television Commercials That Elicit Stereotype Threat Can Restrain Women Academically and Professionally, in: Personality and Social Psychology Bulletin. 28, 2002, S. 1615-1628, https://www.researchgate.net/publication/247747022_Consuming_Images_How_Television_Commer-

cials_That_Elicit_Stereotype_Threat_Can_Restrain_Women_Academically_and_Professionally, abgerufen am 17. 10. 2022.

13 Milburn, Michael et al.: The Effects of Viewing R-rated Movie Scenes That Objectify Women on Perceptions of Date Rape. Sex Roles. 43, 2000, S. 645-664, https://www.researchgate.net/publication/226444692_The_Effects_of_Viewing_R-rated_Movie_Scenes_That_Objectify_Women_on_Perceptions_of_Date_Rape, abgerufen am 17. 10. 2022.

14 Orenstein: Boys & Sex, S. 44.

15 Uni Hohenheim und Münster: Pornografie im Internet: Kinder sehen früh und ungewollt Hardcore-Filme, 25. 10. 2022, https://www.schau-hin.info/studien/pornografie-konsum-bei-heranwachsenden, abgerufen am 16. 10. 2022.

16 Vgl. Orenstein: Boys & Sex, S. 47 ff.

17 Berent, Jacques und Sommet, Nicolas: Does porn harm or help? Gender could matter in a surprising way, 27. 07. 2022, https://psyche.co/ideas/does-porn-harm-or-help-gender-could-matter-in-a-surprising-way?, abgerufen am 17. 10. 2022.

18 Conley, Meg: We're in trouble. My daughters will live the rest of their lives in a conflict zone, Newsletter »Home Culture«, 10. 11. 2022, https://homeculture.substack.com, abgerufen am 11. 11. 2022.

19 Haidt, Jonathan: Why the Past 10 Years of American Life Have Been Uniquely Stupid, The Atlantic, Mai 2022, https://www.theatlantic.com/magazine/archive/2022/05/social-media-democracy-trust-babel/629369/?, abgerufen am 15. 10. 2022.

20 Kaiser, Susanne: Jung, weiblich, tot, Deutschlandfunk Kultur, 30. 04. 2021, https://www.deutschlandfunkkultur.de/femizide-im-krimi-jung-weiblich-tot-100.html, abgerufen am 06. 12. 2022.

21 Vgl.: https://www.youtube.com/c/LorryHill

22 Sun, Rebecca: Study Finds Women Represent a Third of Onscreen Population in Film, Hollywood Reporter, 15. 03. 2022, https://www.hollywoodreporter.com/movies/movie-news/women-onscreen-representation-film-study-1235111493/, abgerufen am 17. 10. 2022.

23 Schnerring und Verlan,Verlan, S. 185.

24 o. A.: »Achtung, diese Person wurde gephotoshoppt! Norwegen führt Warn-Button für retuschierte Werbung ein«, Stern, 01. 07. 2022, https://www.stern.de/wirtschaft/news/achtung—photoshop—nor-

wegen-fuehrt-button-fuer-werbung-mit-manipulierten-koerpern-ein-32501618.html, abgerufen am 10.11.2022.

25 Vgl.: https://www.wowtv.de/watch/home/asset/oh-hell/150228

Gewalt

1 Mathwig, Inga und Janz, Carsten: Femizide: Wie schutzlos sind Frauen in Deutschland? NDR, 16.08.2021, https://www.ndr.de/fernsehen/sendungen/panorama3/Femizide-Wie-schutzlos-sind-Frauen-in-Deutschland,femizide106.html, abgerufen am 06.12.2022.

2 https://twitter.com/roastmalone_/status/1614507331991261185

3 hooks, bell: Feminismus für alle. Münster 2022, S. 81.

4 Pohl, Rolf: Feindbild Frau – Männliche Sexualität, Gewalt und die Abwehr des Weiblichen. Hannover 2019, S. 9.

5 Manne, Kate: Down Girl. Die Logik der Misogynie. Berlin 2019, S. 119.

6 Burkhart, Dagmar: Eine Geschichte der Ehre. Darmstadt 2006, S. 70.

7 Penny, S. 278.

8 Terre des Femmes: Straftat Vergewaltigung, https://www.frauenrechte.de/unsere-arbeit/themen/haeusliche-und-sexualisierte-gewalt/330-was-ist-sexualisierte-gewalt/1190-straftat-vergewaltigung, abgerufen am 02.11.2022.

9 Bola, S. 93.

10 Account von Mary Kobayashi unter: https://twitter.com/MaryKoCo/status/1578901970177642496

11 Bücker, Teresa: Newsletter »Zwischenzeit_en«, 16.07.2022, https://steadyhq.com/de/teresabuecker/posts/95cf707e-2668-4c98-8bad-e7df13993788, abgerufen am 16.10.2022.

12 Haberl, Tobias: Pesto schützt nicht vor Pistolen, Der Spiegel, 13/2022, S. 116–117, https://www.spiegel.de/kultur/maennlichkeit-in-zeiten-des-krieges-zu-weich-fuer-die-neue-wirklichkeit-a-d6250cbf-5af4-45e8-9ac3-e431b7e34104, abgerufen am 14.10.2022.

13 Poschardt, Ulf: Putin hat keine Furcht vor dem Westen – weil wir so schwach geworden sind, Die Welt, 25.02.2022, https://www.welt.de/debatte/kommentare/plus237115145/Ukraine-Putin-hat-keine-Furcht-

vor-dem-Westen-weil-wir-so-schwach-geworden-sind.html, abgerufen am 14.10.2020.

14 Pohl, S. 431.

15 Pohl, S. 428.

16 Ebd.

17 hooks: Der Wille zur Veränderung, S. 65.

18 Schwarz, Eliza: Ja, ich will, Süddeutsche Zeitung, 05.05.2022, https://www.sueddeutsche.de/projekte/artikel/muenchen/ukraine-krieg-bei-der-bundeswehr-bewerben-sich-mehr-leute-e675588/?reduced=true, abgerufen am 14.10.2022.

19 Hackensberger, Alfred: Vom Ahrtal in die Ukraine, Die Welt, 28.07.2022, Nr. 145, S. 5.

20 Temple-Raston, Dina: How masculinity, not ideology, drives violent extremism, The Washington Post, 23.03.2018, https://www.washingtonpost.com/outlook/how-masculinity-not-ideology-drives-violent-extremism/2018/03/20/7b223c90-1e29-11e8-b2d9-08e748f892c0_story.html, abgerufen am 17.11.2022.

21 Schutzbach, S. 126.

22 Plan International: The State of Gender Equality for U. S. Adolescents 2018, https://www.plan4girls.org/pdf/GenderBasedPressures.pdf, abgerufen am 17.11.2022.

23 hooks: Der Wille zur Veränderung, S. 84.

24 Vgl.: Juul, Jesper: Aggression. Warum sie für uns und unsere Kinder notwendig ist. Berlin 2014.

25 Saimeh, Nahlah im Interview mit Karin Truscheit: »Ohne Liebe wachsen Täter heran«, FAZ, 01.06.2022, S. 23.

26 Hülsemann, Irmgard im Interview mit Wenke Husmann: »Da kommt so ein Vollidiot und sie denkt: Endlich sieht mich ein Mann«, Zeit Magazin, 17.04.2022, https://www.zeit.de/zeitmagazin/leben/2022-03/vater-tochter-beziehung-psychologie/komplettansicht, abgerufen am 18.10.2022.

27 Kirby S., Francis B., und O'Flaherty R.: Can the FIFA World Cup Football (Soccer) Tournament Be Associated with an Increase in Domestic Abuse?, in: Journal of Research in Crime and Delinquency. 2014;51(3):259-276, https://journals.sagepub.com/doi/abs/10.1177/0022427813494843, abgerufen am 17.11.2022.

28 Pickert, Nils: Prinzessinnenjungs. Wie wir unsere Söhne aus der Geschlechterfalle befreien. Weinheim 2020, S. 120 f.

29 hooks, bell: Der Wille zur Veränderung, S. 130.

30 Pfeiffer, Christian: Was Strafjustiz mit Kindererziehung zu tun hat, Süddeutsche Zeitung, 11. 08. 2015, https://www.sueddeutsche.de/panorama/aussenansicht-welche-strafe-muss-sein-1.2602181-2, abgerufen am 23. 10. 2022.

Freiheit

1 Manne, S. 462.

2 Vgl.: https://www.zeit.de/news/2022-09/06/immer-mehr-maenner-in-der-kinderbetreuung-taetig

3 Vgl.: https://www.zeit.de/politik/ausland/2022-11/durban-suedafrika-frauen-gewalt-demonstration-maenner#comments

4 Vgl.: https://www.nonviolent-conflict.org/resource/success-nonviolent-civil-resistance/

LITERATUR

Einige wenige überarbeitete Absätze der Kapitel ARBEIT und GEWALT stammen aus den zuvor veröffentlichten Essays »Kampf dem Frauenhass«, erschienen im ARTE-Magazin 05/22, S. 18–21 (https://www.arte-magazin.de/kampf-dem-frauenhass/), und »Alle sind Mama«, erschienen im ARTE-Magazin 09/22, S. 18f. (https://www.arte-magazin.de/alle-sind-mama/). Die Eltern Gabriel sowie Jules und Roxane im Kapitel ARBEIT tauchten bereits in meinem Vorgängerbuch »Wir nennen es Familie. Neue Ideen für ein Leben mit Kindern« (Hamburg 2022) auf.

Abé, Nikola: Schwänzchen und Döschen, Der Spiegel, 32/2011, S. 46, https://magazin.spiegel.de/EpubDelivery/spiegel/pdf/79805357, abgerufen am 8.11.2022.

Adams, Carol J.: The Sexual Politics of Meat. A Feminist-Vegetarian Critical Theory. New York 2000, https://www.sas.upenn.edu/~cavitch/pdf-library/Adams_Sexual.pdf, abgerufen am 08.11.2022.

Adichie, Chimamanda Ngozi: Mehr Feminismus! Ein Manifest und vier Stories. Frankfurt am Main 2016.

Angel, Katherine: Daddy Issues. Love and Hate in the Time of Patriarchy. London 2019.

Dies.: Morgen wird Sex wieder gut. Frauen und Begehren. München 2022.

Arena, D. F., Jr. und Jones, K. P.: To »B« or not to »B«: Assessing the disclosure dilemma of bisexual individuals at work, in: Journal of Vocational Behavior, 103(Part A), 2017, S. 86–98. https://doi.org/10.1016/j.jvb.2017.08.009, abgerufen am 17.11.2022.

Barker, Gary et al.: The Man Box: A Study on Being a Young Man in the US, UK, and Mexico, 2017, https://www.equimundo.org/wp-content/uploads/2017/03/TheManBox-Full-EN-Final-29.03.2017-POSTPRINT.v3-web.pdf, abgerufen am 16.10.2022.

Baxley, Traci: Social Justice Parenting: How to Raise Compassionate, Anti-Racist, Justice-Minded Kids in an Unjust World. New York 2021.

de Beauvoir, Simone: Das andere Geschlecht. Sitte und Sexus der Frau. Reinbek 1968.

Bekiempis, Victoria: When Campus Rapists Don't Think They're Rapists, Newsweek, 09.01.2015, https://www.newsweek.com/campus-rapists-and-semantics-297463, abgerufen am 14.10.2022.

Berent, Jacques und Sommet, Nicolas: Does porn harm or help? Gender could matter in a surprising way, 27.07.2022, https://psyche.co/ideas/does-porn-harm-or-help-gender-could-matter-in-a-surprising-way?, abgerufen am 17.10.2022.

Berger, John: Sehen. Das Bild der Welt in der Bilderwelt. Frankfurt am Main 2016.

Berufsverband der Kinder- und Jugendärzte: Dauer und Intensität des Stimmungstiefs geben Hinweise, 08.10.2008, https://www.kinderaerzte-im-netz.de/news-archiv/meldung/article/jugendliche-depression-dauer-und-intensitaet-des-stimmungstiefs-geben-hinweise/, abgerufen am 18.10.2022.

Bigler, R. S.: The role of classification skill in moderating environmental influences on children's gender stereotyping: A study of the functional use of gender in the classroom. Child Development, 66(4), 1995, S. 1072–1087, https://doi.org/10.2307/1131799, abgerufen am 16.11.2022.

Bhanot, R. und Jovanovic, J.: Do Parents' Academic Gender Stereotypes Influence Whether They Intrude on their Children's Homework?, in: Sex Roles 52, 2005, S. 597–607, https://doi.org/10.1007/s11199-005-3728-4, abgerufen am 16.11.2022.

Blakemore, Owen et al.: The influence of gender and parental attitudes on preschool children's interest in babies: Observations in natural settings, in: Sex Roles: A Journal of Research, 38 (1-2) 1998, 73–94, https://psycnet.apa.org/record/1998-01194-004, abgerufen am 16.11.2022.

Bola, JJ: Sei kein Mann. Warum Männlichkeit ein Albtraum für Jungen ist. München 2020.

de Botton, Alain: Wie man richtig an Sex denkt. München 2012.

Bourdieu, Pierre: Die feinen Unterschiede. Kritik der gesellschaftlichen Urteilskraft. Frankfurt 1987.

Brandao, Anabela et al.: Rollenbilder in den Sozialen Medien und ihre Auswirkungen auf die Gleichberechtigung. Plan International Deutschland (Hrsg.) 2019, https://www.plan.de/presse/rollenbilder-in-den-sozialen-medien.html, abgerufen am 15.10.2022.

Brosig, Burkhard et al.: Geschlechtspräferenz für das ungeborene Kind: Ergebnisse aus einer Repräsentativerhebung in Deutschland, in: Gender, kulturelle Identität und Psychotherapie, hrsg. von Mechthild Neises und Gerhard Schmid-Ott, Lengerich 2007.

Brunner, Katharina et al.: Blaue Bücher, rosa Bücher, Süddeutsche Zeitung, 11.01.2019, https://www.sueddeutsche.de/projekte/artikel/kultur/gender-wie-gleichberechtigt-sind-kinderbuecher-e970817/, abgerufen am 17.11.2022.

Bücker, Teresa: Ist es radikal, Jungen beizubringen, nicht zu vergewaltigen?, 29.01.2020, https://sz-magazin.sueddeutsche.de/freie-radikale-die-ideenkolumne/vergewaltigung-aufklaerung-jungen-88318, aufgerufen am 29.09.2022.

Dies.: Newsletter »Zwischenzeit_en«, 16.07.2022, https://steadyhq.com/de/teresabuecker/posts/95cf707e-2668-4c98-8bad-e7df13993788, abgerufen am 16.10.2022.

Buckstegen, Nikolas: Von der großen Liebe bis zu Sex mit Robotern, 06.10.2016, https://yougov.de/news/2017/10/06/

von-der-grossen-liebe-bis-zu-sex-mit-robotern/, abgerufen am 17.11.2022.

Bund für Umwelt und Naturschutz Deutschland: Fleischatlas 2021. Daten und Fakten über Tiere als Nahrungsmittel, Januar 2021, https://www.boell.de/sites/default/files/2021-01/Fleischatlas2021_0.pdf, abgerufen am 08.11.2022.

Bundesministerium für Familie, Senioren, Frauen und Jugend: Väterreport, 2018, S. 6, https://www.bmfsfj.de/resource/blob/127268/2098ed4343ad836b2f0534146ce59028/vaeterreport-2018-data.pdf, abgerufen am 16.11.2022.

Dass.: Väterreport. Vater sein in Deutschland heute 2021, unter: https://www.bmfsfj.de/resource/blob/186176/81ff4612aee448c7529f775e60a66023/vaeterreport-update-2021-data.pdf, abgerufen am 16.11.2022.

Dass.: Queer-Beauftragter Lehmann setzt sich für Offensive gegen Queer-Feindlichkeit ein, https://www.bmfsfj.de/bmfsfj/aktuelles/presse/pressemitteilungen/queer-beauftragter-lehmann-setzt-sich-fuer-offensive-gegen-queer-feindlichkeit-ein-197580, abgerufen am 03.09.2022.

Dass.: Zweiter Gleichstellungsbericht der Bundesregierung 2019, https://www.bmfsfj.de/resource/blob/122398/87c1b52c4e84d5e2e5c3bdfd6c16291a/zweiter-gleichstellungsbericht-der-bundesregierung-eine-zusammenfassung-data.pdf, abgerufen am 02.11.2022.

Bundeszentrale für gesundheitliche Aufklärung (BZgA): frauen leben 3: Familienplanung von 20- bis 44-jährigen Frauen – Schwerpunkt: ungewollte Schwangerschaften und Schwangerschaftskonflikte – erste Befragungsrunde, Köln 2014, https://www.forschung.sexualaufklaerung.de/projekt/frauen-leben-3-familienplanung-von-20-bis-44-jaehrigen-frauen-schwerpunkt-ungewollte-schwangersc/ergebnisse, abgerufen am 22.01.2023.

Burgese, Tyler: »Sexuality education is a form of social justice education«, 14.09.2022, https://annehelen.substack.com/p/sexuality-education-is-a-form-of, abgerufen am 06.10.2022.

Burkhart, Dagmar: Eine Geschichte der Ehre. Darmstadt 2006.

Butler, Judith: Die Macht der Geschlechternormen und die Grenzen des Menschlichen. Frankfurt am Main 2011.

Callen, Anthea: Looking at Men: Art, Anatomy, and the Modern Male Body. London 2018.

Canon, Gabrielle: California couple whose gender-reveal party sparked a wildfire charged with 30 crimes, in: Guardian, 21.07.2021, https://www.theguardian.com/us-news/2021/jul/21/couple-gender-reveal-party-wildfire-charged, abgerufen am 30.08.2022.

Carlson, Daniel L. et al.: The Gendered Division of Housework and Couples' Sexual Relationships. A Reexamination, in: Journal of Marriage and Family, 25.05.2016, https://onlinelibrary.wiley.com/doi/10.1111/jomf.12313, abgerufen am 17.10.2022.

Cencin, Alessandra: Les différentes versions de la ›découverte‹ du clitoris par Helen O'Connell (1998-2005), in: Genre, sexualité & société. Hors-série nr. 3, 2018, http://journals.openedition.org/gss/4403, abgerufen am 16.10.2022.

Center for Reproductive Rights: European Abortion Laws. A Comparative Overview, https://reproductiverights.org/wp-content/uploads/2022/06/15381_CRR_Europe_V8.pdf, abgerufen am 16.10.2022.

Chang, A. et al.: Gender Biases in Early Number Exposure to Preschool-Aged Children, in: Journal of Language and Social Psychology, 30(4) 2011, S. 440–450, https://doi.org/10.1177/0261927X11416207, abgerufen am 16.11.2022.

Cheema, Saba-Nur und Mendel, Meron: Der Koran kennt viele Geschlechter, in: FAZ, 02.07.2022, https://www.faz.net/aktuell/feuilleton/debatten/transgender-im-islam-und-im-judentum-18143767.html?, abgerufen am 16.11.2022.

Chu, Judy Y.: When Boys become Boys. Development, Relationships, and Masculinity. New York 2014.

Condry, John und Condry, Sandra: Sex Differences, A Study of the Eye of the Beholder, in: Child Development, Vol. 47, No. 3 (Sep. 1976), S. 812–819, https://www.jstor.org/stable/1128199, abgerufen am 03.11.2022.

Conley, Meg: We're in trouble. My daughters will live the rest of their lives in a conflict zone, Newsletter »Home Culture«, 10.11.2022, https://homeculture.substack.com, abgerufen am 11.11.2022.

Criado-Perez, Caroline: Unsichtbare Frauen: Wie eine von Daten beherrschte Welt die Hälfte der Bevölkerung ignoriert, Berlin 2020.

Davies, P. et al.: Consuming Images: How Television Commercials That Elicit Stereotype Threat Can Restrain Women Academically and Professionally, in: Personality and Social Psychology Bulletin. 28, 2002, S. 1615-1628, https://www.researchgate.net/publication/247747022_Consuming_Images_How_Television_Commercials_That_Elicit_Stereotype_Threat_Can_Restrain_Women_Academically_and_Professionally, abgerufen am 17.10.2022.

Decker, Oliver et al.: Autoritäre Dynamiken in unsicheren Zeiten. Neue Herausforderungen – alte Reaktionen? Leipziger Autoritarismus Studie 2022. Gießen 2022, https://www.boell.de/sites/default/files/2022-11/decker-kiess-heller-braehler-2022-leipziger-autoritarismus-studie-autoritaere-dynamiken-in-unsicheren-zeiten_0.pdf, abgerufen am 22.11.2022.

Deutsche Ophtalmologische Gesellschaft: Frauen und Männer weinen anders, https://www.dog.org/wp-content/uploads/2009/11/PM-Weinen.pdf, abgerufen am 18.10.2022.

Diamond, Milton: Transsexuality, Intersexuality and Ethics, in: May, Lois: Transgenders and Intersexuals. Everything You Ever Wanted to Know But Couldn't Think of the Question: A Resource Book for the General Community, 2005 S. 72–94, http://www.hawaii.edu/PCSS/biblio/articles/2005to2009/2005-transsexuality-intersexuality-ethics.html, abgerufen am 28.11.2022.

Dias, Elizabeth: Inside the Extreme Effort to Punish Women for Abortion, New York Times, 01.07.2022, https://www.nytimes.com/2022/07/01/us/abortion-abolitionists.html, abgerufen am 02.11.2022.

Dittmar, Helga et al.: Does Barbie Make Girls Want to Be Thin? The Effect of Experimental Exposure to Images of Dolls on the Body Image of 5- to 8-Year-Old Girls. Developmental psychology. 42 2006, S. 283-292, https://www.researchgate.net/publication/7210496_Does_Barbie_Make_Girls_Want_to_Be_Thin_The_Effect_of_Experimental_Exposure_to_Images_of_Dolls_on_the_Body_Image_of_5-_to_8-Year-Old_Girls, abgerufen am 17.11.2022.

Donath, Orna: Regretting Motherhood. Wenn Mütter bereuen. München 2016.

Donohue, John J. und Levitt, Steven: The Impact of Legalized Abortion on Crime over the Last Two Decades, American Law and Economics Review, 2020, https://www.nber.org/system/files/working_papers/w8004/w8004.pdf, abgerufen am 16.10.2022.

Earp, Brian D. et al.: Gender Bias in Pediatric Pain Assessment. Journal of Pediatric Psychology. 1.05.2019, 1;44(4), S. 403–414, https://pubmed.ncbi.nlm.nih.gov/30615163/, abgerufen am 03.11.2022.

Eliot, Lise: Pink Brain, Blue Brain. How Small Differences Grow into Troublesome Gaps – and What We Can Do About It. New York 2010.

Endler, Rebecca: Das Patriarchat der Dinge. Warum die Welt Frauen nicht passt. Köln 2021.

Engel, Sarah Heidi: »Eltern sollten ihre Kinder nicht für ihren Körper loben«, Die Zeit, 25.08.2022, https://www.zeit.de/zeit-magazin/2022-08/koerperbildstoerungen-essverhalten-sport-kinder-erziehung, abgerufen am 08.09.2022.

Faye, Shon: Die Transgenderfrage. Ein Aufruf zu mehr Gerechtigkeit. Berlin 2022.

Frederick, D. A. et al.: Differences in Orgasm Frequency Among Gay, Lesbian, Bisexual, and Heterosexual Men and Women in a U. S. National Sample, in: Arch Sex Behav 47/2018, S. 273–288, https://doi.org/10.1007/s10508-017-0939-z, abgerufen am 02.11.2022.

Freiwald, Bent: Warum Gianni, 17, für seine Mutter kämpft, Krautreporter, 03.05.2022, https://krautreporter.de/4378-warum-gianni-17-fur-seine-mutter-kampft?, abgerufen am 20.10.2022.

Future Market Insights: Protein Powder Market Outlook (2022–2032), Juni 2022, https://www.futuremarketinsights.com/reports/protein-powder-market, abgerufen am 17.10.2022.

Garrelts, Nantke: Ungleiche Verteilung von Care-Arbeit: Weg vom 24/7 Bereitschaftsdienst für Frauen – so kann es gelingen, Tagesspiegel, 12.02.2022, https://plus.tagesspiegel.de/gesellschaft/familie/ungerechte-verteilung-von-sorgearbeit-frauen-haben-247-bereitschaftsdienst-389317.html, abgerufen am 16.11.2022.

Gilligan, Carol und Snider, Naomi: Why Does Patriarchy Persist? Cambridge 2018.

Given, Florence: Frauen schulden dir gar nichts, Köln 2022.

Görgen, Vera: Ein Bild von einem Mann, Die Zeit, 17.01.2023, https://www.zeit.de/zeit-magazin/2023-01/bodyshaming-koerperbild-maenner-muskeln-social-media/komplettansicht, abgerufen am 30.01.2023.

Gould, Lois: The Story of X, https://waylandbrown.files.wordpress.com/2011/03/x-story.pdf, abgerufen am 05.12.2022.

Grippo, Karen P. und Hill, Melanie S.: Self-objectification, habitual body monitoring, and body dissatisfaction on older European and American women. Exploring age and feminism as moderators, in: Body Image 5 (2008), S. 173–182.

Gross, Rachel E.: Half the World Has a Clitoris. Why Don't Doctors Study It?, New York Times, 17.10.2022, https://www.nytimes.com/2022/10/17/health/clitoris-sex-doctors-surgery.html?, abgerufen am 18.10.2022.

Haas, Lucian: Der Geruch der Freundschaft: Ähnlichkeit im Körpergeruch verbindet, https://www.deutschlandfunk.de/der-geruch-der-freundschaft-aehnlichkeit-im-koerpergeruch-verbindet-dlf-30610524-100.html, abgerufen am 18.10.2022.

Haberl, Tobias: Der gekränkte Mann. Verteidigung eines Auslaufmodells, München 2022.

Ders.: Pesto schützt nicht vor Pistolen, Der Spiegel, 13/2022, S. 116–117, https://www.spiegel.de/kultur/maennlichkeit-in-zeiten-des-krieges-zu-weich-fuer-die-neue-wirklichkeit-a-d6250cbf-5af4-45e8-9ac3-e431b7e34104, abgerufen am 14.10.2022.

Hackensberger, Alfred: Vom Ahrtal in die Ukraine, Die Welt, 28.07.2022, Nr. 145, S. 5.

Haidt, Jonathan: Why the Past 10 Years of American Life Have Been Uniquely Stupid, The Atlantic, Mai 2022, https://www.theatlantic.com/magazine/archive/2022/05/social-media-democracy-trust-babel/629369/?, abgerufen am 15.10.2022.

Halse Anderson, Laurie: I've Talked With Teenage Boys About Sexual Assault for 20 Years. This Is What They Still Don't Know, Time, 15.01.2019, https://time.com/5503804/ive-talked-with-teenage-boys-about-sexual-assault-for-20-years-this-is-what-they-still-dont-know/, abgerufen am 17.11.2022.

Hanske, Paul-Philipp: Heul doch, Mann!, SZ-Magazin, 17.10.2019, https://sz-magazin.sueddeutsche.de/leben-und-gesellschaft/wieso-weinen-maenner-nicht-87895?, abgerufen am 16.11.2022.

Haus, R.: Making visible the invisible: Bisexual parents ponder coming out to their kids, in: Sexualities, 24(3) 2021, S. 341–369, https://doi.org/10.1177/1363460720939046, abgerufen am 17.11.2022.

Hawgood, Alex: What Is ›Bigorexia‹?, New York Times, 05.03.2022, https://www.nytimes.com/2022/03/05/style/teen-bodybuilding-bigorexia-tiktok.html?, abgerufen am 18.10.2022.

Hecht, Patricia und Riese, Dinah: Spahn plant Studie zu Abtreibungen, taz, 31.01.2019, https://taz.de/Nach-Reformvorschlag-fuer-Paragraf-219a/!5566994/, abgerufen am 02.11.2022.

Heesen, Boris von: Was Männer kosten. Der hohe Preis des Patriarchats. München 2022.

Helbig, Marcel: Die Krise der Jungen ist ein Mythos. Tagesspiegel, 04.04.2013, https://www.tagesspiegel.de/wissen/die-krise-der-jungen-ist-ein-mythos-4610266.html, abgerufen am 11.11.2022.

Hill, Maisie: Superpower Periode. Wie Sie Ihren Zyklus richtig verstehen und seinen Rhythmus für sich nutzen. Kirchzarten bei Freiburg 2019.

Hirsch, Aubrey: Disrupting Reproductive Freedom. What Tech Companies Are and Are Not Doing to Support Bodily Autonomy, The Audacity, 03.10.2022, https://audacity.substack.com/p/disrupting-abortion-rights, abgerufen am 16.10.2022.

Hoch, Jenny: Wenn 150-Prozent-Mamis die Väter verdrängen, Süddeutsche Zeitung, 14.10.2016, https://www.sueddeutsche.de/leben/familie-und-partnerschaft-maternal-gatekeeping-ich-mach-das-schon-1.3202540, abgerufen am 16.11.2022.

Hoeder, Ciani-Sophia: Wut und Böse. München 2021.

hooks, bell: Der Wille zur Veränderung. Männer, Männlichkeit und Liebe. München 2022.

Dies.: Feminismus für alle. Münster 2022.

Hoover, Carole K.: T wie Testosteron. Alles über das Hormon, das uns beherrscht, trennt und verbindet, Berlin 2022.

Hornscheidt, Lann und Oppenländer, Lio: Exit Gender. Gender loslassen und strukturelle Gewalt benennen: eigene Wahrnehmung und soziale Realität verändern. Berlin 2019.

Horsthemke, Sina: Tabuthema Abtreibung. Spektrum, 05.09.2022, https://www.spektrum.de/news/schwangerschafts-abbruch-im-medizinstudium-tabuthema-abtreibung/2054778, abgerufen am 31.01.2023.

Hülsemann, Irmgard im Interview mit Wenke Husmann: »Da kommt so ein Vollidiot und sie denkt: Endlich sieht mich ein Mann«, Die Zeit, 17.04.2022, https://www.zeit.de/zeit-magazin/leben/2022-03/vater-tochter-beziehung-psychologie/komplettansicht, abgerufen am 18.10.2022.

Hümpel, Rieke et al.: Wie ARD und ZDF unsere Kinder indoktrinieren, Die Welt, 01.06.2022, https://www.welt.de/debatte/kommentare/plus239113451/Oeffentlich-rechtlicher-Rundfunk-Wie-ARD-und-ZDF-unsere-Kinder-indoktrinieren.html, abgerufen am 03.09.2022.

Hutchinson, Bill: Grandmother killed by inadvertently made ›pipe bomb‹ at gender-reveal party: Sheriff, in: ABC News, https://abcnews.go.com/US/gender-reveal-party-turns-tragic-iowa-woman-killed/story?id=66567086, abgerufen am 16.11.2022.

Internationales Zentralinstitut für das Jugend- und Bildungsfernsehen (IZI): Girls and Boys and Television. The Role of Gender, Ausgabe 21/2008, https://www.br-online.de/jugend/izi/english/publication/televizion/21_2008_E/editorial.pdf, abgerufen am 88.11.2022.

Jerger, Ilona: Mythos Testosteron, in: Psychologie heute, 07.04.2021, https://www.psychologie-heute.de/gesellschaft/artikel-detailansicht/41101-mythos-testosteron.html, abgerufen am 16.11.2022.

Jha, Somora: How to Raise a Feminist Son. Motherhood, Masculinity, and the Making of my Family. Seattle 2021.

Joffe-Walt, Chana: My Lying Eyes, in: This American Life, Folge 770, 06.05.2022, https://www.thisamericanlife.org/770/transcript, abgerufen am 29.09.2022.

Juul, Jesper: Aggression. Warum sie für uns und unsere Kinder notwendig ist. Berlin 2014.

Kaiser, Astrid: Junge, Junge – Anders denken bei der Jungenerziehung, in: Staatsinstitut für Frühpädagogik und Medienkompetenz, Familienhandbuch, https://www.familienhandbuch.de/babys-kinder/bildungsbereiche/entwicklung/JungeJungeandersdenken.php, abgerufen am 17.10.2022.

Dies.: Wie attraktiv ist sie doch! Fallen des Vaterstolzes, in: Staatsinstitut für Frühpädagogik und Medienkompetenz, Familienhandbuch, https://www.familienhandbuch.de/familie-leben/familienformen/muetter-vaeter/wieattraktivistsiedochfallendesvaterstolzes.php, abgerufen am 17.11.2022.

Kaiser, Susanne: Jung, weiblich, tot, Deutschlandfunk Kultur, 30.04.2021, https://www.deutschlandfunkkultur.de/femizide-im-krimi-jung-weiblich-tot-100.html, abgerufen am 6.12.2022.

Kahloon, Idrees: What's the matter with Men?, New Yorker, 30.01.2023, https://www.newyorker.com/magazine/2023/01/30/whats-the-matter-with-men?, abgerufen am 30.01.2023.

Katz, Phyllis A.: Raising Feminists. Psychology of Women Quarterly, Band 20, Ausgabe 3, September 1996, S. 323-340, https://journals.sagepub.com/doi/10.1111/j.1471-6402.1996.tb00303.x, abgerufen am 03.11.2022.

Kinkaid, Jamaica: Girl, New Yorker, 19.06.1978, https://www.newyorker.com/magazine/1978/06/26/girl, abgerufen am 18.10.2022.

Kirby S., Francis B., und O'Flaherty R.: Can the FIFA World Cup Football (Soccer) Tournament Be Associated with an Increase in Domestic Abuse?, in: Journal of Research in Crime and Delinquency. 2014;51(3):259-276, https://journals.sagepub.com/doi/abs/10.1177/0022427813494843, abgerufen am 17.11.2022.

Klaar, Helene im Interview mit Gabriela Herpell: »Im Gesetz steht von Liebe kein Wort«, SZ-Magazin 6/2016, 15. Februar

2016, https://sz-magazin.sueddeutsche.de/liebe-und-partnerschaft/im-gesetz-steht-von-liebe-kein-wort-82190, abgerufen am 05.12.2022.

Koch, R. M.: Wenn Frauen mehr als ihre Männer verdienen, in: Keuschnigg, C., Kogler, M. (Hrsg.): Die Wirtschaft im Wandel. Springer Gabler, Wiesbaden 2021. https://link.springer.com/chapter/10.1007/978-3-658-31735-5_26, abgerufen am 05.12.2022.

Koch-Priewe: Barbara et al.: Jungen – Sorgenkinder oder Sieger? Ergebnisse einer quantitativen Studie und ihre pädagogischen Implikationen. Wiesbaden 2009.

Konrad, Sandra: Das beherrschte Geschlecht. München 2018.

Körner, Torsten: In der Männer-Republik. Wie Frauen die Politik eroberten. Köln 2021.

Kray, Sabine: Freiheit von der Pille. Eine Unabhängigkeitserklärung. Hamburg 2017.

Kriminologisches Forschungsinstitut Niedersachsen e.V.: Repräsentativbefragung Sexueller Missbrauch 2011, Forschungsbericht Nr. 118, S. 22, https://kfn.de/wp-content/uploads/Forschungsberichte/FB_118.pdf, abgerufen am 29.09.2022.

Krüger, Cora: »Jetzt mach mal, Mann«, Süddeutsche Zeitung, 30.04/01.05.2020, S. 48.

Kruse, Berit et al.: Hotpants für Mädchen, Shorts für Jungs, Süddeutsche Zeitung, 22.07.2022, https://www.sueddeutsche.de/projekte/artikel/gesellschaft/gegenderte-kindermode-rosa-hotpants-blaue-shorts-e701993/?reduced=true, abgerufen am 20.10.2022.

Lambdin, J. R. et al.: The Animal = Male Hypothesis: Children's and Adults' Beliefs About the Sex of Non–Sex-Specific Stuffed Animals, in: Sex Roles 48/2003, S. 471–482, https://doi.org/10.1023/A:1023567010708, abgerufen am 31.10.2022.

Langlois, J. H. und Downs, A. C.: Mothers, fathers, and peers as socialization agents of sex-typed play behaviors in young children, in: Child Development, 51(4) 1980, S. 1237–1247, https://doi.org/10.2307/1129566, abgerufen am 16.11.2022.

Laqueur, Thomas: Auf den Leib geschrieben. Die Inszenierung der Geschlechter von der Antike bis Freud. Frankfurt 1992.

Lindner, Christian im Interview mit Mark Schieritz: »Unsterblichkeit bedeutet: Man muss im Leben keine Prioritäten mehr setzen«, in: Die Zeit, 22.10.2022, https://www.zeit.de/2022/43/christian-lindner-bundesfinanzminister-fdp, abgerufen am 31.10.2022.

Loofbourow, Lili: The female price of male pleasure, in: The Week, 25.01.2018, https://theweek.com/articles/749978/female-price-male-pleasure, abgerufen am 17.11.2022.

Lorde, Audre: The Uses of Anger, Women's Studies Quarterly 9:3 (Herbst 1981), https://academicworks.cuny.edu/cgi/

viewcontent.cgi?article=1654&context=wsq, abgerufen am 16.11.2022.

Lux, Ulrike und Walper, Sabine: A systemic perspective on children's emotional insecurity in relation to father: links to parenting, interparental conflict and children's social well-being, in: Attachment and Human Development. Jahrgang 21, 2009, S. 1–18.

Mac, Gabriel: The End of Straight. GQ, 29.07.2019, https://www.gq.com/story/the-end-of-straight, abgerufen am 21.11.2022.

Manne, Kate: Down Girl. Die Logik der Misogynie. Berlin 2019.

Mathwig, Inga und Janz, Carsten: Femizide: Wie schutzlos sind Frauen in Deutschland?, NDR, 16.08.2022, https://www.ndr.de/fernsehen/sendungen/panorama3/Femizide-Wie-schutzlos-sind-Frauen-in-Deutschland,femizide106.html, abgerufen am 06.12.2022.

Menninghaus, Winfried im Interview mit Eva Fritsch: »Frauen stehen schon evolutionsbedingt unter Druck«, Jetzt-Magazin, 03.01.2017, https://www.jetzt.de/feminismus/warum-koerperbehaarung-bei-frauen-immer-noch-ein-tabu-ist, abgerufen am 20.10.2022.

Milburn, Michael et al.: The Effects of Viewing R-rated Movie Scenes That Objectify Women on Perceptions of Date Rape. Sex Roles. 43, 2000, S. 645–664, https://www.researchgate.net/publication/226444692_The_Effects_of_Viewing_R-rated_Movie_Scenes_That_Objectify_Women_on_Perceptions_of_Date_Rape, abgerufen am 17.10.2022.

Miller, Sarah et al.: What Happens after an Abortion Denial? A Review of Results from the Turnaway Study, in: AEA Papers and Proceedings 110, S. 226-230, http://www-personal.umich.edu/~mille/TurnawayPP.pdf, abgerufen am 28.11.2022.

Miller, Susan: Model Hanne Gaby Odiele reveals she is intersex, USA Today, 23.01.2017, https://eu.usatoday.com/story/news/nation/2017/01/23/model-hanne-gaby-odiele-reveals-she-intersex/96622908/, abgerufen am 16.11.2022.

Money, John, und Ehrhardt, Anke: Männlich – Weiblich. Die Entstehung der Geschlechtsunterschiede. Hamburg 1975.

Moorstedt, Tobias: Wir guten schlechten Väter. Warum Männer sich erfolgreich gegen Familienarbeit wehren – und warum wir das dringend ändern müssen. Köln 2022.

Neugebauer, Christine: Gendersensibles Lesen. Staatsinstitut für Schulqualität und Bildungsforschung, https://www.lesen.bayern.de/gendersensibleslesen/, abgerufen am 10.11.2022.

Newport, Frank: Slight Preference for Having Boy Children Persists in U. S., Gallup, 05.07.2018, https://news.gallup.com/poll/236513/slight-preference-having-boy-children-persists.aspx?, abgerufen am 30.10.2022.

Nobel, Carmen: Children Benefit From Having a Working Mom, Harvard Business School, 15.05.2015, https://www.hbs.edu/news/articles/Pages/mcginn-working-mom.aspx, abgerufen am 14.10.2022.

Noor, Poppy: What a pregnancy actually looks like before 10 weeks – in pictures, The Guardian, 19.10.2022, https://www.theguardian.com/world/2022/oct/18/pregnancy-weeks-abortion-tissue, abgerufen am 17.11.2022.

Nordell, Jessica: The End of Bias. A Beginning. The Science and Practice of Overcoming Unconscious Bias. New York 2021.

o. A.: »Achtung, diese Person wurde gephotoshoppt! Norwegen führt Warn-Button für retuschierte Werbung ein«, Stern, 01.07.2022, https://www.stern.de/wirtschaft/news/achtung—photoshop—norwegen-fuehrt-button-fuer-werbung-mit-manipulierten-koerpern-ein-32501618.html, abgerufen am 10.11.2022.

o. A.: Cornell International Survey on Street Harassement, 01.06.2015, https://www.ilr.cornell.edu/worker-institute/blog/research-and-publications/ilr-and-hollaback-release-largest-analysis-street-harassment-date, abgerufen am 31.10.2022.

o. A.: Dänemarks Eriksen nach Zusammenbruch bei Bewusstsein, Spiegel Online, 12.06.2021, https://www.spiegel.de/sport/fussball/fussball-em-2021-christian-eriksen-zusammengebrochen-spiel-zwischen-daenemark-und-finnland-unterbrochen-a-d2e4b3e3-0f6a-49d4-9694-237673b54277, abgerufen am 28.11.2022.

o. A.: »Der Erzieher« in: Freund, Ausgabe 1/2021, S. 27.

o. A.: Immer weniger Ärzte führen Abtreibungen durch, Rundfunk Berlin-Brandenburg, 23.08.2018, https://www.rbb-online.

de/kontraste/themen/lunapharm-skandal—durchsuchungen-in-deutschland-und-der-schweiz1.html, abgerufen am 16.10.2022.

o. A.: One in five young people identify as gay, lesbian or bisexual, YouGov, 03.07.2019, https://yougov.co.uk/topics/society/articles-reports/2019/07/03/one-five-young-people-identify-gay-lesbian-or-bise, abgerufen am 30.09.2022.

o. A.: Online Pornography: Young people's experiences of seeing online porn and the impact it has on them. Middlesex University,15.96.2016, https://www.mdx.ac.uk/__data/assets/pdf_file/0017/223280/Online-Pornography-and-Young-People-CYP-Version.pdf, abgerufen am 17.11.2022.

o. A.: Polizei stellt nach Attacke auf trans Frau mehrere Tatverdächtige, Die Zeit, 13.09.2022, https://www.zeit.de/gesellschaft/zeitgeschehen/2022-09/bremen-trans-frau-angriff-polizei-verdaechtige, abgerufen am 16.11.2022.

o. A.: Tränen bei Salah und Carvajal: ZDF-Experte Oliver Kahn spottet über weinende Spieler, Focus Online, 27.05.2018, https://www.focus.de/sport/fussball/champions-league-traenen-bei-salah-und-carvajal-zdf-experte-oliver-kahn-spottet-ueber-weinende-spieler_id_8990169.html, abgerufen am 28.11.2022.

OECD: Gleichstellung der Geschlechter. Zeit zu handeln, https://www.oecd.org/gender/ClosingTheGenderGap-Germany.pdf, abgerufen am 02.11.2022.

Orenstein, Peggy: Boys & Sex. Young Men on Hooks-ups, Love, Porn, Consent and Navigating the New Masculinity. New York 2020.

Dies.: Girls & Sex. Was es bedeutet, in der Gesellschaft von heute erwachsen zu werden. München 2017.

Orth-Gomér, K. et al.: Lack of social support and incidence of coronary heart disease in middle-aged Swedish men, in: Psychosomatic Medicine, January 1993, Volume 55, Ausgabe 1, S. 37-43, https://journals.lww.com/psychosomaticmedicine/Abstract/1993/01000/Lack_of_social_support_and_incidence_of_coronary.7.aspx, abgerufen am 24.10.2022.

Oxfam: Not all gaps are created equal. The true value of care work, 14.01.2020, https://www.oxfam.org/en/not-all-gaps-are-created-equal-true-value-care-work, abgerufen am 16.11.2022.

Oyewumi, Oyeronke: The Invention of Women. Making an African Sense of Western Gender Discourses. Minneapolis 1997.

Pabayo, Roman et al.: Laws Restricting Access to Abortion Services and Infant Mortality Risk in the United States, Int J Environ Res Public Health, 26.05.2020, 17(11): 3773, https://mdpi-res.com/d_attachment/ijerph/ijerph-17-03773/article_deploy/ijerph-17-03773-v2.pdf?version=1590936333, abgerufen am 16.10.2022.

Parents Together: New findings from teen survey shows beauty filters harm teens' self-esteem, https://parentstogetheraction.org/wp-content/uploads/2021/09/ParentsTogether_Social-

Media-Beauty-Filters-Survey-Results_09-29-21.pdf, abgerufen am 18.10.2022.

Pardo, Alona (Hrsg.): Masculinities. Liberation Through Photography. München 2020.

Park, Bernadette und Banchefsky, Sarah: Leveraging the Social Role of Dad to Change Gender Stereotypes of Men, in: Personality and Social Psychology Bulletin, Band 44, Ausgabe 3, 26.04.2018, https://journals.sagepub.com/doi/10.1177/0146167218768794, abgerufen am 03.11.2022.

Penny, Laurie: Sexuelle Revolution. Rechter Backlash und feministische Zukunft. Hamburg 2022.

Petersen, Helen: What to Actually Do About an Unequal Partnership, https://annehelen.substack.com/p/what-to-actually-do-about-an-unequal, abgerufen am 23.09.2022.

Pfeiffer, Christian: Was Strafjustiz mit Kindererziehung zu tun hat, Süddeutsche Zeitung, 11.08.2015, https://www.sueddeutsche.de/panorama/aussenansicht-welche-strafe-muss-sein-1.2602181-2, abgerufen am 23.10.2022.

Pickert, Nils: Prinzessinnenjungs. Wie wir unsere Söhne aus der Geschlechterfalle befreien. Weinheim 2020.

Plan International: The State of Gender Equality for U.S. Adolescents 2018, https://www.plan4girls.org/pdf/GenderBasedPressures.pdf, abgerufen am 17.11.2022.

Pohl, Rolf: Feindbild Frau – Männliche Sexualität, Gewalt und die Abwehr des Weiblichen. Hannover 2019.

Poschardt, Ulf: Putin hat keine Furcht vor dem Westen – weil wir so schwach geworden sind, Die Welt, 25. 02. 2022, https://www.welt.de/debatte/kommentare/plus237115145/Ukraine-Putin-hat-keine-Furcht-vor-dem-Westen-weil-wir-so-schwach-geworden-sind.html, abgerufen am 14. 10. 2020.

Reby, D., Levréro et al.: Sex stereotypes influence adults' perception of babies' cries. BMC Psychol 4, 19 (2016), https://doi.org/10.1186/s40359-016-0123-6, abgerufen am 18. 10. 2022.

Rechenbach, Louisa: They, https://aeon.co/videos/the-joys-and-complications-of-raising-a-baby-without-gender-in-a-binary-world, abgerufen am 16. 11. 2022.

Renz-Polster, Herbert: Erziehung prägt Gesinnung. Wie der weltweite Rechtsruck entstehen konnte und wie wir ihn aufhalten können. München 2019.

Rich, Adrienne: Of Women Born. Motherhood as Experience and Institution. New York 1995.

Russell, Stephen T. et al.: Chosen Name Use Is Linked to Reduced Depressive Symptoms, Suicidal Ideation, and Suicidal Behavior Among Transgender Youth, in: Adolescent health brief, Band 63, Ausgabe 4, S. 503-505, 1. 10. 2018, https://www.jahonline.org/article/S1054-139X(18)30085-5/fulltext, abgerufen am 11. 11. 2022.

Rydlink, Katherine im Interview mit Kurt Seikowski: »Die Kinder sollen sich selbst für ein Geschlecht entscheiden können«, Der Spiegel, 26.03.2021, https://www.spiegel.de/gesundheit/diagnose/op-verbot-fuer-intergeschlechtliche-kinder-die-kinder-sollen-sich-selbst-fuer-ein-geschlecht-entscheiden-koennen-a-6dab8f85-9630-44f4-b043-925e2f9dfdf5, abgerufen am 16.11.2022.

Sadker, David et al.: Still failing at fairness: how gender bias cheats girls and boys in school and what we can do about it. Gender and Education, Ausgabe 22, 2009, S. 105.

Saimeh, Nahlah im Interview mit Karin Truscheit: »Ohne Liebe wachsen Täter heran«, FAZ, 01.06.2022, S. 23.

Sanday, Peggy Reeves: Female Power and Male Dominance. On the Origins of Sexual Inequality. Cambridge 1981.

Sanyal, Mithu M.: Vergewaltigung. Aspekte eines Verbrechens. Hamburg 2016.

Schick, Vanessa R. et al.: Genital Appearance Dissatisfaction: Implications for Women's Genital Image Self-Consciousness, Sexual Esteem, Sexual Satisfaction, and Sexual Risk, in: Psychology of women quarterly, Ausgabe 34/3 2010, S. 394–404, https://pubmed.ncbi.nlm.nih.gov/20824180/, abgerufen am 17.10.2022.

Schmidt, Christian: Helden mit Brüsten – Frauenfiguren in Computerspielen, Gamestar, 16.11.2009, https://www.gamestar.de/artikel/helden-mit-bruesten-frauenfiguren-in-computerspielen,2310568,kommentar322940.html, abgerufen am 10.11.2022.

Schnerring, Almut und Verlan, Sascha: Die Rosa-Hellblau-Falle. Für eine Kindheit ohne Rollenklischees. München 2014.

Schulte-Markwort, Michael im Interview mit WDR 5: Neugier genügt: Warum junge Mädchen resignieren, 10.10.2022, https://www1.wdr.de/mediathek/audio/wdr5/wdr5-neugier-genuegt-freiflaeche/audio-warum-junge-maedchen-resignieren-100.html, abgerufen am 21.11.2022.

Schutzbach, Franziska: Die Erschöpfung der Frauen. Wider die weibliche Verfügbarkeit. München 2021.

Schwarz, Eliza: Ja, ich will, Süddeutsche Zeitung, 05.05.2022, https://www.sueddeutsche.de/projekte/artikel/muenchen/ukraine-krieg-bei-der-bundeswehr-bewerben-sich-mehr-leute-e675588/?reduced=true, abgerufen am 14.10.2022.

Schweizer, Katinka und Rosen, Ursula: Wie wir über diverse Körper, Identitäten und Varianten der Geschlechtsentwicklung sprechen können – Intergeschlechtlichkeit in Familie und Gesellschaft, Pro Familia Medizin, Ausgabe Nr. 3/2019, S. 12, https://www.profamilia.de/fileadmin/dateien/fachpersonal/familienplanungsrundbrief/pro_familia_medizin_3-2019.pdf, abgerufen am 10.10.2022.

Seibt, Beate und Förster, Jens: Stereotype threat and performance. How self-stereotypes influence processing by inducing regulatory foci. Journal for Personality and Social Psychology,

Psychol. Band 87(1), Juli 2004, S. 38-56. https://pubmed.ncbi.nlm.nih.gov/15250791/, abgerufen am 05. 12. 2022.

Setz, Clemens: Mit 22 wurde mir die Vorhaut entfernt. Vorher war der Sex eindeutig besser, www.nzz.ch/feuilleton/clemens-setz-erzaehlt-wie-er-seine-vorhaut-verloren-hat-ld.1671387?, abgerufen am 18. 10. 2022.

Shane, Charlotte: The Right to Not Be Pregnant, Harper's Magazine, Oktober 2022, https://harpers.org/archive/2022/10/the-right-to-not-be-pregnant-asserting-an-essential-right/, abgerufen am 02. 11. 2022.

Shapiro, Jordan: Father Figure: How to Be a Feminist Dad. New York 2022.

Shaw, Julia: Bi. Vielfältige Liebe entdecken. München 2022.

Skovlund, Charlotte Wessel et al.: Association of Hormonal Contraception with Depression. Journal of the American Medical Association Psychiatry, Ausgabe 73(11), November 2016, S. 1154-1162, https://pubmed.ncbi.nlm.nih.gov/27680324/, abgerufen am 17. 11. 2022.

Siever, Ravna Marin: Was wird es denn? Ein Kind! Wie geschlechtsoffene Erziehung gelingt. Weinheim 2022.

Silverstein, Olga und Rashbaum, Beth: The Courage to Raise Good Men. You Don't have to sever the bond with your son to help them become a man. New York 1994.

Smith, Saphora: Iceland's answer to gender equality: Compensate for differences between boys, girls, NBC News, 04.10.2018, https:// www.nbcnews.com/news/world/iceland-s-answer-gender-equality- compensate-differences-between-boys-girls-n912606, abgerufen am 19.11.2021.

Spears Brown, Christia: Parenting beyond pink & blue. How to raise your kids free from gender stereotypes. New York 2014, S. 31.

Speck, Sarah: Die Rückkehr der Prinzen und Prinzessinnen, FAZ, 18.10.2018, https://www.faz.net/aktuell/gesellschaft/menschen/die-rueckkehr-der-prinzen-und-prinzessinnen-15843012.html, abgerufen am 03.11.2022.

Speck, Sarah und Maiwald, Kai-Olaf: Paradoxien der Gleichheit, in: Handbuch Feministische Perspektiven auf Elternschaft. Hrsg. von Lisa Yashodhara Haller und Alicia Schlender. Opladen 2022.

Statista: Vollzeit- und Teilzeitquote von erwerbstätigen Männern und Frauen mit minderjährigen Kindern im Haushalt im Jahr 2019, 24.01.2022, https://de.statista.com/statistik/daten/studie/38796/umfrage/teilzeitquote-von-maennern-und-frauen-mit-kindern/, abgerufen am 18.10.2022.

Statistisches Bundesamt: Gender Pay Gap 2021, https://www.destatis.de/DE/Presse/Pressemitteilungen/2022/03/PD22_088_621.html, abgerufen am 02.11.2022.

Dass.: Lebenserwartung in Deutschland nahezu unverändert, 09.07.2021, https://www.destatis.de/DE/Presse/Pressemitteilungen/2021/07/PD21_331_12621.html, abgerufen am 18.10.2022.

Stoverock, Meike im Interview mit Barbara Vorsamer: Wie viel Sex stattfindet, bestimmt meistens die Frau,SZ-Magazin, 3. September 2021, https://sz-magazin.sueddeutsche.de/liebe-und-partnerschaft/meike-stoverock-interview-90556?reduced=true, abgerufen am 17.10.2022.

Streitbörger, Wolfgang: Lernen, mit Mehrdeutigkeit zu leben, Deutschlandfunk Kultur, 30.12.2019, https://www.deutschlandfunkkultur.de/ambiguitaetstoleranz-lernen-mit-mehrdeutigkeit-zu-leben-100.html, abgerufen am 16.11.2022.

Süfke, Björn: Männer. Erfindet. Euch. Neu. Was es heute heißt, ein Mann zu sein. München 2016.

Sun, Rebecca: Study Finds Women Represent a Third of Onscreen Population in Film, in Hollywood Reporter, 15.03.2022, https://www.hollywoodreporter.com/movies/movie-news/women-onscreen-representation-film-study-1235111493/, abgerufen am 17.10.2022.

Taylor, Astra und Sunaura Taylor: Our Animals, Ourselves, Lux Magazine, Ausgabe 3, November 2022, https://lux-magazine.com/article/our-animals-ourselves/, abgerufen am 08.11.2022.

o. A.: Technische Krankenkasse: Immer weniger Frauen nehmen die Antibabypille, 13.10.2022, https://www.tk.de/presse/

themen/arzneimittel/weniger-verhuetung-mit-antibaby-pille-2116292, abgerufen am 18.10.2022.

Temple-Raston, Dina: How masculinity, not ideology, drives violent extremism, The Washington Post, 23.03.2018, https://www.washingtonpost.com/outlook/how-masculinity-not-ideology-drives-violent-extremism/2018/03/20/7b223c90-1e29-11e8-b2d9-08e748f892c0_story.html, abgerufen am 17.11.2022.

Terre des Femmes: Straftat Vergewaltigung, https://www.frauenrechte.de/unsere-arbeit/themen/haeusliche-und-sexualisierte-gewalt/330-was-ist-sexualisierte-gewalt/1190-straftat-vergewaltigung, abgerufen am 02.11.2022.

Thyen, Ute et al.: Epidemiology and Initial Management of Ambiguous Genitalia at Birth in Germany, Hormone Research 66, H. 4, 2006.

Tolentino, Jia: Is Abortion Sacred?, New Yorker, 16.07.2022, https://www.newyorker.com/culture/essay/is-abortion-sacred, abgerufen am 31.10.2022.

Dies.: We're Not Going Back to the Time Before Roe. We're Going Somewhere Worse, New Yorker, 24.06.2022, https://www.newyorker.com/magazine/2022/07/04/we-are-not-going-back-to-the-time-before-roe-we-are-going-somewhere-worse?, abgerufen am 16.10.2022.

Toomey, Russell B. et al.: Transgender Adolescent Suicide Behavior, in: Pediatrics. Band 142, Ausgabe 4, Oktober 2018, https://

publications.aap.org/pediatrics/article/142/4/e20174218/76767/Transgender-Adolescent-Suicide-Behavior, abgerufen 03.09.2022.

UNFPA (Hrsg): State of World Population 2020, S. 59, https://www.unfpa.org/sites/default/files/pub-pdf/UNFPA_PUB_2020_EN_State_of_World_Population.pdf, abgerufen am 30.10.2022.

Unis Hohenheim und Münster: Pornografie im Internet: Kinder sehen früh und ungewollt Hardcore-Filme, 25.10.2022, https://www.schau-hin.info/studien/pornografie-konsum-bei-heranwachsenden, abgerufen am 16.10.2022.

Urwin, Jack: Boys Don't Cry. Identität, Gefühl und Männlichkeit. Hamburg 2017.

Vaid-Menon, Alok: Beyond the Gender Binary. New York 2020.

Wagner, Christian: Wenn Frauen bereuen, Mutter geworden zu sein, Deutschlandfunk Kultur, 16.04.2015, https://www.deutschlandfunkkultur.de/regrettingmotherhood-wenn-frauen-bereuen-mutter-geworden-zu-100.html, abgerufen am 03.11.2022.

Waldersee, Victoria: A third of men would take a ›male pill‹, 08.01.2019, https://yougov.co.uk/topics/health/articles-reports/2019/01/08/third-men-would-take-male-pill, abgerufen am 18.10.2022.

Walters, Mikel L. et al.: National Center for Injury Prevention and Control of the Centers for Disease Control and Prevention (Hrsg.): National Intimate Partner and Sexual Violence Survey (NISVS). 2010 Findings on Victimization by Sexual Orientation. Januar 2013, S. 2, https://www.cdc.gov/ViolencePrevention/pdf/NISVS_SOfindings.pdf, abgerufen am 17.11.2022.

Ward, Jane: The Tragedy of Heterosexuality. New York 2020.

Way, Niobe: Deep Secrets. Boys' Friendships and the Crisis of Connection. Cambridge 2011.

Weßling, Kathrin: Warum ein Armband gegen K.o.-Tropfen eine nette Idee ist – aber das falsche Signal sendet, Spiegel Online, 23.04.2019, https://www.spiegel.de/panorama/k-o-tropfen-armband-bei-dm-nette-idee-aber-warum-liegt-die-verantwortung-wieder-bei-frauen-a-3e23377f-b55d-47b6-8dc2-7ec6623d8ea7, abgerufen am 29.09.2022.

Wolf, Naomi: The Beauty Myth. New York 1991.

WEITER(VOR)LESEN

Die folgende Liste versammelt nur eine kleine Auswahl von empfehlenswerten gendersensiblen Medien und Informationsquellen für Kinder und Heranwachsende. Viele weitere finden sich unter pinkstinks.de/buchempfehlungen und buuu.ch, in der Facebook-Gruppe »Bedürfnisorientierte Kinderbücher ohne Stereotype« oder auf den Instagram-Accounts @seiten.verkehrt und @vielfalt_im_kinderzimmer.

Geschlecht

Mädchen, Junge, Kind. Geschlechtersensible Begleitung und Empowerment von klein auf – Daniela Thörner und Slinga, Berlin 2021.

Ein Handbuch für Eltern und Erzieher*innen von Kindern im Alter von 0 bis 18 Jahren.

Jill ist anders – Ursula Rosen, Lingen 2015.

Als Jill neu in die Kita kommt, lernen die anderen, dass es neben Jungen und Mädchen auch Kinder gibt, die weder das eine noch das andere sind.

PS: Es gibt Lieblingseis – Lucie Loda, Marta Press, Hamburg 2018.

Das intergeschlechtliche Kind Bella wird eingeschult. Doch der Anfang gestaltet sich komplizierter als gedacht. Eine Geschichte für Kinder ab 4 Jahren.

Das schönste Kleid der Welt – Holger Edmaier und Kai D. Janik, Stuttgart 2021.

Ein Buch für Menschen ab 4 über Anna, die von allen Paul genannt wird, weil niemand weiß, dass sie ein Mädchen ist.

Hilfreiches Infomaterial gibt es auch unter im-ev-de/publikationen/ und www.kinderbuch-intersexualitaet.de

Gefühle

Das kleine Einhorn. Gefühle entdecken – Aurélie Chien Chow Chine, aus dem Französischen von Katrin Korch, Igling 2021.

Die Reihe für Kinder ab 4 Jahren deckt alle kindlichen Gefühle von Glück, Angst und Trauer über Wut bis Ungeduld ab und bietet Übungen zum Regulieren derselben.

Robbi regt sich auf – Mireille d'Allancé, aus dem Französischen von Markus Weber, Frankfurt am Main 2004.

Robbi hatte einen blöden Tag, er spürt »das Ding« in sich aufsteigen – die große rote Wut – lässt sie raus und kriegt sie dann wieder in den Griff. Ganz nebenbei steht hier der Papa in der Küche und kocht.

Alfie und der Clownfisch – Davina Bell und Allison Colpoys, aus dem Englischen von Salah Naoura, Insel 2020.

Alfie wäre gern mutiger. Durch den Zuspruch seiner Eltern

versteht er, dass er es irgendwann vielleicht sein wird – in seinem eigenen Tempo.

Ich hab da so ein Gefühl. Ein Buch übers Kichern, Weinen, Wüten, Freuen – Katharina Grossmann-Hensel, Berlin 2021.

Gefühle, was ist das eigentlich und woher kommen die?

Julian ist eine Meerjungfrau – Jessica Love, aus dem Englischen von Tatjana Kröll, München 2020.

Julian, ein kleiner Schwarzer Junge, liebt Meerjungfrauen und wird von seiner Oma darin bestärkt. Ein Vorlesebuch für Kinder ab 4 Jahren.

Keine Lust – Dorothée de Monfreid, aus dem Französischen von Ulrich Pröfrock, Berlin 2018.

Micha hat keine Lust auf gar nichts und grummelt die anderen Hunde an. Bis herauskommt, was Micha plagt. Ab 2 Jahren.

Ein Mann, der weint – Mathias Jeschke und Wiebke Oeser, Rostock 2010.

»Du Mama, da steht ein Mann, der weint«. Das namenlose Kind in diesem Buch überwindet angesichts eines traurigen Mannes auf der Straße seine eigene Unsicherheit.

Körper

Wie siehst du denn aus? Warum es normal nicht gibt – Sonja Eismann und Amelie Persson, Beltz & Gelberg, Weinheim 2020.

In Wort und Bild erklärt dieses Buch Kindern ab 10 Jahren, wie schön Körperteile in ihrer Unvollkommenheit und Liebenswürdigkeit sind und was anderswo oder zu anderen Zeiten für schön erklärt wurde.

Alle haben einen Po – Anna Fiske, München 2019.

Das Buch für Kinder ab 4 Jahren zeigt, wie unterschiedlich und wie gleich Körper sind. Und alle haben einen Po.

AnyBody. Dick & dünn & Haut & Haar. Das große Abc von unserem Körper-Zuhause – Katharina von der Gathen und Anke Kuhl, Leipzig 2021.

Ein Buch von allem, was Kinder über Körper wissen wollen können: Wie viel Spucke man im Laufe seines Lebens produziert und was Eitelkeit ist.

Young Royals – Lisa Ambjörn, Lars Beckung, Camilla Holter, Netflix 2021.

In der schwedischen Serie mit zwei queeren männlichen Protagonisten aus zwei unterschiedlichen gesellschaftlichen Schichten haben Teenies Akne, verschiedene Hautfarben und Körperformen, ohne dass das zum Thema gemacht würde.

Arbeit

Das ist doch kein Beruf für einen Wolf – Annette Feldmann und Mareike Engelke, Berlin 2021.

Wolf-Tochter Isa lässt sich nicht von ihrem Vorhaben abbringen, Kapitänin zu werden.

Die Kinderlieder der Ein-Mann-Band Bummelkasten (www.bummelkasten.de/) vermitteln nicht nur keine Genderklischees (»Prinzessin Susi … reitet in die Stadt / Raubt die nächste Bank aus und haut dann wieder ab«), sondern nehmen Kinder als Personen ernst – und machen auch Erwachsenen Spaß.

Spielzeug ist für alle da und Kleidung ist für alle da – Susann Hoffmann, Berlin 2021.

Die Bilderbücher vermitteln schon ganz kleinen Kindern, dass Puppen, Bauklötze und Kleider kein Gender kennen.

Der Onlineshop Colourful Goodies (colourfulgoodies.nl) hat diverse Puppen im Angebot, mit denen sich auch Kinder, die kein Rosa und keine Kleidchen lieben, Kids of Colour und solche mit diversen kulturellen Hinter- und Vordergründen sowie körperlichen Einschränkungen identifizieren können.

Sex

Sex Education – Laurie Nunn, Netflix 2019.

In der bislang drei Staffeln umfassenden Serie über den Teenie Otis, der an seiner Schule vom Wissen seiner als Sexualtherapeutin arbeitenden Mutter profitiert, geht es um viel mehr als Sex und das Sprechen darüber.

Wie entsteht ein Baby? Ein Buch für jede Art von Familie und jede Art von Kind – Cory Silverstein, Frankfurt am Main 2022.

Die Geschichte von Empfängnis, Schwangerschaft und Geburt, so erzählt, dass sich alle ab 3 Jahren darin wiederfinden.

You Know, Sex – Bodies, Gender, Puberty, and Other Things! – Cory Silverberg und Fiona Smyth, New York 2022.

Der englischsprachige Comic, der sich an Kinder ab 10 Jahren richtet, bindet auch queere, non-binäre und asexuelle Perspektiven ein.

Für den Einstieg (und wirklich nur dafür): was-geht-bei-euch.de.

Gewalt

Ferdinand, der Stier – Munro Leaf und Robert Lawson, Zürich 2013.

Ein 1936 erschienenes, zeitloses Buch über einen Stier, der sich weigert zu kämpfen.

Everyday Sexism Project

Unter everydaysexism.com erzählen Betroffene aus 25 Ländern in diversen Sprachen ihre Geschichten von Alltagssexismus, Misogynie und Belästigung.

Sprich – Laurie Halse Anderson, aus dem Englischen von Birgitt Kollmann, Weinheim 2008.

Der auf einer wahren Geschichte basierende Roman über eine Vergewaltigung, für Jugendliche ab 14 Jahren.

DANKSAGUNG

Allen, die mit mir in den vergangenen Jahren über Feminismus und Familie, Geschlecht und Gender, Gerechtigkeit und Revolution gesprochen haben: Ihr wisst, wer ihr seid. Dieses Buch wäre keines ohne euch, und auch ich wäre eine andere.

ZITATE IM BUCH

Der Abdruck der folgenden Schmuckzitate erfolgte mit freundlicher Genehmigung der jeweiligen Verlage:

S. 9: Süfke, Björn: Männer. Erfindet. Euch. Neu. Was es heute heißt, ein Mann zu sein. Mosaik 2016.

S. 17: Given, Florence: Frauen schulden dir gar nichts. Kiepenheuer & Witsch 2022.

S. 41 : Penny, Laurie: Sexuelle Revolution. Rechter Backlash und feministische Zukunft. Edition Nautilus 2022.

S. 119: de Botton, Alain: Wie man richtig an Sex denkt. Kailash 2012.

S. 149: Berger, John: Sehen. Das Bild der Welt in der Bilderwelt. Fischer 2016.

S. 183: Bini Adamczak, Beziehungsweise Revolution: 1917, 1968 und kommende. Suhrkamp 2017.